大学与中小学合作的国际案例研究

王丽华 著

浙江工商大学出版社
ZHEJIANG GONGSHANG UNIVERSITY PRESS

图书在版编目（CIP）数据

大学与中小学合作的国际案例研究 / 王丽华著 . —
杭州：浙江工商大学出版社，2018.1
ISBN 978-7-5178-2354-4

Ⅰ . ①大… Ⅱ . ①王… Ⅲ . ①高等学校—国际合作—
联合办学—中小学—案例—国外 Ⅳ . ① G649.1
② G639.1

中国版本图书馆 CIP 数据核字 (2017) 第 223302 号

《大学与中小学合作的国际案例研究》

王丽华 著

策划编辑	郑　建	
责任编辑	唐慧慧　谭娟娟	
封面设计	林朦朦	
责任印制	包建辉	
出版发行	浙江工商大学出版社	
	（杭州市教工路 198 号　邮政编码 310012）	
	（E-mail：zjgsupress@163.com）	
	电话：0571-88904980，88831806（传真）	
印　　刷	杭州五象印务有限公司	
开　　本	710mm×1000mm　1/16	
印　　张	15.75	
字　　数	291 千	
版印次	2018 年 1 月第 1 版　2018 年 1 月第 1 次印刷	
书　　号	ISBN 978-7-5178-2354-4	
定　　价	39.00 元	

序 言

　　近年来，随着基础教育改革的深入和社会对优质教育资源的强烈需求，师范院校与地方教育行政部门、中小学开展合作办学已经成为一个很普遍的现象，甚至可以用如火如荼来形容。"合作办学"就是指高校、地方政府和中小学校利用各自的办学优势，合作开设、委托高校管理或高校部分参与管理一所或一个区域内中小学校的办学模式，合作办学有助于各地基础教育办学水平的提高和办学活力的激发，为师范院校开展基础教育研究带来了积极的影响，基础教育与师范院校也不再是脱节和各自封闭的了。师范院校在合作办学中，真正面对基础教育的实际问题，全面、深入、真实地了解基础教育的需求，从而为高等师范院校制定和调整培养目标和课程设置提供了鲜活的第一手依据，为高校研究基础教育提供了源源不断的问题和课题，也为师范生的实习、实践环节提供了优质的基地与条件。地方政府则可以借助合作办学的机制转变职能，开展现代学校管理制度的探索和实践；而中小学则在办学水平提升，尤其是在管理、课程和教学、教师专业发展等方面都有了坚强的依托，可以说合作办学本身就是各方共赢的一件好事。

　　国际上的大学与中小学合作可以追溯美国的杜威学校（Dewey School），美国的"八年研究"是大学和中学合作的较早案例。我国的合作办学也可以追溯十九世纪，其起点是师范学校和各个大学设立的附属中小学校，许多大学都设立了"实验中小学"或"附属中小学"。从世界范围来看，大学与中小学合作卓有成效的是北美洲、欧洲和亚洲。经过百余年的探究，大学与中小学合作已呈现出多元化的实践形态，诸如有试验特定思想和理论的实验学校，有面向教师教育一体化的专业发展学校和伙伴学校，有致力于整体变革学习、教学、课程、学生成长、教师发展和社区参与的专业学习共同体，还有致力于薄弱学校改进、教师专业发展和处境不利儿童进步的项目，等等。20世纪80年代以后，伴随着国际政治、经济和科技等领域的激励竞争，人们对学校以及教师教育质量的要求逐渐提高，美国着眼于传统教师培养模式的改革和探索,如 1986 年由美国霍姆斯小组在《明天的教师》中提出的教师专业发展学校的理论构想,现今在英美等发达国家已形成了完整的实践模式,也发展出一整套成熟的运行技术,还对学校和大学双方的管理、课程等方面做出了先行一步的探索。国际研究既有利于后来者拓宽合作办学的视野,又能从中发现需要突破的合作,如怎样构建推进深度合作的长效机制。

我国的合作办学大体经历了从隔绝到游离、从观望到走近、从冲突到融合的变迁,合作的程度与合作方式在不断丰富,合作领域也有了扩展,涉及课程开发、科研、教师教育、课堂教学等各个方面,并逐步形成了咨询合作、"一对一"合作和三方合作等合作模式,而三方合作是目前合作办学的主要形式。所谓三方合作也称中介合作,根据第三方组织的不同可以分为三种类型:一类是大学、组织机构和中小学之间的合作,如以地区为中介的简称为 UDS 模式(即大学—区域—中小学校),以地方政府为中介的简称为 UGS(即大学—地方政府—中小学校),以教育行政部门为中介的简称为 UAS(即大学—地方教育局—中心学校)。大学与中小学分由不同的教育部门管理,有不同的教育职责,有不同的运行机制,由于第三方组织机构通常会有比中小学更多的行政资源、资金分配权利等,它的介入可以更有效地保障高校与中小学之间合作,也可以承担必要的协调人工作,有利于合作办学的顺利开展。

不过从理论上来看,除了高校附设的中小学校和幼儿园之外,长期以来师范院校并没有太多地介入地方办学,合作经验各方都不足,也缺少系统的研究和分析。这会对今后深入开展合作办学工作带来不利的影响。开展合作办学的系统总结与研究,对于更好地开展合作办学,提升合作实效,非常关键。尤其是我们正处于课程改变和社会变革非常剧烈的时期,能够在社会、经济、文化和教育变革宏观背景下审视合作办学,显得特别有必要。本系列丛书运用经济学、政治学、文化学、人类学等多种学科视角,综合采取历史研究、比较研究、叙事研究、田野研究等多种研究途径,系统分析了合作办学发展的背景、动因、内容、机制、冲突等问题,比较深入地探讨了合作办学不同主体的功能、微观行动机制及其对合作办学工作的影响,等等。系列丛书作者均是浙江师范大学直接参与合作办学管理和研究工作的专家,他们本身也带着各自的专业背景来分析比较中外不同的合作办学机制、学校管理变革、课程与教学改革、教师专业发展等方面的理论和案例,对于现今如何更准确地理解合作办学、提高合作办学成效都将会产生十分有益的作用。

　　浙江师范大学合作办学工作尽管起步时间不长，但是发展很快，至今已经在全省各地建立了 19 所附属学校，20 余所中小学校成为合作办学的受益学校。这样的发展速度得益于我们一直注重合作办学品牌的建设，特别是合作办学系统的实践总结和理论探讨，同时在制度设计方面也做出了许多努力，提出了有浙江师范大学附属学校特色的组织架构和合作机制，要求合作学校成立附属学校的学校理事会和发展委员会，分别由地方教育行政部门首长和浙江师范大学派出的专家担任主要负责人。这对于解决附属学校的办学目标确定、规章制度建设、教师评聘、课程与教学发展、课题研究指导、财务保障、学校治理结构变革等方面，都有很好的支撑作用。同时，各个附属学校之间也建立了常态的合作交流机制，建立了相互借鉴、相互学习的途径，这可以说是促进附属学校共同发展的一条有效途径。

　　本系列丛书一方面是对国内外有关高校参与中小学校管理与教育改革方面的实践工作的系统总结和反思，另一方面也包含了浙江师范大学在合作办学方面所做的探索和实践。在此，我要感谢积极参与合作办学工作的各位同事的努力，也要特别感谢附属学校的各位领导、老师和附属学校所在地的教育局及相关部门的领导，没有大家的共同努力，不可能有这套书的面世，从这个意义上来说，本系列丛书也是我们三方合作的成果。

　　当然，合作办学本身是一项十分复杂工作，作为国内第一套研究合作办学的系列丛书可能也很难对此做出全面完善的分析和研究，我们把这套丛书作为一次初步的尝试，希望能够引发更多的关注，激发更多的研究，为进一步开展合作办学的研究做好垫脚石的作用。

周跃良

2016.12.11

前 言

从世界范围看，大学与中小学合作既是促进职前教师教育、在职教师专业发展、学校整体变革的有力举措，又是谋求学校和大学共同改革的重要议题。根据已有的英文文献，合作往往用不同的单词指称，如 partnership（合作关系或伙伴关系）、collaboration（协作）、cooperation（合作）、consortiums（联盟）和 networks（网络）等，其中，partnership, collaboration, cooperation 经常被交互使用。尽管上述单词在词义上有所区分，但在大学与中小学合作的有关研究中，其大体指向和研究旨趣是相似的，因此，本研究中不做区分。对于大学与中小学合作（我国的港澳台常称作"大学与中小学伙伴关系"），尽管对应的英文有多种表述，如 university–school partnerships, school–university partnership, university–school collaboration，但较常见的是 university–school partnerships，简称 U–S 合作。从历史上看，U–S 合作有不同的形式，如 U–G–S 合作（university–government–school partnerships）、U–D–S 合作（university–district–school partnerships）等。不论是哪种形式的合作，其含义大致相似，即大学与中小学合作是指大学和中小学携手，在促进办学的过程中共同成长。需要指出的是，partnership 本是企业领域的用语，借用到教育领域，旨在大学与中小学之间建立一种平等互惠的新型关系。

从已有研究看，倡导大学与中小学合作最早可以追溯到康德（Immanuel Kant）。康德主张建立实验学校，在实验学校中教师可以互相讨论、自由试验教育设想和方法等，将教育艺术科学化。对此，他曾指出："有人以为实验学校是不必办的，我们从理性上可以判断它的好坏。这是大错，经验告诉我们，实验的结果常常出乎意料之外，与我们所期望的完全不合。"[①] 在美国，自 19 世纪后期以来，大学与中小学合作最早可以追溯到哈佛大学校长埃利奥特（Charles William Eliot）领导的"十人委员会"所做出的努力，面对中小学教育存在的问题，"十人委员会"召开了大学与中小学教师的联席会议，讨论

---

① 夏芝莲.外国教育发展史料选粹（第2版上册）[M].北京：北京师范大学出版社，1999：613.

如何改进教育与教学方法。与会者认为，大学应更多地参与到中小学教育的改革中。真正开展大学和中小学合作的机构，则可以追溯到美国的杜威学校（Dewey School）。[①] 杜威（John Dewey）之后，美国的"八年研究（the Eight-Year Study）"是大学和中学合作的较早案例；20世纪八九十年代，大学与中小学合作在美国达到鼎盛，与此同时，一些发达国家的大学与中小学合作也在政策和专业的推动下，得以蓬勃发展。经过百余年的探究，大学与中小学合作已呈现出多元化的实践形态：有试验特定思想和理论的实验学校，有面向教师教育一体化的专业发展学校，有致力于整体变革学习、教学、课程、学生成长、教师发展和社区参与的学习共同体，还有致力于薄弱学校改进、教师专业发展和处境不利儿童进步的项目，等等。

对于国际案例的选取，主要参考如下三条基准：① 案例中呈现的大学与中小学合作具有原创性；② 案例以研究为据；③ 案例有一定的影响力。基于这三条基准，从世界七大洲看，大学与中小学合作卓有成效的是北美洲、欧洲和亚洲。故本书的主题尽管是国际案例研究，但主要选取上述三个洲的案例；在这三个洲中，尤以北美洲的美国在此方面走在最前面，这样，本书最后选定的七个案例是：杜威学校、八年研究、美国教师专业发展学校、英国教师伙伴学校、要素学校联盟、跃进学校计划、学习共同体。

关于大学与中小学合作的国际案例应该研究什么？尽管近年来，我国有不少关于大学与中小学合作的论文面世，但鲜有系统的研究。为此，本书拟根据国外已有的研究，理出大学与中小学合作的基本问题，即大学与中小学为何要合作、有哪些类型的合作、如何合作、如何评价合作。

（一）大学与中小学合作的缘由

从杜威学校设立至今，大学与中小学合作有不同的意图和追求，有的重在做思想实验，有的重在实现特定的合作目的。需要指出的是，旨在做思想实验的大学与中小学合作，在开展思想实验的同时也实现了特定的合作目的，不过，在这类合作中，实现合作目的是思想实验的副产品。

1. 做思想实验

不论是杜威学校、要素学校联盟、跃进学校计划，还是学习共同体，从一定意义上看，都是大学与中小学合作开展思想实验，以此发现适合儿童成长需要的课程和教学、重建师生关系、引导家长参与学校变革、提升学校共同体的

---

① GREENE P K, TICHENOR M S. Partnerships on a collaborative continuum [J]. Contemporary Education, 1999, 70(4): 13.

办学实力，进而推进教育改革、变革社会。

这些案例所开展的思想实验的价值追求是一致的，即大学与中小学携手开展指向民主、平等的思想实验，以此探寻人性化办学的多种可能方案。其不同在于，因时代背景、所面临的教育问题、儿童成长、学校变革需要等的不同，其所试验的具体内容是不同的。如杜威学校开展的是大学与中小学携手创办新学校的实验；要素学校联盟则以赛泽（Theodore R. Sizer）提出的共同原则（common principles）作为理念和指引，探寻学校重构的多种可能性；跃进学校计划旨在探寻在社会中处境不利的学生成长的新思路；学习共同体试验并深化了杜威等先行者提出的学校重建的愿景和哲学。

2. 实现特定的合作目的

大学与中小学合作旨在实现不同的合作目的，不少学者是从此角度进行研究探索的。较早致力于并倡导大学与中小学合作的学者古德莱德（John I. Goodlad）认为，大学与中小学合作旨在促进教师教育改革或学校改革，抑或共同促进两者的改革。① 美国学者克拉克（Richard W. Clark）较系统地梳理了大学与中小学合作的目的，他认为，大学与中小学合作的目的有四个：① 培养职前教师：大学与中小学合作培养教师是职前教师培养计划不可缺少的一部分，这既是职前教师理解学生的多样性、帮助学生更多地学习的需要，又是职前教师发展实践能力、夯实学术知识的需要。② 在职教师的持续发展：在大学与中小学合作过程中，中小学教师可以基于学生的学习需要进行持续发展。③ 探究议题：合作共同体的所有成员对学校实践开展批判性的社会探究，将批判性探究视作教育持续改进的途径；大学与中小学双方共同将合作学校视作检阅专业实践的基地。④ 形成 P-12 教育的改革范例：为所有 P-12 的学生提供平等和卓越的教育，创建学习共同体，为合作学校提供充分的人力、财力和时间的支持。② 从大学与中小学合作的进展看，克拉克提出的这四个维度是多数大学与中小学试图达成的合作目的，只是后续的改革在描述合作目的时用了不同的措辞。

（二）大学与中小学合作的类型

从国外研究进展看，按照合作性质、合作内容的不同，大学与中小学合作

---

① GOODLAD J I. School-university partnerships for educational renewal: rationale and concepts [M]// SIROTNIK K A, GOODLAD J I. School-university partnerships in action: concepts, cases, and concerns. New York: Teachers College Press, 1988: 14.

② CLARK R W. National network of educational renewal: partner school directory [R]. Seattle, WA: University of Washington, Center for Educational Renewal, 1993: 5—6.

可以分成不同类型，分述如下。需要指出的是，因不同的合作类型有不同的合作内容，因此，本研究不把合作内容视作重要的研究问题单独讨论。

1. 根据合作性质划分

美国学者斯切里奇蒂（Phillip C. Schlechty）和惠特福德（Betty Lou Whitford）认为，大学与中小学合作的类型至少可以划分为三种：合作的、共生的和有机的（cooperative, symbiotic, organic）。[①]合作关系主要指双方为了谋求技术和实用的帮助而形成的个体性间的关系，比如，大学教师为中小学提供他们所需要的培训等。这种合作关系的特点有四个：① 倾向于以个人契约为基础而非组织间的安排。② 合作关系通常被视为一个"特别的计划"，在有限的、相对短的时期内运行。③ 通常，一方是"施予方"另一方是"接受者"；多数情况下，大学是施予方，中小学是接受者。④ 不论任何公开的组织支持与否，这样的合作可在任何时候独立运行。与合作关系不同，共生关系是大学和中小学之间形成的组织上的联盟，在这种关系中，大学和中小学双方都可以成为"施予方"和"接受者"，比如大学派出人员为中小学教师发展提供专业支持，中小学为大学提供师范生的实习安排。由此可见，共生关系本质上是一种利益互惠关系，这种关系的局限是如果利益互惠关系解体，双方之间的合作就难以再续。与共生关系不同，有机关系是建立在双方共同的强烈动机和意愿的基础上，为了解决共同面对的问题而形成的伙伴关系。在这种关系中，双方之间不再只是"施予方"和"接受者"的利益互惠关系，而是平等互惠的关系。

2. 根据合作内容划分

从大学与中小学合作的内容出发，Su 研究了美国当时的大学与中小学合作的内容，研究发现，大学与中小学合作大致可以划分为如下五种类型：人员导向（staff-oriented）、学生导向（student-oriented）、任务导向（task-oriented）、机构导向（institution-oriented）、全面更新（simultaneous renewal）。[②]

(1) 人员导向的合作

人员导向的合作旨在改革职前教师教育、促进在职教师专业发展、提升学校管理人员的专业水平等，一般通过项目的方式开展双方的合作。其中，关于教师的培养和培训主要通过大学与中小学的合作研究，找出改革职前教师教育、支持新任教师成长、促进在职教师专业发展的有效方法，以此促进师资水

---

① SCHLECHTY P C, WHITFORD B L. Types and characteristics of school-university collaboration [J]. Kappa Delta Pi Record, 1988, 24(3): 81-83.

② SU Z X. School-university partnerships: ideas and experiments (1986-1990) [M]. Seattle, WA: University of Washington, Center for Educational Renewal, 1990: 22-37.

平的整体提升。

(2) 学生导向的合作

学生导向的合作旨在提升学生的成就动机与学业表现,尤其是针对有特殊需要及学习障碍的学生给予帮助。这类合作在美国一些城市都会地区的学校尤为明显,通常以解决学生的困难处境为优先,以此提升学生的学习成就。

(3) 任务导向的合作

任务导向的合作旨在改善"任务"本身。这种合作以中小学涉及的具体工作为主轴开展相应的合作。具体包括:大学与中小学合作开发课程、为新任教师准备更好的教学计划、召开研讨会或座谈会探讨各科课程、研讨并拟定课程大纲、设计评价教学成效的方法、改善学习评价的方式、提供实习教师教材、协助高中生顺利进入师范大学等。

(4) 机构导向的合作

机构导向的合作旨在改革整个教育机构,但改革对象是中小学,而非大学。因此,这样的合作隐含着不平等的关系以及单向的改革。如:某所中学或小学面临危机,需要大学的帮助以谋求生存,某所大学愿意接手,并加以经营和管理,以帮助学校走出危机。由于从这种类型的合作中获益的只有中小学,因此,这类合作对教育改革的影响有限。

(5) 全面更新的合作

全面更新的合作强调大学与中小学应建立长久的伙伴关系,包括:双方在民主社会中应扮演的角色、学校教育的功能、目标与内容、共同追求教育公平性及卓越表现、研商促成理想目标的发展策略等等。相较于其他四种合作,全面更新的合作追求中小学与大学全方位的共同改革,关注双方的持续成长与发展,这样的合作是富有生命力的合作。

需要指出的是,前文只是概述了大学与中小学合作的主要类型,若从不同的分类依据出发,还有其他的分类,如我国香港有学者依据出资者的不同,将大学与中小学合作分为三种类型:基金资助的大学与学校合作计划、学校有偿参与的大学与学校合作计划、由政府拨款支持的大学与学校合作计划。[①]

(三)大学与中小学合作的策略

策略主要解决如何做的问题,包括大学与中小学合作的组织、阶段研究、策略选择等。

---

① 马庆堂.大学与学校伙伴协作的方式与机制:香港的经验及发展趋势 [J].上海教育科研,2007(8): 5.

1. 大学与中小学合作的组织

大学与中小学合作的组织是指大学与中小学一起开展工作。有效的组织架构是大学与中小学一起工作的关键，不同类型的大学与中小学合作有不同的组织架构，对于全面更新的大学与中小学合作，古德莱德认为，组织架构及其职责至少应包括如下内容：

> 理事会；一名执行主任，配有规模适中的秘书处；公开的预算；双方领导层的认可和支持；工作小组；一个双方都支持和鼓励所有项目和活动开展的有序过程；持续记录、分析和沟通项目的成功与失败及其可能的原因；在全国的合作网络中建立一个支持机构并维持之；通盘考虑以确保合作资金；重新考量现有资金，以确保教育更新所需的时间；正式的时间承诺，至少合作五年；合作双方之间分享信息、想法、资源。[①]

从所选的案例看，没有唯一有效的组织架构，不同的案例有不同的组织架构，其中，要素学校联盟和跃进学校计划在此方面的探索具有示范性。

2. 大学与中小学合作的阶段研究

从已有研究看，大学与中小学合作阶段的研究大致有两类，一类是大学与中小学合作整体经历的合作进展阶段；另一类是从双方关系变化的角度提出的合作阶段。杜威学校较早探索了前一类合作阶段，探究发现，双方的合作经历了三个阶段，分别是 1896—1898 年期间的试验阶段、1898—1903 年期间的发展和成熟阶段、1904 年的终止阶段。与杜威学校类似，八年研究的合作分两个阶段实施，分别是自主实验阶段和合作中学继续实验、合作大学按照协议招生阶段。对于后一类合作阶段的探索，20 世纪 70 年代至 80 年代期间，美国学者特鲁波维兹（Sidney Trubowitz）在持续多年考察纽约一所大学和一所中学的合作的基础上，归纳得出大学与中小学的合作大致可分为八年阶段：① 敌对和怀疑阶段（hostility and skepticism）：中小学教师排斥合作或对合作持怀疑态度；② 缺乏信任阶段（lack of trust）：双方虽建立合作关系，但却缺乏彼此间的信任；③ 协议阶段（period of trace）：执行合作计划，并对合作计划加以追踪、记录；④ 双方赞同阶段（mixed approval）：监督并反思合作成果，分享成效、发现不足；⑤ 接纳阶段（acceptance）：改善不足后，双方

---

① GOODLAD J I. School-university partnerships for educational renewal: rationale and concepts [M]// SIROTNIK K A, GOODLAD J I. School-university partnerships in action: concepts, cases, and concerns. New York: Teachers College Press, 1988: 28.

均能接纳合作关系；⑥倒退阶段（regression）：双方合作一段时间后，遇到瓶颈问题而无法突破，导致合作关系倒退；⑦更新阶段（renewal）：更新合作计划，以突破瓶颈；⑧持续推进阶段（continuing progress）：当瓶颈问题解决后，合作关系得以持续推进。[①]

3.大学与中小学合作的策略选择

大学与中小学合作的策略是指大学与中小学双方基于互惠共赢的价值追求，共同探寻问题解决思路或意义探寻的方法。从所选择的国际案例看，大致有两种合作策略，一种是替代性的合作策略，即在合作前预设了双方合作的方式方法和途径，另一种是生成性的合作策略，即在合作之初提出如何合作的大致设想，在合作过程中根据合作需要、合作内容的变化，调整和深化合作的方式方法和途径。从7个国际案例看，多数案例采用生成性的合作策略。对于合作策略如何实施，古德莱德曾总结了十条实施策略：①妥善处理大学与中小学间的文化冲突；②教育学院的变革；③领导的支持和投入；④充足的资源保障；⑤树立真正合作的典范；⑥接纳合作中的"混沌"；⑦避免"速成"病；⑧正确对待过程与结果的争论；⑨避免结构化过度或结构化不足；⑩将领导权转化为分权，并且责任共享。[②]

（四）大学与中小学合作的评价

从大学与中小学合作的国际案例研究看，多数的合作案例都在合作过程中开展了合作进展和成效的评价。致力于评价的原因有二，其一是双方试图通过评价了解合作的进展、成效及可能的努力方向；其二是不少大学与中小学的合作都得到外部基金会的支持，基金会要求合作项目提供评价报告。

1.大学与中小学合作成效的评价

从已有研究看，对大学与中小学合作成效的评价主要聚焦于两方面：①评价内容，即回答评价什么的问题。不同的合作研究项目会根据合作目的形成不同的评价内容，但总体而言大致聚焦于如下四个维度：是否提高学生的学业成就、是否促进了教师发展、是否培育了职前教师、是否实现了学校变革。此外，评价也会涉及是否实现了特定议题的探究和问题解决等。②评价方法，即回答如何评价的问题。

从已有研究看，对于大学与中小学合作，主要运用如下三种方法进行评

---

① TRUBOWITZ S. Stages in the development of school-college collaboration [J]. Educational Leadership, 1985, 43(5): 18-21.

② GOODLAD J I. Educational renewal: better teachers, better schools [M]. San Francisco: Jossey-Bass Publishers, 1994: 89-93.

价：① 基于目标的评价。在事先商定的短期合作时间（比如一年）内，以书面形式列出具体目标的清单，合作结束时，评价上述目标的实现情况，并为下一个短期合作制定一个新的目标清单。后续的合作及其评价以此类推。① 这种方法开展的评价往往将评价独立于大学与中小学合作的过程，很难洞察到合作过程的复杂性、多样性和独特性。鉴于此，第二种评价方法应运而生。② 过程性评价。这种方法 "将评价视作一个合作伙伴关系的、持续的和实质性的过程或活动"②。该评价方法基于对合作过程或活动的研究，发现合作过程或活动中取得的成效及可能存在的问题。综合运用质性和量化的方法收集过程性数据，包括个案研究、问卷调查法、访谈法、参与式观察法、文本分析等。这种评价方法的特点是既基于过程性数据进行分析、总结、反思和改进，又能为学校的自我改进提供证据，此外还能为合作双方甚至大型的合作项目建立合作研究数据库。③ 批判性、合作探究的评价。这种评价方法将 "评价视作一个批判性、合作探究的过程"③。该方法由古德莱德领导的美国国家教育更新网络（the National Network for Educational Renewal）提出，目的是评价该网络的合作成效和不足。该方法认为，合作探究的核心是在知识生产、努力改善的评价活动中确立批判的合法性；在对合作活动的批判性探究中，可以基于合作的价值和人的旨趣建构性地挑战现有的知识。④ 这种方法综合运用质性、量化、批判性的方法收集数据，除了前述第二种评价方法中提到的收集数据的方法外，还运用自然主义或现象学的方法等收集数据，并对所收集的数据进行批判性的分析和反思。

除了上述方法外，若从评价主体的角度进行划分，评价可以分为内部评价和外部评价。内部评价指由合作双方的人员共同组成评价小组，选择上述评价方法开展评价。外部评价在这种分类中也可成为第三方评价，这种评价的评价主体不是由合作双方的人员组成，而是根据项目评价的需要，形成第三方评价小组，由第三方小组对大学与中小学合作的成效与不足进行评价。需要指出的，因为任何大学与中小学合作的项目都具有独特性，所以很难形成统一的评价标准。

---

① SU Z X. School—university partnerships: ideas and experiments (1986—1990) [M]. Seattle, WA: University of Washington, Center for Educational Renewal, 1990: 53.

② SU Z X. School—university partnerships: ideas and experiments (1986—1990) [M]. Seattle, WA: University of Washington, Center for Educational Renewal, 1990: 53.

③ SU Z X. School—university partnerships: ideas and experiments (1986—1990) [M]. Seattle, WA: University of Washington, Center for Educational Renewal, 1990: 55.

④ SU Z X. School—university partnerships: ideas and experiments (1986—1990) [M]. Seattle, WA: University of Washington, Center for Educational Renewal, 1990: 55—56.

2. 大学与中小学合作存在的问题

尽管大学与中小学合作已取得不少成就，但由于合作需要、合作过程等的复杂性，大学与中小学合作始终面临着大量需要解决的问题。如前所述，任何一个大学与中小学合作的案例都有其独特性和复杂性，同样地，其在合作过程中产生的问题也具有独特性和复杂性。对于这些具有独特性和复杂性的问题，莱斯（Elisabeth Hess Rice）试图提炼出一个思考框架。他以 1990—1998 年间的教师专业发展学校的案例为研究对象，从中选取了 20 个案例，研究发现，大学与中小学合作存在的问题主要体现在四个维度：合作的情境因素（the situational factors of collaboration）、结构维度（the structural dimension）、过程维度（the process dimension）、关系维度（the relational dimension）。[①]

（1）情境因素

情境因素包括不愿意合作、先前的关系和态度、不能获得持续的资金支持。第一，不愿意合作通常出现在教师专业发展学校（Professional Development School，简称 PDS）刚开始运行时。在莱斯选择的 20 个案例中，有 13 个出现了大学或中小学教师不愿意放弃自己原有角色、难以开展彼此信任的合作问题。对于大学教师而言，不愿意合作的理由多种多样，如有一些大学教师因这种合作改变了大学教师的角色和地位而拒绝合作，另一些大学教师则认为他们是被强制参与 PDS 的。对中小学教师而言，尽管在所选的 20 个案例中，没有教师公开表示不愿意参与 PDS 工作，但值得注意的是，很多 PDS 学校出现了中小学教师转校的情况，这些转校的教师其实潜在地表明，他们不愿意开展合作。第二，先前的关系和态度主要存在于两个方面，一方面是大学教师与中小学原有的关系，另一方面是大学教师与中小学校长之间的关系。莱斯选择的 20 个案例中，有 8 个案例的合作受到了这两个方面的影响。具体而言，如果大学教师与所选的中小学曾有过愉快的合作和良好的交往，那么，双方将对创建 PDS 充满热情，并积极参与合作。反之，则不然。第三，不能获得持续的资金支持是 PDS 运作的一大阻碍。在莱斯所选的 20 个案例中，有 13 个案例经常面临资金困难问题。PDS 初建时的资金来源主要有：申请联邦拨款、申请州政府拨款、与私人企业合作取得资金、利用当地资源。PDS 运行一段时间后，这些资金若被用完，后续往往会缺乏固定的资金投入。针对资金投入困难问题，参与者和公众都会对 PDS 的可行性和发展提出质疑。为了解决资金问题，双方成员投入大量精力和时间讨论如何获得后续资金，由此影

[①] RICE E H. The collaboration process in Professional Development Schools: results of a meta-ethnograhy: 1990-1998 [J]. Journal of Teacher Education, 2012, 53(1): 58-63.

响了具体合作工作的研究和开展。

（2）结构维度

结构维度包括管理不规范、地位平等与控制权问题、校长的态度。第一，管理不规范指在 PDS 中，对大学与中小学合作所产生的新组织的运作，没有明确的政策、制度和规则作为引导。由于缺乏正规管理，双方之间的一些合作往往会浪费时间、空耗精力，由此挫伤双方的合作热情。第二，地位平等与控制权是合作双方特别关注的，在莱斯选择的 20 个案例中，有 14 个案例存在地位平等和控制权的争夺问题。莱斯指出，尽管合作双方似乎都在努力做到共享领导权，但实际上双方的参与者都试图在决策制定中掌握控制权，由此导致双方实际上的地位不平等。第三，校长对合作的态度直接影响了双方的合作，在莱斯选择的 20 个案例中，有 16 个案例显示了此问题。在一些 PDS 中，校长不支持甚至不允许教师真正投入到合作中，对双方合作持消极态度；与此相比，在那些校长大力支持教师参与合作的案例中，PDS 运作良好。

（3）过程维度

过程维度包括沟通不畅，即大学与中小学之间的沟通有误或不够。在莱斯选择的 20 个案例中，有 12 个案例显示双方之间缺乏良好的沟通；同时，合作研究也指出，PDS 中所有成员急需加强在每个合作发展阶段中的沟通和交流。一个 PDS 成员曾经评论指出："合作是困难的……人们的期望提高了，提出了各种各样的假设。如果你没有机会讲话，缺乏与大家聚在一起交流的机会（很少有这种机会），那么你就会有很多的误解，而实际上正是这些误解导致了合作的失败。"[1] 除了双方之间会沟通不畅外，有时在参与合作的大学内部成员之间、中小学成员之间也存在沟通不畅问题，此外，参与者的个性也会影响沟通。

（4）关系维度

关系维度指成员之间的交往、信任以及处理矛盾的方式等，包括组织内部关系紧张、组织之间目标冲突、先入为主的不信任和怀疑；关键人物的重要性、非正式会议的重要性。第一，组织内部关系紧张。在莱斯选择的 20 个案例中有 18 个出现了合作一方内部成员之间关系紧张问题。在同一所学校中，有的教师参与了 PDS 合作，而有的则没有，这引发了教师之间地位的竞争和冲突；同样地，在大学里，参加 PDS 合作的大学教师经常与那些未参加的教师产生意见冲突。与中小学的竞争和冲突不同，大学的冲突主要发生在参与

---

[1] RICE E H. The collaboration process in Professional Development Schools: results of a meta-ethnograhy: 1990-1998 [J]. Journal of Teacher Education, 2012, 53(1): 61.

PDS 合作的大学教师很难说服其他教师也参与到 PDS 的教学中的情况下，因为大学原有的角色与 PDS 中大学的角色是不同的。第二，组织之间的目标冲突缘起于双方目标定位不一致。在莱斯选择的案例中，有 9 个出现了合作双方目标冲突问题；这种冲突表现在，大学教师主要关注实习教师的培养和最佳教育方法的使用，而中小学主要关注中小学生的学习状况和能影响学校地位的一些具体措施的落实。显然，这种目标冲突是由双方的不同需要造成的。第三，先入为主的不信任和怀疑。在莱斯选择的案例中有 13 个案例，双方都对合作有一种先入为主的怀疑。换言之，在双方的合作还没有开始之前，彼此就已经对这种合作关系产生了怀疑，包括双方对合作能否顺利进行、PDS 目标能否顺利实现等的怀疑。这些怀疑有的是因各种新计划实施引起的，有的与个人之间的权利争夺有关，也有的与 PDS 发展进程缓慢有关。第四，关键人物对于加强合作、促进教师发展意义重大。在莱斯选择的案例中，有 8 个案例表明关键人物对 PDS 工作的进展有积极影响。这里的关键人物不是根据职务和头衔来认定的，而是那些在合作中平易近人、能增进彼此之间的信任关系、善于鼓励双方积极参与、促进合作关系良性发展的人。在 PDS 中，关键人物既可以是校长、中小学教师，也可以是大学教授，其关键特征是善于有效沟通、帮助并促进合作双方之间的交流。第五，这里所指的非正式会议是指形式不一的、有点心等的“小吃聚会”。这种会议的特点是非正式性，即边吃边聊，通过这样的方式，既能促进人际交流，又能密切合作者之间的关系，提高工作效率。

在本书的案例研究中，尽管每个案例面临的挑战或面临的发展问题是不同的，但多数问题的确可以在莱斯提炼出的上述思考框架中得出。

目 录

第一章 杜威学校

如前所述，大学和中小学合作可以追溯到美国的杜威学校（Dewey School）①。杜威学校因其开创性的合作办学的总体设想、合作内容、合作方式等，在教育史上具有重大意义。经过八年的合作办学，杜威学校成绩斐然，但又因多种原因被迫停止办学。

第一节 杜威学校的总体设想

19世纪末，面对当时保守的美国教育，美国教育界兴起了教育实验的热潮，如众所周知的昆西计划（Quincy Plan），即帕克在昆西市公立学校所做的教育实验。在这股教育实验的浪潮中，杜威于1896年在芝加哥大学创办了实验学校，"正式名称为'大学初等学校'（University Elementary School），后来叫'芝加哥大学实验学校'（Chicago University Laboratory School）。实验学校教师为了对杜威领导这个学校表示谢意，将自己的学校称为'杜威学校'（Dewey School）"②。实验学校于1896年1月开办，共办了8年，当时有2位教师和16名学生。到1902年时，该校注册学生人数最多时达到了140名，教师23名，大学研究生助教10名。依据大学与合作主体的不同划分，大学与中小学合作大致可以分为：大学与学校的合作、大学—学区—学校的合作、大学—政府—学校合作等。据此，杜威学校是大学与中小学合作的先行者，更确切地说，杜威学校是"家长、教师和教育家们的一个合作的创举"③。

---

① GREENE P K, TICHENOR M S. Partnerships on a collaborative continuum [J]. Contemporary Education, 1999, 70(4): 13.

② 赵祥麟. 外国教育家评传（第二卷）[M]. 上海：上海教育出版社，1992: 502.

③ 凯瑟琳·坎普·梅休，等. 杜威学校 [M]. 王承绪，赵祥麟，赵瑞瑛，等译. 北京：教育科学出版社，2007: 原序7.

一、杜威对实验学校办学性质的总体设想

讨论学校的办学性质时，一般根据办学主体的不同，将学校办学性质划分为公办学校、民办学校等。与此思路不同，杜威提出了迥异的关于实验学校办学性质的总体设想。

(一)芝加哥大学教育学系的实验室——杜威学校的办学性质

到芝加哥大学后，杜威的雄心是试图建立一门统一的教育学科。面对当时落后的教育学科，杜威希望通过教育实验来建立教育学科。为此，他当时就对为什么要筹建实验学校有清晰的思考。在杜威的设想里，实验学校是大学教育学系的实验室。在《作为一门大学学科的教育学》一文中，杜威曾对实验学校性质提出了总体的设想：

> 每一门大学的学科现在都要开展研究，进行调查，为世界资源添砖加瓦……它（大学）还负有根据现时需要，检验过去的研究成果，积极贡献新知识、新理论的责任。大学的工作重心应该越来越多的放在实验室和学院工作设备上。
>
> 在教育学系里，我们哪里可以找到这种工作设备？答案显然是学校，它将在实际的运转中检验和展示理论工作的成果。经验已经证实了曾被认为是先验的东西，已经使我们确信：教学方法，无论是大学还是在师范学校，其有效性主要取决于课堂上所讲授的理论与学校实际工作相结合的程度。……进而，如果存在教育的科学，那一定是一种实验的科学，而不是演绎的科学。……大学的附属学校实践里的"实践"是一个拓展了意义的词汇，它主要指一些教育原则受到检验和证明……严格意义上说，这所学校是一间实验室。[①]

杜威学校作为芝加哥大学教育学系的实验室，除了检验新理论外，杜威也希望实验学校成为芝加哥大学试验培养教育系统中领导者的学校。因此，芝加哥大学的研究生和一些本科生参与了杜威学校的实验工作。在参与过程中，这些研究生和本科生不仅提升了研究能力，锻炼了教学能力，而且也形成了自己

---

① 约翰·杜威. 作为一门大学学科的教育学 [M]// 约翰·杜威. 杜威全集·早期著作 (1882—1898): 第五卷. 杨小微，罗德红，等译. 上海：华东师范大学出版社，2010：221.

的教育理念。如当时芝加哥大学教育学系的一位名叫弗雷德里克·W.斯梅德利的学生在其发表作品的序言中所写，他和心理系的另一个学生合作，研究了杜威学校学生的心理和运动能力：

> 实验学校是一个教育实验室，在这里教育系的学生正在研究这样一些问题，如各门学科的相互关系，各科各部门的心理学的意义，以及使各门科学的教材适应小学生的需要……。我认为，这些试验对于一个教师是一个适当的开端，他必须增进儿童心理学方面有组织的和经过融化的知识，并成为一个训练有素的儿童观察者。我们希望最近未来的学校，将配备这样的一些教师，他们更好地了解儿童们的各种性格，更好地懂得他们的多种需要，并为他们做好准备，而且希望在那些学校里，学生不仅仅因为记住所规定的问题的回答而给予升级。不是这样，而是健康、强壮、敏捷和具有理智活动的准确性，以及感觉的敏锐性。[1]

从上述内容不难看出，杜威学校把职前教师视作研究者，把杜威学校实验的一切供职前教师开展研究。通过现场研究，作为学生的斯梅德利甚至能对教师应成为怎样的儿童观察都提出独到的见解；同时，也对学校应该招聘怎样的教师、学生评价等有了独到的看法。

在杜威看来，杜威学校是"一所实验学校，不是一所实习学校，也不是（在目的上）现在所谓的'进步'学校"[2]；杜威对杜威学校办学性质的明确，意在进一步表明，杜威学校不是培养普通教师的实习学校，这也表明杜威认为自己的学校和帕克所创办的学校的性质是不同的。

（二）做思想实验——试验办学性质设想的途径

杜威学校之所以称之为"实验学校"，"是要强调它的实验性质，尤其是要强调它是用来检验杜威博士的一些理论以及它们的社会含义的"[3]。这些理论是由一些来自哲学和心理学的思想所形成的工作假设。[4] 在昆西市的公立学

---

① 凯瑟琳·坎普·梅休，安娜·坎普·爱德华兹.杜威学校[M].王承绪，赵祥麟，赵瑞瑛，等译.北京：教育科学出版社，2007：335.
② 杜威.杜威教育名篇[M].赵祥麟，王承绪，编译.上海：华东师范大学出版社，2006：224.
③ 劳伦斯·阿瑟·克雷明.学校的变革[M].单中惠，马晓斌，译.济南：山东教育出版社，2009：121.
④ 杜威.杜威教育名篇[M].赵祥麟，王承绪，编译.上海：华东师范大学出版社，2006：224.

校进行试验改革时，帕克首先从改革实践开始，再转到理论上。与帕克的昆西实验不同，杜威走的是"理论到实践"的实验道路，即理论假设先行，再实践，根据实践进展进一步修改或深化理论。杜威之所以创办实验学校来检验他提出的一些理论，与他对自己的三个孩子的观察及其对儿童学习过程的研究是分不开的，通过这样的观察和研究，杜威认为当时的中小学教育是成问题的：

> 杜威逐渐认识到，现在的教育方法，特别是小学的教育方法，是与儿童正常发展的心理学原理不相协调的。这激起了他创办一所实验学校的愿望。在他看来，实验学校应该把学习心理学的原理与他本人道德研究中的合作交往原理结合起来，同时，也应该使学生从杜威自己的学生时代就感到的乏味无趣的状况中解放出来。在学校的直接教育经验中，哲学应该得到它的社会应用，并受到检验。[①]

当时杜威试图实验和解决的基本问题有两个：第一是教育中的个人和社会的关系；第二是直接经验和间接经验的关系。这两个问题的实验贯穿在后续的包括课程与教学、学校管理改革等一系列具体的实验中。

通过杜威学校的实验，杜威不仅检验了一些理论，更重要的是形成并发展了他关于教育、民主、课程、教学等的一系列教育理论，这些教育理论系统地呈现在他的教育学名著《民主主义与教育》中。

二、杜威对实验学校组织架构的总体设想

杜威对实验学校组织架构的总体设想包括两部分，其一是学校组织计划，其二是教师参与学校管理。

（一）学校组织计划的总体设想

1895 年，杜威在前期教育研究的基础上，为实验学校拟定了《大学附属小学的组织计划》一文，在该文中，杜威既具体陈述了他的儿童发展观，又提出了实验学校组织计划的基本教育假设。对于前者，杜威认为儿童发展有一定阶段，但这些阶段之间绝非严格划分，而是相互联系和交叠的；对于后者，杜威在开篇就指出，教育的最终问题是协调心理和社会的因素：

---

① 简·杜威.杜威传[M].单中惠，编译.合肥：安徽教育出版社，1987：32.

心理的因素要求个体自由运用他的个人能力，因此，要进行个体的研究，掌握他自己的相关结构。社会的因素要求个体熟悉他生活于其中的社会环境，熟悉所有重要的关系，在活动中接受与这些关系相关的训练。由此，协调要求儿童能够以实现社会目的的方式自我表达。①

从上述言论不难看出，杜威所指的组织计划主要是课程层面的组织计划，且主要从帮助儿童成长的角度来提出这样的组织计划。其后进一步提出的社会学原则、心理学原则及其教育上的应用进一步阐明了杜威提出组织计划的意图。

（二）教师参与学校管理的设想

杜威认为，对于新办学校而言，教师参与学校管理是合作创办学校的自然结果，且行政事务和教学职责的边界本身很难严格划分；除了财务需要专人负责处理外，其他工作教师都可以兼任。诚如后来梅休所指出的："学校的管理，特别是在它形成的年代里，是指导人员与教师合作的事情，很难说行政责任到哪里终止，教学责任又从哪里开始。"② 同时，杜威特别强调教师合作参与学校管理，教师的管理任务与学校事务进行相应的分工，这些与杜威试验的民主理念、共同体的精神是相通的。对于教师参与学校管理的设想，不仅杜威学校8年试验证明是有价值的，后来发展的自组织理论也证实了杜威对于教师参与学校管理的设想是学习优质办学的关键。

第二节 杜威学校的具体实施

为了试验上述的总体设想，杜威学校的具体实施主要包括合作内容、合作方式和合作过程。

---

① 约翰·杜威.作为一门大学学科的教育学 [M]//约翰·杜威.杜威全集·早期著作(1882—1898)·第五卷.杨小微，罗德红，等译.上海：华东师范大学出版社，2010：170.
② 凯瑟琳·坎普·梅休，安娜·坎普·爱德华兹.杜威学校 [M].王承绪，赵祥麟，赵瑞瑛，等译.北京：教育科学出版社，2007：6.

一、三阶段的合作过程

杜威学校仅存 8 年，这 8 年的合作大致可以分为三个阶段：

（一）试验阶段

1896—1898 年是试验阶段。该阶段的试验是在对儿童特性的理解、课程和教学方法的理论假设等的指引下进行的。杜威认为，儿童天生的冲动粗略地可以分为四类，即社会性冲动、建造性冲动、研究性冲动和表现性冲动。与这四类冲动相对应的是儿童与生俱来的四种兴趣：交谈或交流的兴趣、探究或发现的兴趣、制作或建造的兴趣、艺术表现的兴趣。[①] 根据儿童的特性，学校明确了办学的目的是"给予每个儿童从事他真正要做的事情的机会和方法，并且在他做的过程中给予指导，使他对所做事情的社会意义的认识不断发展。"[②]由此可见，试验伊始，杜威对于个人和社会的关系就有比较清晰的认知。为了达成该办学目的，学校应为儿童提供与上述兴趣的发展相适宜的课程。试验初期，由于缺乏经验，学校无法为儿童提供成熟的课程体系，只规定了哪些事情不要做，这样，除了不要做的事情外，其他内容教师都可以大胆试验，根据试验中的经验和教训，修改学校的课程、教学和管理等。

（二）发展和成熟阶段

1898—1903 年是发展和成熟阶段。通过第一阶段的试验，杜威及杜威学校的老师们发现："儿童的发展有一定的阶段性。这些阶段绝不是截然划分，而是各个阶段相互结合和重叠。"[③]有鉴于儿童发展各阶段之间的相互结合和重叠，杜威学校分班（笔者注：这里的分班与当下的年级划分类似）时设计了过渡阶段，将 4—15 岁的儿童分为三个阶段，每两个连续的阶段之间设置过渡阶段，共设 11 个班。根据书中该部分内容的论述，列表（表 1—1）如下：[④]

---

① 约翰·杜威.学校与社会·明日之学校 [M].赵祥麟，任钟印，吴志宏，译.北京：人民教育出版社，2008: 47.
② 凯瑟琳·坎普·梅休，安娜·坎普·爱德华兹.杜威学校 [M].王承绪，赵祥麟，赵瑞瑛，等译.北京：教育科学出版社，2007: 31.
③ 凯瑟琳·坎普·梅休，安娜·坎普·爱德华兹.杜威学校 [M].王承绪，赵祥麟，赵瑞瑛，等译.北京：教育科学出版社，2007: 40.
④ 凯瑟琳·坎普·梅休，安娜·坎普·爱德华兹.杜威学校 [M].王承绪，赵祥麟，赵瑞瑛，等译.北京：教育科学出版社，2007: 42—43.

表 1-1　儿童发展阶段、班级、年龄对应表

第一阶段	过渡阶段一	第二阶段	过渡阶段二	第三阶段和中学开始时期
一班和二班（4—5岁）	四班（7岁）	六班（9岁）	八班（11岁）	十班（13岁）
三班（6岁）	五班（8岁）	七班（10岁）	九班（12岁）	十一班（14—15岁）

上表表明，杜威学校对儿童发展的连续性考虑得非常周全。细究表 1-1 还可以发现，杜威学校的第一阶段相当于当下教育体系中的幼儿园；过渡阶段一、第二阶段、过渡阶段二相当于当下教育体系中的小学阶段，根据儿童发展的阶段，第二阶段前后各经历了一个过渡时期；第三阶段相当于当下教育体系中的初中阶段。杜威学校的上述设计对当下的办学仍具有丰富的启示，这些启示包括：如何在办学过程中充分考虑儿童发展的连续性？尤其是幼小衔接、初小衔接；如何培养教师实施具有连续性的课程和教学？[1] 对于上述不同班级，杜威学校设计了不同的课程，以适应儿童的发展特点及其需要。

（三）终止阶段

该阶段主要指 1904 年。1901 年，帕克（Francis W. Parker）领导的芝加哥学院被并入芝加哥大学，芝加哥学院的重点是培养职前教师，同时该学院设有一所小学。由此，芝加哥大学有 2 所中小学，一所是杜威领导的杜威学校，另一所是帕克领导的供职前教师实习的小学。芝加哥大学校长哈帕（William R. Harper）及其行政管理人员认为，2 所学校可以合并，理由是 2 所学校都是出色的，且都为教育理论和实践做出了卓越的贡献。然而，杜威认为，尽管 2 所学校在大方向上是一致的，但其在理论、实践和方法上有很多的分歧。因此，杜威与芝加哥大学校长哈帕等行政管理者在学校办学问题上产生了严重的分歧，最终导致杜威于 1904 年辞职。"杜威辞职后，跟着而来的是实验学校教职员除三四人外，全部离开，教育实验也就从此告终。"[2] 需要指出的是，杜威及其多数教师辞职和离开后，实验学校并没有停办，而是由他人接任继续办学。

---

① 王丽华.教师的儿童研究引论 [M].杭州：浙江大学出版社，2017: 13.
② 凯瑟琳·坎普·梅休，安娜·坎普·爱德华兹.杜威学校 [M].王承绪，赵祥麟，赵瑞瑛，等译.北京：教育科学出版社，2007: 13.

二、具有开创性的合作内容

请读者先设想下，假如您想创办一所新学校，您将会试验什么？在上述合作目标的指引下，杜威学校在课程与教学、学校组织与管理两个层面进行了实验，在这些内容的实验过程中也彰显了大学与中小学之间的民主关系。

（一）课程与教学的实验

如前所述，杜威学校在课程与教学方面的实验经历了试验阶段、发展和成熟阶段。在试验阶段，主要根据对儿童兴趣的独到理解、课程的假设，试验了杜威和老师们合作编制的课程。发展和成熟阶段是在第一个时期中证明有效的课程和方法的基础上，继续并完善原有的课程。具体内容包括：

1. 动态生成的课程计划

在杜威学校试验初期，杜威就明确指出，儿童是成长中的个体，其兴趣和需要会随着其生长而发生变化，据此，课程计划不是静态的，而是动态生成的。因此，实验学校：

> 一方面要保证调查研究的自由，另一主面要保证儿童生活的正常发展。这意味着课程的计划，在性质上不是静止的，需要不断地照顾成长中的儿童的经验和他们的变动着的需要及兴趣。这包括学校仔细安排和有识别地寻找教材，以便实现和促进儿童的全面成长。这意味着研究和观察，以便提出教材的内容和手段，使儿童能够把他过去经验中有价值的东西和他的现在与未来联系起来。[①]

显然，杜威学校的课程计划不是国家课程计划的简单照搬，也不是学校的随意拼凑或模仿，而是一种基于儿童成长兴趣和需要的集体创造。这样的创造，需要每位教师仔细观察研究每个儿童的兴趣和需要，以确保儿童个人发展和社会需要相联系。除了动态生成计划外，杜威学校基于对儿童的观察、多方之间的讨论，及时按儿童的年龄水平调整教学计划。[②]

---

① 凯瑟琳·坎普·梅休，安娜·坎普·爱德华兹.杜威学校 [M].王承绪，赵祥麟，赵瑞瑛，等译.北京：教育科学出版社，2007：15.
② 凯瑟琳·坎普·梅休，安娜·坎普·爱德华兹.杜威学校 [M].王承绪，赵祥麟，赵瑞瑛，等译.北京：教育科学出版社，2007：326—327.

2. 以儿童兴趣为基础、融通个人和社会经验的课程内容

对于前述"发展和成熟阶段"提及的不同班级，杜威学校设计了不同的课程，以适应儿童的发展兴趣及需要，又融通了儿童的个人经验和社会经验。根据《杜威学校》一书中第三章到第十三章的内容，可将杜威学校基于儿童发展阶段的课程设计概括为下表 1–2。[①]

表 1-2 儿童发展阶段、班别、课程主题及其相应的作业活动对应表

儿童发展阶段	班别	课程主题	与课程主题相应的作业活动
第一阶段	一班和二班（4—5岁）	家务作业	手工劳动课包括建造活动、玩积木、绘画、黏土造塑、沙箱活动或任何适合的活动，唱歌和讲故事，观察动物，进行戏剧性游戏和节奏运动，日常的家务劳动如准备午餐和餐后收拾活动，从儿童的谈话中生成的各类活动等
	三班（6岁）	为家庭服务的社会性作业	研究食物、烹饪、植物、动物、木材、石油、地形、气候、数字符号、量度单位、阅读、戏剧表演（儿童扮演农民、工人、食品商等）、多米诺骨牌游戏等
过渡阶段一	四班（7岁）	发明和发现而产生的方法上的进步	研究原始人的生活（如衣食住行），据此进行创作和戏剧表演、讲故事、烹饪、纺织、木工、建造、艺术、技术探究等相关的活动，儿童之间用于组织作业活动所必需的谈话和讨论增多
	五班（8岁）	有关世界探险和发现的主题	以研究腓尼基人的贸易和海运活动为主，涉及腓尼基文化的研究、腓尼基部落房屋的建造、造船活动等；在此基础上进行世界旅行家研究、哥伦布研究；将儿童的数学、阅读、写作、科学、艺术、音乐、体育等的学习和研究自然地融入上述研究中
第二阶段	六班（9岁）	乡土历史	以研究乡土历史和乡土地理为主，主要研究芝加哥的历史和发展；除了将数学、阅读、写作、纺织、艺术等融合到研究过程中外，本学年开始了课程的分化，主要体现在数学课程中有专门时间做计算练习
	七班（10岁）	殖民地历史和美国革命	用新的方法研究殖民地和美国革命，殖民地研究包括殖民地历史和工业研究，对美国革命的研究包括从地理的角度研究战争问题、领土扩展问题等；有写作课、法语课等，烹饪、缝纫、科学、艺术、音乐等方面有了新的发展

---

① 王丽华. 教师的儿童研究引论 [M]. 杭州：浙江大学出版社，2017: 13–14.

续　表

儿童发展阶段	班别	课程主题	与课程主题相应的作业活动
过渡阶段二	八班（11岁）	殖民地开拓者的欧洲背景	研究美洲建立殖民地各国的欧洲背景；儿童根据在校时间长短分为甲乙两组，甲组儿童在校时间短，其研究活动和五班相似；结合研究活动，开设历史、英语、外国语、文学、科学、音乐、绘画、体育等课程
	九班（12岁）	专门活动的实验	根据前几年的办学实验，为该年龄的儿童编制了一套课程，各课程都在前面阶段的研究的基础上，进行了更为专门的研究活动，如在历史中，将殖民地开拓者按国别进行研究，即作为英国人、法国人、西班牙人来研究；科学、手工技能、交流、艺术表现、数学、阅读等与历史课程相联系；该班儿童还积极参与学校集会、读报、俱乐部活动等
第三阶段和中学开始时期	十班（13岁）	专门活动的实验	十班的主要兴趣之一是摄影，摄影是科学活动的基础；参与俱乐部会所的设计，时事研究等；在阅读方面，愿意在学校集会时诵读自己的作品，在音乐方面开始学习和声学，学习代数和算术等
	十一班（14—15岁）	专门活动的实验	开设普通科学课程，包括自然地理和生物学；数学课更加专门化，包括代数、几何等；音乐根据男女生兴趣的不同分班上课；艺术课程则围绕着已建造好的俱乐部会所的装潢和修饰而开展；各科作业更为专门化，如开始尝试写科学论文；将周会组办得更好，能做有意义的会议记录，辩论会是周会的重要内容

　　诚如克雷明所指出的，杜威学校的课程有三种基本类型："一是现行的事务或职业，如木工、缝纫或烹饪；二是涉及社会生活背景的学科，如历史和地理；三是掌握智力交流和探究的形式、方法的学科，如阅读、语法和算术。"[①]从上表不难看出，杜威学校实验得出的三类课程是与儿童发展阶段相适应的。此外，这三类课程非常清晰、简洁，对一线中小学当下的改革仍然富有启发意义。

　　3. 以儿童的主动研究为主的方法

　　与当时主流学校以"静听"为主的方法不同，杜威学校的儿童主要以主动研究为主。如下清晰地表明了杜威学校对方法的定位：

---

① 劳伦斯·阿瑟·克雷明. 学校的变革 [M]. 单中惠，马晓斌，译. 济南：山东教育出版社，2009：125.

至于方法，其目的是在活跃与指导儿童的主动的研究，并使事实和原则的收集服从于理智的自我控制，以及使构思和解决问题的能力得到发展。无论何时，以取得的一定分量的知识或以学习一定范围的题目作为目的，而牺牲每一个儿童对研究方法和思想方法的掌握，便会造成巨大的损失。[①]

杜威学校对方法的假设和实验，从上述表 1-2 也能显而易见地看出；同时，当时的参观者的访问也证实杜威学校儿童们的主动状态：

访问者注意到每个地方都表现出自由和不受拘束。在各个课堂里，到处看到成群的小孩，由一个大人集中起来，大家在谈论似乎很有趣的事情。他最初以为自己迷失在一个大家庭里，在那里，每个人都有着很愉快的时间。……他们（学生们）在课堂或任何其他地方可相互交谈，而且常常兴致勃勃地讨论困难的问题。那里有免于受束缚的自由，但这种自由不允许流于放任。[②]

（二）学校组织与管理的实验

关于学校的组织与管理，杜威基于其多年的研究形成了《大学附属小学的组织计划》小册子；该册子既基于他与芝加哥大学组建的研究共同体的研究，又基于他早年参加的伊利诺斯儿童研究等协会及指导研究生过程中形成的观点。杜威心中理想的学校是教师、学生、家长相互合作的民主共同体。在这样的学校中，所有人都能正常、幸福地成长，教师之间相互合作而非竞争。为了实现这样的办学理想，杜威学校对学校组织与管理进行了如下的改革实验。

1. 按儿童的能力与兴趣分班，有适合儿童的学校活动

在学生的组织与管理方面，与传统的班级授课制不同，杜威学校按儿童的能力和兴趣，将全校儿童分成 11 个小班。除了 11 班由 14 岁和 15 岁的儿童组成外，其他班级都是同龄的，这样的分班也与儿童的生理年龄基本一致。在试验初期，"打算把年龄大的儿童和年龄小的儿童混合编制，其目的是使年龄较小的儿童可以在不知不觉中向年龄较大的儿童学习……让年龄大的儿童负一定

---

① 凯瑟琳·坎普·梅休，安娜·坎普·爱德华兹.杜威学校 [M].王承绪，赵祥麟，赵瑞瑛，等译.北京：教育科学出版社，2007：25.
② 约翰·杜威.学校与社会·明日之学校 [M].赵祥麟，任钟印，吴志宏，译.北京：人民教育出版社，2008：译者前言 7—8.

的照顾年龄小的儿童的责任"①。试验后发现，这样的编制方式适合学校规模
比较小的情形，当学校规模扩大后，按儿童的能力和兴趣分班是最合适的方
式。班级儿童一起开展具有共同兴趣的主题探究，同时，对于其他的学习内
容，儿童可以根据自己的需要到不同班级去，这样，不同班级的儿童之间可以
建立新的联系。

除了班级学习外，学校为儿童提供了自我展示的平台。如每周集会，除第
一阶段的儿童外，杜威学校每周一举行一次由全校学生参加的集会，时间长
短不一，从 20 分钟到半小时。在集会上，不同小组的儿童报告有关科目学习、
野外旅行等情况，朗读自己撰写的故事，进行自己创造的游戏，或唱自己创作
的歌曲。又如：学生自己创办校报，校报每周发行一份，由年龄大些的儿童负
责，年龄小的儿童为这份报纸供稿，内容包括报告、故事、诗歌和歌曲等。这
样，学生自主负责创办的学校报纸，在学生之间起到了重要的交流作用。

由此可见，在杜威学校，儿童被视作主动的、积极的参与者。

2. 教师由合作管理到民主参与学校事务

教师合作管理学校事务，这是杜威学校的一大特色。在实验初始阶段，因
学校事务相对较少，教师按个人的兴趣和才能，采用自然分工的方式，管理学
校事务。到了办学第三年，随着学校规模的扩大，学校课程的管理采取了新的
方式，即"采取了类似大学里分系科的方式。设立了幼儿园、历史、科学和数
学、家事科学和工业、手工训练、美术、音乐、语言和体育等几个部。每个部
由受过技术训练并有生活经验的合格人员担任主任"②。由此可见，有专业素
养、生活素养是主任人选的基本条件。主任的职责是协调课程的安排，解决课
堂中遇到的问题，收集可供教师进一步研究的报告或材料。

杜威特别强调，教师不是学校计划和事务的执行者，而是自由的主动参与
者。对此，杜威特别指出："我们不打算把学校计划的原则作为学校要做些什
么的定规。……学校原则的应用在教师的手中，而且这种应用实际上等于教师
对于原则所做的发展和修改。教师不仅在使原则适应实际的情况方面有大的自
由，而且如果可能的话，学校将赋予他们更多的责任。"③正是杜威学校对每位
教师的信任和赋权，才使杜威学校的每位老师能在办学实验过程中，不断克服

---

① 凯瑟琳·坎普·梅休，安娜·坎普·爱德华兹.杜威学校[M].王承绪，赵祥麟，赵瑞瑛，等
译.北京：教育科学出版社，2007：26.

② 凯瑟琳·坎普·梅休，安娜·坎普·爱德华兹.杜威学校[M].王承绪，赵祥麟，赵瑞瑛，等
译.北京：教育科学出版社，2007：319.

③ 凯瑟琳·坎普·梅休，安娜·坎普·爱德华兹.杜威学校[M].王承绪，赵祥麟，赵瑞瑛，等
译.北京：教育科学出版社，2007：311—312.

各种困难，主动投入到实验过程中。教师会议和非正式的日常交流是教师研讨实验过程中遇到的各种问题、民主参与学校事务的重要方式。在教师会议上，按照总的计划对上周的工作进行回顾，由教师报告在计划中所遇到的困难，并相应地修改计划。在非正式的日常交流中，教师们一起交谈工作，并交流各自与小组儿童一起活动的情况，这种非正式交流，确保了不同班级之间的相互了解，进而保持了课程计划的连续性和生成性。

3. 家长的参与

在杜威学校，家长和学校的关系是在实验过程中慢慢发展起来的。在发展过程中，家长作为学校办学的平等参与者和支持者的身份日益得到彰显。与其他学校的家长联合会不同，杜威学校的家长是自发组织的家长联合会。在办学的第一年，学校偶尔会邀请家长联合会参与学校和家庭问题的讨论。第二年开始，家长联合会就全面参与和支持学校的各项工作。诚如家长联合会的细则所阐明的那样："这个联合会的目的是通过理论的讨论和实际的应用，促进对于初等教育一般的兴趣，特别是旨在推进芝加哥大学的实验学校工作的共同商议和合作。"[①] 通过家校的紧密合作，家校双方对学校的办学、课程等有了共同的理解，极大地保证了儿童在学校和家长之间发展的连续性。

家长联合会以会议的方式研讨各方提出的问题，讨论的问题或由专家提出，或由教师提出，或由家长提出；会议由家长联合会主持和实施；会议召开的方式是自由讨论。通过常态的会议研讨，家长们既清楚学校前进的大方向，又能为学校提供适宜的支持和帮助。此外，实验学校还为家长联合会办了培训班，杜威在班上向家长阐述了杜威学校的办学问题，并回答了家长提出的各种问题。杜威在家长会上的演讲，最后汇集成了《学校与社会》一书。

（三）大学与中小学的关系

在杜威学校，大学与中小学的关系特别突出地体现在中小学的自主性、大学教师与中小学教师各自的角色和职责问题上。杜威认为："学校主要是一种社会组织。教育既然是一种社会过程，学校便是社会生活的一种形式。"[②] 因此，杜威学校是由教师、家长、管理人员共同管理的，大学研究人员则协助学校的管理。杜威所提倡的学校是一种社会组织，学校相关人员全体参与学校管理的思想深刻影响了此后的大学与中小学合作；不论是西奥多·赛泽的要素学

---

① 凯瑟琳·坎普·梅休，安娜·坎普·爱德华兹.杜威学校[M].王承绪，赵祥麟，赵瑞瑛，等译.北京：教育科学出版社，2007：343.

② 约翰·杜威.学校与社会·明日之学校[M].赵祥麟，任钟印，吴志宏，译.北京：人民教育出版社，2008：5—6.

校联盟还是佐藤学的学习共同体，都深受杜威的影响。

在杜威学校，教师是研究者，教师研究学校的课程计划及其课程安排和实施过程中的各种问题，参与杜威学校试验的全部工作，并有权做出决策。以教学材料的选择为例，在杜威学校，教学材料的选择及其使用材料的相应方法，都由教师决定；教师基于自己的研究和集体的研讨，确定教学材料的适宜性等。这样的角色定位在当下看来仍然具有前瞻性，同样以教学材料选择为例，我国中小学教材的选择权实际上并没有真正掌握在教师手中；同时，在大学与中小学合作中，教师的角色往往被视作被动的接受者，大学研究者和教师之间是指导与被指导的关系。

三、多样化的合作方式

在杜威学校，大学与中小学的合作方式如下：

（一）芝加哥大学的专业指导

杜威为杜威学校的办学提供了全方位的专业指导。不论是学校的组织与管理还是课程与教学的落实，杜威都做出了极大的努力。梅休在杜威学校中指出：在办学的头几年，杜威几乎每天都会去学校观察；如在论及"学校第二年时间的调整"时，梅休指出："附表为各种活动所指定的时间……是杜威每天来观察的结果。"[①] 对于课程与教学的落实，杜威除了提出课程与教学的构想外，还全力支持教师们开展课程开发和实施的试验，并根据儿童成长的需要和出现的问题修改课程和教学。

除了杜威的努力外，芝加哥大学各系、各有研究专长的大学教师们都提供了专业指导。这些各有专长的研究者当时就是或后来成为美国学术界的思想领袖和学术权威，尽管如此，他们总是平易近人，极尽所能地为老师们提供各种所需要的帮助及学校发展所需要的指导。对此，梅休在《杜威学校》一书中指出：

> 或许芝加哥大学在开始时，就有许多后来成为国际有名的科学家聚集在一起，这要比任何新的大学多。当时有托马斯·C.张伯伦，他在精心研究他的太阳系起源的微星学说，并把它告诉儿童。约

---

① 凯瑟琳·坎普·梅休，安娜·坎普·爱德华兹.杜威学校 [M].王承绪，赵祥麟，赵瑞瑛，等译.北京：教育科学出版社，2007：326.

翰·M.库尔特设计和指导作物的实验。其他与学校合作的，在动物学方面的有查尔斯·C.惠特曼，生理学方面的有雅克·洛布，社会学方面的有W.I.托马斯和乔治·文森特，人类学方面的有弗雷特里克·斯塔尔，地理学方面的有罗林·D.索尔兹伯里，物理学方面的有艾伯特·A.米切尔森，化学方面的有亚历山大·史密斯，以及生态学方面的有亨利·C.考尔斯。学校感激大学里许多其他各系的人，特别对威廉·D.麦克林托克先生和夫人，G.E.海尔，华莱士·阿特伍德，以及杜威先生的系内的成员，特别是乔治·H.米德，詹姆所·H.塔夫茨和詹姆斯·R.安吉尔的继续不断的合作。①

诚如上述所指出的，杜威学校在创办过程中，一直得到全方位的专业支持，这些支持是学生开展主动研究的专业基础。为了避免专家们各行其是，导致学生学习和研究的割裂，专家们在与学校合作过程中不断协商与沟通，以保持课程计划的一致和协调。②

（二）为杜威学校的办学实验提供多种支持

除了为杜威学校提供专业指导外，芝加哥大学一直为杜威学校的办学实验提供多种支持，这些支持包括提供开课教师、助教、场地等。前述提供专业指导的部分大学教师，直接为杜威学校的孩子们开课。而自从杜威学校创办以来，芝加哥大学的研究生和部分本科生担任该校的助教，这不仅为杜威学校的办学提供了人员的支持，而且也探究了职前教师培养的新思路，尤其是在当时美国职前教师缺乏专业实践的场所，甚至要到国情大不相同的德国去培训的背景下，这样的探究意义重大。杜威学校办学之初，学校缺乏运动场地，而运动对孩子的健康至关重要，对此，杜威在《大学的附属学校》中指出："孩子们可以使用大学的体育馆，并有条件得到负责女子体操的安德森小姐的指导，她将仔细研究每个孩子的体能需要。"③此外，芝加哥大学也为杜威学校提供该校学生需要的教学器材等，尤其是理科各系，为杜威学校课程的开展提供了全方位的设备援助。

---

① 凯瑟琳·坎普·梅休，安娜·坎普·爱德华兹.杜威学校[M].王承绪，赵祥麟，赵瑞瑛，等译.北京：教育科学出版社，2007:7.
② 凯瑟琳·坎普·梅休，安娜·坎普·爱德华兹.杜威学校[M].王承绪，赵祥麟，赵瑞瑛，等译.北京：教育科学出版社，2007:26—27.
③ 约翰·杜威.作为一门大学学科的教育学[M]//约翰·杜威.杜威全集·早期著作(1882—1898)·第五卷.杨小微，罗德红，等译.上海：华东师范大学出版社，2010:345.

第三节 杜威学校的评价

杜威学校为大学教育系如何与中小学合作提供了较早的范例，为此后的大学与中小学合作带来了多方的启示。作为早期的探究，因受到多种因素的制约，杜威学校也为此后的大学与中小学合作提出了新课题。

一、杜威学校对大学与中小学合作的启示

作为大学与中小学合作的早期范例，杜威学校对于大学与中小学合作创办新学校，富有启发意义。

（一）杜威提出了高瞻远瞩的合作办学设想

如前第一节所述，杜威提出的合作办学设想包括实验学校办学性质的总体设想和实验学校组织架构的总体设想。前者包括杜威学校的办学性质，即成为芝加哥大学教育学系的实验室；通过做思想实验试验办学性质设想的途径，参加思想实验的教师、学生、家长和大学人员组成一个共同体。后者包括两部分，其一是学校组织计划，其二是教师参与学校管理。从杜威提出的办学设想看，杜威既希望通过在实验学校做教育实验，构建起从幼儿园到大学的一套新的教育体系，又试图据此重建教育学；换言之，在杜威看来，合作办学和重建教育学同等重要，甚至后者更为重要。作为一种思想实验，杜威提出的合作办学设想影响了此后的诸多富有影响力的大学与中小学合作，包括本书后续的要素学校联盟、学习共同体、美国教师专业发展学校等，比如学校作为学习共同体包括教师、学生、家长、社区成员等，教师在学校改革中的身份等，无不受到杜威合作办学设想的影响。

（二）大学与中小学合作推进了富有实验精神的实践

杜威学校的办学实践充分展示了大学与中小学合作过程中的实验精神，这种实验精神的精髓是思想构想先行，换言之，杜威基于研究提出杜威学校办学的构想；杜威学校创建后，在学校中实验理论构想，据此修改或完善理论构想。从本质上看，这种实验精神延续的是 18 世纪以来的理性精神，与裴斯泰洛齐的办学实践有相通之处，是一种推动大学与中小学合作的自然实验；显然，这样的实验迥异于 19 世纪以来受自然科学实证主义科学观影响的变量控

制实验。尽管当前有学者提出，中小学不是大学的实验室，大学与中小学合作的过程就是形成合作办学思想的过程，但面对我国当前的一些大学与中小学合作实践中过度追求功利目的，或合作过程中显现出的盲目性等情形，杜威在合作办学过程中展示出的实验精神仍然富有深刻的启发意义，这种启发不亚于当年克雷明对杜威学校的评价，克雷明认为，杜威学校"在美国教育界已成为最引人注目的教育实验园地"①。此外，实验精神还体现在芝加哥大学教育系的建设中，包括大学教育系的理论研究和师范生等的培养中。

（三）大学与中小学合作有机关系的早期典范

如前所述，有机关系是建立在双方共同的强烈动机和意愿的基础上，为了解决共同面对的问题而形成的伙伴关系。在这种关系中，大学和中小学双方之间不是"施予方"和"接受者"的利益互惠关系，而是平等互惠的关系。在杜威学校的办学过程中，充分体现了这种平等互惠性，包括杜威在内的芝加哥大学给学校提供了全方位的专业指导和多种支持，一起开展办学试验，为合作办学构想的试验提供鲜活的实践证据。同时，这种有机关系也体现在双方的角色定位和行动上，杜威把教师视作研究者，充分尊重教师的自主和专业性；对此，杜威曾在给第一位教师米歇尔（Clara Mitchell）的信中写道："我为学校制定的纲领不是硬性的规定，如果你觉得它束缚了你的思想，那么请你将它丢掉。"

二、杜威学校对大学与中小学合作提出的课题

杜威学校创办过程中遭遇的最大困境是经费、与芝加哥大学领导之间的理念分歧等问题，这些问题为后来的大学与中小学合作提出了新课题。

（一）办学经费是影响大学与中小学合作的瓶颈

杜威学校创办以来，办学经费一直困扰着合作双方。对此，梅休曾指出："学校经常面临严重的财政困难。"②这种困难主要表现在，其一，学校没有固定的办学场所，在办学的前5年换了3次学校校址；其二，教学设备严重不足，尽管芝加哥大学一直给予支持，但仍然不能解决杜威学校开展课程实验所

---

① 劳伦斯·阿瑟·克雷明. 学校的变革 [M]. 单中惠，马晓斌，译. 济南：山东教育出版社，2009：121.

② 凯瑟琳·坎普·梅休，安娜·坎普·爱德华兹. 杜威学校 [M]. 王承绪，赵祥麟，赵瑞瑛，等译. 北京：教育科学出版社，2007：9.

需要的设备资源；其三，学校向学生收取的学费低，以 1901—1902 学年为例，"4—6 岁的儿童每年 75 美元；较大的儿童仅上午上课的每年 90 美元，儿童下午也上课的每年 105 美元"[①]。面对办学经费严重不足的情况，芝加哥大学仅答应杜威 1000 美元的学校开办费，所幸家长和友人们的慷慨捐款，才使得这所学校艰难前行。需要指出的是，杜威学校之所以收费低，是因为该校希望那些家庭经济条件不佳，但又欣赏杜威学校办学理念家庭的孩子，不至于因家庭经济困难而失去到杜威学校上学的机会。

当前我国各地兴起大学与中小学合作创办新学校的热潮，尽管当前的办学经费远比杜威办学所处的时代充裕，但如何整体考虑办学经费仍然是合作办学需要深入考虑和解决的问题。其实，本书讨论的跃进学校计划就已经在此方面承接杜威提出的课题，做出了新的探索。

（二）杜威与芝加哥大学领导之间的理念分歧是延续大学与中小学合作的阻碍

杜威学校的创办并非是杜威和杜威学校合作的产物，而是芝加哥大学创办附属学校，由杜威全面负责。这样，学校在办学过程中，需要协调好芝加哥大学、杜威、杜威学校三方对于合作办学理念及其行动的认知。在杜威学校办学过程中，因办学经费困难，后续的办学陷入困境。为了解决杜威学校办学的困境，芝加哥大学校长和董事会讨论出了多个方案，这些方案都与当时并入芝加哥大学的帕克领导的培训师资的小学有关（该校有充足的办学经费），其中可试行的有两个：其一是杜威学校和帕克领导的小学继续分开办学，这会导致杜威学校没有办学经费；其二是两校合并。[②] 芝加哥大学领导最后决定将两校合并，但由于芝加哥大学领导和行政人员没有紧跟杜威学校办学试验的进展，不了解杜威学校和帕克领导的小学在办学理论和办学方法方面存在的很大的分歧，因此，他们所提出的合并方案成为杜威学校后续办学的严重阻碍。尽管当时因杜威学校的家长、教师和行政人员一直反对，两校合并方案未能实施，但到 1903 年秋，杜威学校最终还是和帕克领导的小学及其他两所学校合并了。然而，遗憾的是，合并后不久杜威就辞职了。人们以为杜威辞职是因为芝加哥大学免去了他夫人的校长职务，但"真正原因是哈帕校长对杜威学校的冷漠和

---

① 凯瑟琳·坎普·梅休，安娜·坎普·爱德华兹.杜威学校 [M].王承绪，赵祥麟，赵瑞瑛，等译.北京：教育科学出版社，2007: 9.

② 凯瑟琳·坎普·梅休，安娜·坎普·爱德华兹.杜威学校 [M].王承绪，赵祥麟，赵瑞瑛，等译.北京：教育科学出版社，2007: 9—10.

敌视"[①]。

　　当前我国大学与中小学合作办学尽管出现了多样化的合作形式，但如何在大学与中小学合作过程中协调学术和行政的力量，仍然是一大挑战；该挑战不仅仅涉及大学方，还涉及与中小学相关的所有行政力量，这也包括佐藤学在推进学习共同体改革过程中遇到的挑战，当然其他大学与中小学合作的国际案例也在不同程度上遇到了该挑战。

---

① DEPENCIER I B. The history of the Laboratory School: The University Of Chicago, 1896—1965 [M]. New York: Oxford University Press, 1967: 49.

第二章 八年研究

　　八年研究既是美国大学与中学合作的早期案例，又是美国教育史上参与大学与中学合作的学校数量较多的一项有组织、有计划的大规模教育实验。该研究历时八年，故称八年研究。但有趣的是，这项研究不是由大学发起，而是由美国进步主义教育协会（the Progressive Education Association）于 20 世纪 30 年代发起。美国进步主义教育协会的创立与美国进步主义教育运动分不开，该运动于 19 世纪 80 年代在美国出现，20 世纪 50 年代结束，深受卢梭、裴斯泰洛齐、福禄贝尔和杜威等的教育思想和理论的影响，旨在试验和改变美国的学校教育。进步教育运动中产生的一个核心组织就是进步教育协会，该协会成立于 1919 年，"基本上是一个由家长以及那些对影响公众和国家的教育感兴趣的人组成的协会"[①]；其原则是：① 学生有自然发展的需要；② 兴趣是全部活动的动机；③ 教师是指导者，而不是布置作业的监工；④ 注重学生发展的科学研究；⑤ 对于儿童的身体发展给予更多的注意；⑥ 适应儿童生活的需要，加强学校与家庭之间的合作；⑦ 进步学校在教育运动中的领导作用。[②]

第一节 八年研究中大学与中学合作的背景

　　在八年研究中，大学与中学合作的直接背景是美国中等教育因历史原因陷入目标定位不明的困境，当时，美国进步主义教育的影响力日益扩大，试图着手解决美国中等教育面临的问题。

---

① 劳伦斯·阿瑟·克雷明. 学校的变革 [M]. 单中惠，马晓斌，译. 济南：山东教育出版社，2009：221.
② 劳伦斯·阿瑟·克雷明. 学校的变革 [M]. 单中惠，马晓斌，译. 济南：山东教育出版社，2009：219—220.

一、当时美国中等教育的困境

20 世纪二三十年代，美国社会正处于转型时期，对人才有了新的定位和需求。当时美国中等教育的困境主要表现在目标定位不清、课程设置随意。

（一）中等教育目标定位不清

美国中等教育目标经历了为升学服务、兼具升学和就业的演变过程。美国中等教育源自欧洲的文法学校，文法学校主要为上流社会人士的子女提供就学机会，其主要目标是为升学服务。如美国第一所文法学校是波士顿文法学校，创办于 1635 年，以学习拉丁语和希腊语等古典课程为主，为升学服务。文法学校培养的学生的不足是缺乏谋生的技能，不能适应社会生活的需要。于是，本杰明·富兰克林于 1749 年提出了《关于宾夕法尼亚青年教育的建议》，倡导建立面向社会生活需要的文实中学，以学习英语语法、古典作品、作文、修辞和演讲等实用性课程为主，取代文法学校的重点课程拉丁语和希腊语。需要指出的是，富兰克林认为，文实中学的培养目标兼顾了升学和就业两个方面。之后，富兰克林关于中等教育的改革，包括目标定位，影响了美国公立中学的改革。

到了 19 世纪中后期，美国中等教育基本具备升学和就业双重培养目标，但在中等教育办学实践过程中，其培养目标一直在升学和就业之间摇摆不定。尤其到了 20 世纪，这样的冲突更为明显，其原因在于中等教育从少数人的教育转变为公共教育并不断扩张，由此中等教育培养目标到底是升学还是就业成为关注的重点。

（二）课程设置被升学所左右

当时美国中等教育的情况和我国当下高中教育目标的定位非常相似，尽管各方都从不同的角度提出高中教育的培养目标，比如官方从政策的角度综合考虑学术研究成果，制定了高中教育目标，学者从学术研究的角度理性地提出了高中教育目标，然而高中阶段真正的培养目标基本还是被升学所左右。在此背景下，中等教育课程设置被培养目标所牵制也就顺理成章了。诚如主持八年研究的艾金（Wilford M.Aikin）指出："中学与大学之间的关系令双方都不满意，虽然只有 1/6 的毕业生能读大学，但学校的课程设置主要受准备上大学这一概念的支配，这在很大程度上决定着美国中学生的学习内容，也就是说大学对中学的影响非常明显。"① 显然，以升学为主的目标极少能处理好高中教育的功利目的和存在价值之间的关系。

二、美国进步主义教育的影响力

19 世纪末开始，美国进步主义教育影响了美国学校改革，到 20 世纪 20 年代左右，美国进步主义教育的影响力进一步拓展。

（一）美国进步主义教育早期兴办的学校

有学者认为："作为一场自发的、美国式的教育革新运动，进步主义教育运动可以 1883 年帕克创办芝加哥库克县师范学校附属实习学校和 1896 年杜威在芝加哥创办实验学校为开端，并以其后 20 年间杜威教育哲学的形成和一系列进步主义学校的建立为运动全面兴起的标志。"② 据此，第一章中帕克领导的培训师资的小学和杜威学校是美国进步主义教育在初等教育领域开展实验的开端。此后，以进步主义教育理念兴办的学校有：库克（Flora J.Cook）于 1901 年在芝加哥创办的"弗朗西斯·W. 帕克学校"（Francis W.Parker School）、梅里亚姆（Junius L. Meriam）于 1904 年在密苏里州创办的"密苏里大学初等学校"（Elementery School，University of Missouri）、约翰逊（Marietta Johnson）于 1907 年在亚拉巴马州创办的"有机教育学校"（School of Organic Educaton）、普拉特（Caroline Pratt）于 1913 年在纽约市创办的"城乡学校"（City and Country School）等。尽管这些学校创办的思想来源和实践各不相同、各有特色，但杜威认为，早期进步主义学校有共同的相似点：① 都致力于抛弃那种只适合于少部分人和专门阶级的课程，而开拓一种将真正地代表一个民主社会的需要和条件的课程；② 注意学生身体健康的重要性，认为身体发展是智力发展的基础；③ 都注重儿童活动的教育意义；④ 试图发现学生感兴趣的工作；⑤ 对教育与民主关系的进一步认识与传播；等等。③

除了上述相似点外，这些学校还有两个突出的相似点：其一，都对当时的传统学校教育感到不满。其二，尽管创办学校之初，有些进步主义教育学校（如有机教育学校）试图涵盖小学、中学教育的改革，但实际创办过程中基本

---

① AIKIN W M. Adventure in American education: the story of eight-year study [M]. New York: Harper & Brother, 1942: 10.
② 张斌贤. 社会转型与教育变革 [M]. 长沙：湖南教育出版社，1998: 45.
③ 约翰·杜威. 学校与社会·明日之学校 [M]. 赵祥麟，任钟印，吴志宏，译. 北京：人民教育出版社，2008: 359—368.

不涉及中学阶段。

（二）美国进步主义教育影响力的拓展

美国进步主义教育影响力的拓展与两个因素密切相关：其一，1919年美国进步主义教育协会成立，该协会成立后制定了明确的指导原则并逐渐显现出进步主义教育的特性；其二，进步主义教育所兴办学校的影响日益扩大，随着相应的教育理论研究的深入，其影响力甚至传播到其他国家和地区。与此同时，前一阶段创办的一些进步主义教育学校（如帕克学校、城乡学校等）继续推进，更多的进步主义教育学校被创立，如弗兰奇（J.R.French）于1919年在马萨诸塞州创办的"剑桥学校"（Cambridge School）等。与早期的进步主义教育学校相比较，除了继续秉持进步主义教育理念外，后来创办的进步主义教育学校不论在办学理念、办学目标、办学策略等方面都更为理性，且办学的范围不再局限于初等教育阶段，而是试图将初等教育阶段和中等教育阶段的办学融通；此外，办学的规模日益扩大。上述种种为八年研究奠定了多种基础。

第二节 八年研究中大学与中学合作的过程

如第一节所述，在八年研究之前，美国进步主义教育协会已开展了不少小规模的、分散的教育实验，相比较该协会之前的教育实验，八年研究是一次大规模的中学与大学合作的实验。纵观整个实验，大致经历了如下过程。

一、成立中学与大学关系委员会

美国教育协会举办的众多活动中，最重要的是每年召开的年会。通过年会，协会成员相互交流信息、讨论问题、共同开展教育实验。成立中学与大学关系委员会的想法就产生于1929年的年会。

（一）成立委员会的动因

美国进步主义教育协会一直关注教育改革领域的重要议题，1929年的年会上，有成员提出了如何解决中学和大学关系问题；1930年在华盛顿召开的年会上，中等教育考试、大学入学考试的影响等成为当年年会的主要议题之一。在会议进展过程中，与会者广泛讨论了美国中等教育所面临的迫切问题，一致认为应该从根本上对中学进行彻底改革。

为了彻底改革美国的中等教育，首要目标便是让每位中学生得到最佳发展。实现该目标的前提是学生在得到最佳发展的同时，不会失去进入大学深造的机会。这势必要求当时一心为升学服务的高中做出系统的改革，然而，一般的高中不会冒着降低升学率的风险做出改革。为此，美国进步主义教育协会认为，需要成立一个机构来协调中学和大学的关系，一方面能使中学从学生成长的角度做出改革，另一方面，在改革的同时能确保中学的升学率。

（二）委员会成员的构成和职责

1930 年 10 月，进步教育协会正式成立了"大学入学与中学委员会"（the Committee on College Entrance and Secondary Schools），后很快又改名为"中学与大学关系委员会"（the Commission on the Relation of School and College）。委员会成立初期是 26 人，后又增加 2 人。在委员会成员选择问题上，美国进步主义教育协会坚持了两个标准：第一，关心中学教育和教学工作的改革；第二，致力于改革大学僵化的入学要求和考试方法。在委员会成员中，既有中学教师、大学教师、中学校长、大学院长和系主任、教育评价专家、教育哲学专家，也有教育行政官员和新闻记者。委员会成员的构成对当下的大学与中小学合作委员会人员的确定是富有启发的。时任进步教育协会主席的福勒（Burton Fowler）邀请约翰·巴勒斯中学校长、后任俄亥俄大学教授的威尔福德·M. 艾金（Wilford M. Aikin）担任委员会主席，故又称"艾金委员会"（the Aikin Commission）。委员会的其他重要成员有威斯康星大学教授阿加德（Walter Raymond Agard）、弗朗西斯·W. 帕克学校校长库克女士（Flora S. Cooke）、林肯学校课程研究专家霍普金斯博士（Dr. Thomas Hopkins）等。

委员会的主要职责是努力促成中学与大学的良好关系，寻求大学对中学课程改革的支持，研究中学与大学紧密合作、相互衔接的途径和方式。具体而言，就是要尽量确保高中阶段有更多自由修订课程的权利，同时在实施新修订的课程后又不影响高中生的升学。为此，在委员会成立的前两年，委员会的成员经常不定期会面，共同研究和讨论中学与大学关系改善问题。

二、委员会对美国中等教育开展前期研究

中学与大学关系委员会成立后，委员会通过为期一年的较系统的前期研究，分析得出了美国中等教育取得的成就及其存在的问题。

(一)取得的成就

进入 20 世纪尤其是第一次世界大战以后，美国中等教育取得的主要成就如下：

1. 入学人数大幅度增加

入学人数大幅度增加意味着美国中等教育不再只是面向少数人的教育，而是真正开始关心所有青年的受教育状况。如里帕（S. Alexander Rippa）指出："从 1910 年到 1930 年，公立学校注册人数从大约 1800 万增加到 2500 万……中学阶段的增长是最大的，注册人数增长了大约 400%。"[①]

2. 中等教育目标的变化

中等教育目标的变化主要体现在从过于偏重升学转向于实现功能为主、升学为辅。这样的变化首先体现在中学教育改组委员会于 1918 年提出的著名的"中等教育的七大原则"中。美国中等教育改组委员会认为，中等教育目标不是静止不变的，而是应该随着社会变革的需要做出调整，为此，美国中等教育改组委员会从社会需要、个人特性及其可用的教育理论和实践知识出发，提出中等教育的主要目标是："健康、掌握基本的方法、有价值的家庭成员、职业效能、公民参与、有价值地使用闲暇时间和道德品格。"[②]在这七大目标中，只有"掌握基本的方法"与上大学有直接关系，其他六个目标更关心教育的自我价值和社会功能。

3. 中学课程的重大修订

与上述入学人数和目标变化相适应，中等教育课程不仅在开设科目的数量上有变化，而且在开设学科的类型和范围上都发生了重大的变化。"所谓的非学术性课程——例如美术和实用工艺、家庭经济学、商业和企业课程——扩大了。"[③]中等教育改组委员会基于中等教育的目标定位，明确提出中等学校应开设下列几类学科：

(1)通习学科

全体或几乎全体学生修的。这些主要应由健康、掌握基本方法、高尚的家庭成员、公民资格和道德品格决定。

① S. 亚历山大·里帕.自由社会中的教育：美国历程[M].於荣,译.合肥：安徽教育出版社,2010:
292.
② S. 亚历山大·里帕.自由社会中的教育：美国历程[M].於荣,译.合肥：安徽教育出版社,2010:
296.
③ S. 亚历山大·里帕.自由社会中的教育：美国历程[M].於荣,译.合肥：安徽教育出版社,2010:
297.

(2) 选习课程

特有的一门课程或一组有关课程。这些在极大程度上应决定于职业需要，如通常一样，包括为在专门领域进行深造做准备。

(3) 自由选修学科

学生根据个人性向或特殊兴趣修的，通常是非职业性质的。这些是很重要的，在为适宜地使用闲暇做准备方面尤其如此。①

中等教育改组委员会紧扣中学教育目标整体设计的课程框架，时至今日，仍然富有启发意义，尤其是关于选习课程和自由选修课程在目标定位上的区别，尤其值得关注。

（二）存在的问题

由于中等教育发展过快，为了应对中等教育数量增加的问题，学校不得不聘用未达到合格要求的教师，也没有余力考虑中等教育目标能否有效达成、课程开设是否真正满足青年人成长的个人和社会需要。诚如中学与大学关系委员会研究后所指出的："美国的中学不能真正继承和发扬美国的传统；没有为公民做充分的准备；很少能使有天赋的学生充分发展其才能；从来没有富有成效地指导或激励学生；课程是毫无生气的大杂烩，与年轻人真正关心的东西毫无联系。"②

三、基于前期研究的合作总体设计

在前期研究的基础上，1932 年，为了更加有效地开展改革美国中等教育的实验研究，中学与大学关系委员会专门成立了"指导委员会"（the Directing Committee），由艾金担任主席，负责整个实验研究。1932 年 5 月，艾金委员会公布了《关于中学与大学更好合作的建议》（*A Proposal for Better Coordination of School and College fork*，简称《建议》），明确提出了实验研究的指导思想、目标、委员会的职责、实验学校的选择等。

（一）指导思想

为了更好地开展合作研究，提供一个更加完善的中等教育体系，《建议》

---

① 中等教育改组委员会.中等教育的基本原则[G]// 瞿葆奎.教育学文集·美国教育改革.北京：人民教育出版社，1990: 32.

② 劳伦斯·阿瑟·克雷明.学校的变革[M].单中惠，马晓斌，译.济南：山东教育出版社，2009: 227.

中提出了如下指导思想：

(1)更好地掌握学习技能

主要包括：快速阅读和理解能力；精确地观察、组织和概括信息资源；处理各种学习内容的能力；辨别事物之间相互关系的能力；清楚地表达思想的能力；进一步开展高级研究所需的基本技能。

(2)学习更具连贯性

只要具有可行性，尽可能取消中学里那些随处可见的、狭隘的、多余的教学任务和课程内容；建立学科系统自身的连贯性；做好持续学习一门专门学科的准备；激励学生热爱学习（包括方法和途径的设计，在课程表中要有充分的安排）；培养课外学习的能力和动机，以及将思想付之于实践的能力。重点建设相互联系的统一的学科内容。

艾金委员会认为，在中学现有课程中，只有英语是唯一比较具有连贯性的课程，建议用自然科学和社会科学构成的系列课程代替孤立的学科内容。

(3)发展学生的创造力

通过实践和欣赏培育各种艺术体验（例如：绘画、手工制作、写作、戏剧、音乐）；通过多方面鼓励发展个体独立思考和综合思维的习惯；在教师的指导下为学生提供更多独立完成任务的机会（例如：维修、发明、建造、专门研究、阅读、使用器乐）。

(4)对现代文明有更清晰的认识，形成社会责任感

通过在课程中涵盖有关美国文明、现代社会以及个人或集体解决这些问题的具有卓越成就的学科；通过把握各种机会帮助学生认识人类的互相依存和相互关系；通过帮助学生在情感、实践和评价所涉及的问题等方面；通过参与和公共福利有关的学校共同体生活、有关社会和经济问题的讨论小组；通过实地考察工业发展、住房改善或政府机构等，帮助学生形成社会责任感。

(5)修订和重组课程教材

除了上述指导思想所带来的课程重建以外，中等学校还须进行的实验研究包括：重新排列不同学科领域的内容（例如数学、自然科学、历史、语言）；统一学习科目，打破相关学科现有的界限（例如历史与经济、地理、文学、美术等学科的内容相连）；增加一些迄今尚未包含在中学课程领域之中的新学科内容（例如某些经济学、人类学和地质学领域的知识）。

(6)更好地指导学生

教育的指导作用意义重大。培养学生具备较强的独立性和责任感十分重要，这需要教师的及时指导。教师应该全面了解学生，能够或已做好与学生共同发现问题并解决问题的准备。中学和大学需要帮助学生认识到选择职业也是一种成长经历，与整个成长过程有着直接的关系。

(7)更好地教学

中学与大学关系委员会在《建议》中强调，如果没有高质量的教学，中学的所有变革都无从入手，任何教育实验都无法进行。委员会认识到开展实验研究还缺少对实验有充分了解、训练有素、经验丰富、个性鲜明的教师。当然，也有一些中学教师能胜任参与这项计划，其中有的已经开始探讨这项研究的可行性。

但是，委员会坚持一方面通过学院或大学培养和挑选最有前途的毕业生参与实验活动，另一方面还必须在实验中培养中学教师逐渐开展教学改革，形成实验研究所需的师资保证。委员会清醒地认识到，发现和培训优秀教师必须与实验同步进行，实验研究必须逐渐地展开，以便得到优秀教学和教师的支持。[①]

上述指导思想大致明确了学习、青年人的发展、课程、教学等的改革导向。

(二)实验研究的目标

《建议》中同样提出了实验研究的目标，从如下不难看出，这样的目标与过去定位于升学教育的目标迥异，这样的目标更多地指向个体的存在价值和社会意义，显然与进步教育协会的价值追求是一致的：

> 这项计划旨在明确中等学校必须更加有效地帮助青年人形成丰富多彩的、有益的生活所需要的洞察力、各种能力和自我指导。……建立一种及时适应变革需要的、基于清晰地了解青年人以及成人生活特性的中等教育模式。我们将努力培养学生把教育视为人生意义的一种持久的探索，而不是累积学分；使学生渴望学习，不断进取，勇于探

---

① AIKIN W M. Adventure in American education: the story of eight-year study [M]. New York: Harper & Brother, 1942: 144-146.

索新的思想领域；使学生了解怎样安排时间，怎样更好地读书，怎样更加有效地运用基本知识；使学生对在学校或社区必须履行的义务更有经验。[①]

(三) 委员会的职责

明确委员会的职责是确保合作研究有效开展的关键，在合作开展实验研究的过程中，委员会逐渐明确了自身的职责：

①选择实验学校；

②检查工作计划，统筹和指导中学提交的课程计划；

③与中学一起，对所提交的方案进行表决——同意、反对或修改；

④与所有合作学校共同进行系统性研究，不断地呈交全面的、准确的工作汇报；

⑤把握合作学校工作的一致性；

⑥在指导学生工作方面，保持大学和中学的紧密合作。只要有迹象表明学生有上大学的准备，那么大学代表就要和中学一起研究和帮助这些学生。即使大学生活已经开始，这些工作仍需继续开展。

⑦建议在五年里，针对这些实验学生，对大学的某些规章制度和教学过程做一些调整。在新的安排下，保持实验的基本教育价值。

⑧在评估合作中学的同时，系统观察和了解这些学生在大学中的表现。[②]

显然上述职责是从最有利于实验研究开展的角度确定的，且是从委员会需要开展的工作的角度明确的。

(四) 实验学校的选择

在实验学校的选择上，中学与大学关系委员会重点"挑选那些不满于现状并想开创探索性的研究和改革，然而没有大学给予的自由又无法进行研究和改

---

① AIKIN W M. Adventure in American education: the story of eight-year study [M]. New York: Harper & Brother, 1942: 144.

② AIKIN W M. Adventure in American education: the story of eight-year study [M]. New York: Harper & Brother, 1942: 142.

革的中学"①。委员会邀请中学和大学校长推荐符合上述条件的学校，总共推荐了 200 所。委员会综合考虑学校的性质，即公立还是私立、学校规模等，在此基础上选定了 28 所学校，后来，增加了 2 所加利福尼亚州的中学，总共 30 所。参加实验的 30 所中学具体分布如下：宾夕法尼亚州 7 所、伊利诺伊州 4 所、马萨诸塞州 3 所、俄亥俄州 3 所、加利福尼亚州 2 所、科罗拉多州 1 所、威斯康辛州 1 所、密苏里州 1 所、衣阿华州 1 所、俄克拉荷马州 1 所、特拉华州 1 所、纽约州 5 所。其中不乏著名的中学，如弗朗西斯·帕克学校、芝加哥大学附属中学、贺拉斯·曼中学、林肯学校等。需要指出的是，其中的佩勒汉姆·曼诺学校（Pelham Manor School）经中学与大学关系委员会同意，退出了实验。② 另外，一直参与实验的 29 所学校中，有 3 所实际上不仅仅只是 1 所学校，而是 1 个学校系统（school system），据此，真正一直参与实验的实际上不止 29 所学校，更确切地说，是 26 所学校和 3 个学校系统。

四、八年研究的实施过程

八年研究（1933—1941）分两个阶段实施。

（一）自主实验阶段

自主实验阶段是指从 1933 年到 1936 年的第一阶段。该阶段，参与实验的合作中学根据各校学生成长的需要等自主确定改革计划，在中学与大学关系委员会和指导委员会的督导和帮助下，自主实施教育目标的确定、课程与教学的改革、民主管理的探究等内容。如合作中学有需要，指导委员会及其分支委员会提供指导、咨询和帮助。

（二）合作中学继续实验、合作大学按照协议招生阶段

该阶段从 1936 年一直持续到 1941 年。在该阶段，合作中学继续开展实验，合作大学则依据双方事先签定的协议，从合作中学招收毕业生。对于毕业生的招收，不是经过传统的大学入学考试，而是依据合作中学校长的推荐信和学生在中学表现的详细记录录取学生。具体内容如下：

---

① 中等教育改组委员会. 中等教育的基本原则 [G]// 瞿葆奎. 教育学文集·美国教育改革. 北京：人民教育出版社，1990：58.
② 劳伦斯·阿瑟·克雷明. 学校的变革 [M]. 单中惠，马晓斌，译. 济南：山东教育出版社，2009：228.

1. 合作中学校长的推荐信

应表明该毕业生：① 具有确保完成大学功课的一般智力；② 有明确的严肃的学习兴趣和学习目的；③ 已显示出有能力对大学开设的一门或一门以上的学科进行成功的学习。

2. 一份详细的档案材料

记录该毕业生的中学生活、活动和兴趣，包括各种考试的成绩和作业质量和数量的证明材料，以及中学期间进行的学术能力测验、成绩测验和其他诊断测验的成绩。

根据计划，所采用的测验必须比现行方法更能充分而全面地反映毕业生的真实面貌。为此，特组织了一个记录委员会，力图确定：① 大学需要哪些信息，以便明智地挑选和指导学生；② 怎样更好地获取这种信息；③ 这种信息用什么形式记录并提交给大学。[1]

需要指出的是，在参与的 300 所合作大学中，"除哈佛、哈特福德、普林斯顿和耶鲁四所男子大学以外，各大学都自动放弃了入学考试"[2]。

第三节 八年研究中大学与中学合作的内容

1933 年秋，在卡内基基金会和普通教育委员会的资助下，中学和大学合作的实验开始。参与合作实验的中学和大学，被明确称呼为"合作中学（cooperating secondary school）"和"合作大学（cooperating college）"。关于合作研究的主要内容，在总的合作研究目标的指引下，重在突出每所学校的自主权，诚如艾肯在《八年研究报告》中指出："每个中学制订自己的计划，自己决定在课程、组织和教学程序上进行何种改革。指导委员会的决定必须确保各校的独立和自主。"[3]尽管不同学者在讨论合作研究内容时的观点略有不同，但大致包括如下方面。

---

① 艾肯.八年研究报告 [G]// 瞿葆奎.教育学文集·美国教育改革.北京：人民教育出版社，1990：56—57.

② 艾肯.八年研究报告 [G]// 瞿葆奎.教育学文集·美国教育改革.北京：人民教育出版社，1990：56.

③ 艾肯.八年研究报告 [G]// 瞿葆奎.教育学文集·美国教育改革.北京：人民教育出版社，1990：58.

一、合作中学自行确定教育目标

实验之初，在合作实验目标的总体指引下，尽管各校都确定了教育目标，但不少学校的目标并不清晰，有些合作中学的教育目标是在实验过程中逐渐清晰的；这些教育目标逐渐清晰的合作中学的实验也凸显了基于学校需要的教育目标维度。

（一）逐渐清晰的教育目标

明确的教育目标是实施教育评价的依据。尽管如此，实验之初不少合作中学并没有澄清目标，有些学校是没有能力一开始就明确目标，有些学校则不愿意阐明目标，"因为他们担心这样会限制教师实验的自由"[①]。总体而言，不少合作中学的教育目标是在实验过程中逐渐变清晰的。诚如丹佛市参与合作实验的学校在总结报告中所指出的：

> 直到实验已经进行了4年，一种在研究目标和课程设置之间建立明确关系的需要才浮出水面……
> 有关丹佛市学校的价值观念的阐释可以说是八年研究的成果，它是由代表丹佛市小学、初中、高中的委员会制定的。

在理念的形成过程中，学校必须依据它所面对的个人特征以及它所服务的社会特征确定其信条。丹佛的公立学校认为，人是充满活力和有目的性的，并且具有生长的本能和经验发展的能力。丹佛的学校坚信，一个民主的社会是一个最适合个人发展的社会。可以说，民主是一种生活方式。任何时候它都包括：① 自由运用理智；② 尊重个人价值，也就是说，人的价值至上；③ 所有人都参与包含所有人际关系的社会生活。

在一个民主社会里，学校的主要职责是保持和完善民主的生活方式。丹佛的公立学校强调，他们在下列情况下能更好地履行这些职责：① 以学生的生活为中心设置课程；② 认识个体与社会相互依存的关系；③ 使专门指导成为所有教育活动中的一个组成部分；④ 依据学生个体和社会的发展来评估学校课程；⑤ 有机组织学校课程，揭示学习的本质关系；⑥ 与社区建立一种密切、

---

① 丹尼尔·坦纳，劳雷尔·坦纳.学校课程史[M].崔允漷，等译.北京：教育科学出版社，2006：247.

直接和可运作的工作关系。

　　　这种价值观念引导了丹佛市学校设置课程的目标……[1]

　　从上述丹佛参与八年研究的学校所确定的目标看，杜威的关于民主的研究对该地影响颇深。

（二）教育目标的维度

　　从前面关于八年研究实验目标的论述不难看出，八年研究的总体目标倾向于从个人维度来指引合作学习目标的澄清，但从上述丹佛市学校确定的教育目标看，除了个人维度外，学校所确定的教育目标也凸显了社会维度。诚如杜威在《民主主义与教育》《学校与社会》《我们怎样思维》等多部著作中所明确论述的，如在《我的教育信条》里，杜威指出：“我认为受教育的个人是社会的个人，而社会便是许多个人的有机结合。”[2] 从这一论述中可以清晰地看到教育目标中的个人维度和社会维度及其相互之间的关系。后来，泰勒在其《课程与教学基本原理》中论述了教育目标的来源——学生的兴趣与需要、当代社会生活的特点和学科专家的建议等，不难看出这些观点在某种程度上是受到八年研究的启发的。

二、设计并实施新课程

　　在设计和实施新课程方面，各校之间的差别很大，有的合作中学保留了传统的学科课程，有些根据教育目标重组了课程，有些则增加了新的课程内容。尽管如此，有意思的是，多数学校都试图打破中学已有的以分科为主的课程体系，寻求新的课程编制方法。在这些努力中，最普遍、影响最大的当属核心课程（Core Curriculum）。核心课程指所有学生需要共同学习的课程，在不同的合作中学中有不同的名称，如统一学科（unified studies）、综合课程（integrated courses）或社会生活课程（social living courses），与此类似，不同学科编制核心课程的方法也不相同。这些方法大致可以分为青少年需要法、文化历史法、统一学科法。

---

[1] THE PROGRESSIVE EDUCATION ASSOCIATION. Adventure in American education: thirty schools tell their story [M]. New York: Harper & Brother, 1942: 157–158.

[2] 约翰·杜威.学校与社会明日之学校 (2rd) [M].赵祥麟，任钟印，吴志宏，译.北京：人民教育出版社，2005: 5.

（一）青少年需要法

青少年需要法（adolescent-need approach）是一种课程设计以青少年需要为基础的方法。青少年需要法"围绕青少年个人——社会活动所发生的问题而设计内容，组成单元序列，覆盖了个人生活、个人与社会的直接关系、社会—公民关系以及经济关系等领域"[①]。由此可见，用该方法编制的课程的主要价值是帮助青少年学会处理人与人之间、人与社会之间的关系。

（二）文化历史法

文化历史法（the cultural-epoch approach）是一种以整体的方式学习文化或历史相关内容的方法。运用此方法比较典型的是纽约市的贺拉斯·曼学校，该校核心课程的开发以历史作为课程开发的主要维度，以不同时期文化的整体作为课程内容组织的核心。如：对古希腊的学习，以古希腊作为课程的主要维度，内容组织并非分门别类地讲授古希腊的文学、艺术、音乐等，而是把古希腊文化的所有内容包括文学、艺术、音乐、科学、政治、生活和经济结构等，看成一个统一的整体，以便让学生全面、有联系地了解古希腊；与当下的项目学习有某种程度的相似性。

贺拉斯·曼学校按照文化历史法编制的核心课程有两个主题，每个主题对应于不同的年级（如表 2-1 所示）：

表 2-1　贺拉斯·曼学校的核心课程主题及其相应的年级[②]

人类发展的历史	现代文明与文化
七年级：远古时代的开始	十年级：美国的文明和文化
八年级：美洲的发现	十一年级：其他现代文明和文化
九年级：从美洲发现到现代社会	十二年级：现代美国的问题及争论

---

① W. F. 康纳尔. 二十世纪世界教育史 [M]. 孟湘砥，胡若愚，译. 长沙：湖南教育出版社，1991：515.

② GILES H, MCCUTCHEN S, ZECHIEL A. Adventure in American Education (Volume II): exploring the curriculum [M]. New York: Harper & Brother, 1942: 36-37.

学校全体教师通过如下思路进一步扩充上述两个主题的范围：

①通过扩充教学单元的学习范围，形成从小学到初中的连续经验；

②在各种学科之间建立关系，有助于形成对社会的全面认识；

③把学校生活组织成相互联系的有机整体；

④学习范围的确定应适合青春期女生的兴趣和需要；

⑤选择一项作为高中学习基础的课程计划。[①]

以两个主题作为核心开发课程，除了让学生掌握人类文化历史外，更重要的是旨在实现如下目标：

①说明人类发展过程中，进步或倒退阶段如何影响学生的当代生活和问题；

②进一步发展儿童参与社会活动的自我意识；

③发展学生正确归纳和推理的能力，以及通过对过去的了解认知重要关系的能力；

④发展那些与儿童能力和环境相符合的行为的社会、思想和政治理念；

⑤强调社会的永恒基础和变化要素。[②]

这种方法开发的课程的价值在于让学生整体地认知历史，其局限在于过于强调历史，一定程度上脱离了学生的当下生活。

（三）统一学科法

统一学科法（the unified-studies approach）指把两门或多门相互关联的学科融合或统一在一起的课程组织和实施的方法。这种方法一定程度上超越了文化历史法过于强调历史、忽视当下生活的问题。其中，最常见的做法是试图将社会研究和英语融合在一起。尝试一段时间后发现，尽管社会研究和英语可能在某些内容会相互关联，但是这些内容在社会研究和英语中的重要性和进度是

① GILES H, MCCUTCHEN S, ZECHIEL A. Adventure in American Education (Volume II): exploring the curriculum [M]. New York: Harper & Brother, 1942: 36—37.

② GILES H, MCCUTCHEN S, ZECHIEL A. Adventure in American Education (Volume II): exploring the curriculum [M]. New York: Harper & Brother, 1942: 36—37.

不同的，如某一两科都涉及的内容，社会研究大概需要 3 周时间，而相关内容的英语学习则可能只需要 1 周时间就能完成，为了配合社会研究的学习进度，英语学科不得不学习与社会研究不相关的内容或做其他安排。面对试验过程中出现的各种问题，老师们尤其是英语老师极力反对这样的试验，这样，试验被迫中止。另一种思路是试图将数学和科学相互关联的内容融通之，试验过程同样出现社会研究和英语融合过程中出现的类似问题，这样，数学和科学的融合也无疾而终。

除了探究核心课程的设计和实施外，克雷明认为，许多学校通过课程改革来加强与周围社区之间的联系是十分成功的，如"温泽学校使波士顿成了'基础经济学、公民学、科学和建筑学的示范实验场所'；丹佛东区中学的学生制作了说明城市粮食供应的影片；林肯学校让学生学习研究田纳西州区域管理系统和西弗吉尼亚州产煤区的工业组织"①。

三、探究评价的新功能

对于评价功能的探究，美国学者丹尼尔·坦纳（Daniel Tanner）和劳雷尔·坦纳（Laurel Tanner）认为包括如下方面："首先，要为大学提供关于那些准备升学的学生进步情况的资料。其次是关于新方案，参与'八年研究'的学校必须能甄别这些方案的优点和缺点，以便有理有据地加以改进。最后一点是，评估方案要求澄清目标以指导课程改革。"②在这三方面的探究中，由芝加哥大学泰勒教授领导的对学生学业评价的改革是推进最为深入的，据此，如下主要探讨学业评价。

（一）学业评价的目的

学业评价的目的既旨在查明学生的学习成效，也旨在核查课程方案的有效性和局限性。诚如泰勒所指出的："评价是查明已形成和已组织的学习经验，在实际上带来多少预期结果的过程；同时，评价过程总是包含着鉴别计划的长处和短处……评价的结果能够使人们注意到课程的哪些方面是有效的，哪些方面是有待改进的。"③显然，学业评价不是甄别和区分。

---

① 劳伦斯·阿瑟·克雷明.学校的变革[M].单中惠，马晓斌，译.济南：山东教育出版社，2009：229.

② 丹尼尔·坦纳，劳雷尔·坦纳.学校课程史[M].崔允漷，等译.北京：教育科学出版社，2006：249.

③ 拉尔夫·泰勒.课程与教学的基本原理[M].施良方，译.北京：人民教育出版社，1994：85.

（二）学业评价的内容

在上述评价目的的大方向指引下，学业评价的内容依据教育目标确定。当时参与实验的学校都提出了各自的教育目标，除了前述有些学校的教育目标不是很清楚外，评价委员会研究学校提出的教育目标后发现，各校自定的教育目标在适切性等方面差异很大，很难据此进行学业评价。为此，评价委员会在研究和协商的基础上，将中学教育目标分为 10 种类型：① 发展有效的思维方法；② 培养良好的工作习惯和研究能力；③ 培育社会态度；④ 获得广泛的兴趣；⑤ 培养对音乐、艺术、文学和其他审美体验的欣赏力；⑥ 提高社会敏感性；⑦ 增强个人与社会之间的适应性；⑧ 获取重要的知识；⑨ 培育健康的体魄；⑩ 形成稳定的人生观。[①]

需要指出的是，对于上述 10 种类型的教育目标，评价委员会当时感到并不满意，但为了学业评价的可操作性和相对合理性，仍然推行上述目标。进而，评价委员会依据目标，和学校教师一起提出与目标相应的评价内容，同时，就评价内容设计了多种不同的情境，便于学生展示所学的内容。

（三）学业评价的方法

与上述评价目的和评价内容相应，评价方法也做出了改革。当时流行的评价方法是纸笔测验，泰勒认为，这只是众多评价方法中的一种；且对于上述教育目标及其相应的学业评价内容而言，仅靠纸笔测试显然无法客观评价高中生的学业水平。为此，评价委员会提出了不同的评价方法，如上述目标中与学生社会性发展相关的目标，适合用观察的方法收集评价数据；对于高中生的兴趣、态度、欣赏能力等的发展，可以通过访谈法、问卷调查法、学生作品等收集评价数据。此外，检核表、轶事记录、照片等都是可以采用的学业评价方法。

第四节 八年研究中大学与中学合作的评价

尽管八年研究报告发表时正值第二次世界大战爆发，美国社会的注意力从国内转移到国际，该报告当时没有引起重视，但八年研究对于大学与中学合作

---

① SMITH E R, TYLER R W, THE EVALUATION STAFF. Adventure in American Education: appraising and recording student progress [M]. New York: Harper & Brother, 1942: 18.

仍具有深刻的启发意义，与此同时，八年研究也存在其自身特有的局限性。

一、八年研究中大学与中学合作的启示

从大学与中学合作的角度看，八年研究至少提供了如下启示：

(一)赋予合作学校更多的自主权,有助于学校设计适合学生成长的课程

八年研究是给合作学校赋权的早期实验。八年研究赋予学校自主决定发展方向、自主设计课程等的权利，这些自主权有助于学校设计出适合学生成长需要的课程。这里的成长需要既指学生高中学习阶段的成长需要，又指升入大学的胜任大学学习的能力。诚如泰勒所指出的："学校可以编制能引起大多数学生的兴趣、有助于满足一些学生的需要，同时又为学生在大学里获得成功提供必要准备的教育计划。"[1] 在实施八年研究项目期间，为配合八年研究实验，不少州的教育厅为学校实现课程自主权赋权。学校作为复杂教育系统中的一分子，大学与中小学合作过程中离不开教育行政主管部门的支持。

(二)合作中学毕业的学生到大学后在诸多方面表现出更好的发展潜能

1941 年八年研究结束时，以泰勒为首的大学追踪研究小组对八年研究的结果进行了评价。评价方法如下，挑选 1475 组大学生，每组由两名学生组成，一名是合作中学的毕业生，另一名是其他学校的毕业生。挑选时，尽可能考虑同组两名学生性格、年龄、学习能力、家庭状况和社会背景等，尽可能确保两者在上述方面相近。

对比研究后得出了如下结论，合作中学的毕业生：① 平均总成绩稍高于比较组；② 除外语以外，其他各门学科的平均成绩高于比较组；③ 专攻的学业领域和比较组相同；④ 在见习次数上和比较组的学生相同；⑤ 每年获得学校荣誉稍多于比较组；⑥ 理智上的好奇心和内驱力常高于比较组；⑦ 在思维上较比较组更精确、系统、客观；⑧ 对教育的意义有较为清楚或明确的认识——在学院前两年里与比较组对比，特别明显；⑨ 更经常表现出高度的应付新情况的能力；⑩ 在有效地计划时间方面与比较组没有区别；⑪有与比较组相同的适应问题，但能更有效地找到解决办法；⑫更常参加艺术活动，而且更常喜欢艺术赏鉴的经验；⑬更常参加一切有组织的学生团体，但宗教性的和"服务性"的活动除外；⑭每学年获得非学术性荣誉的百分比更高些（如担

---

① 拉尔夫·泰勒.课程与教学的基本原理 [M].施良方，译.北京：人民教育出版社，1994：151.

任学生组织的职务，当选参与管理，荣获体育奖章，在戏剧和音乐活动中担任主角）；⑮与同龄人和谐相处的能力与比较组无甚区别；⑯对于他们的学校教育所做评判与比较组稍有不同；⑰选择职业的定向能力较好；⑱对时事更为关心。①

从上述评价研究结果看，合作中学毕业的大学生除了专攻的专业领域、有效计划时间、与同龄人和谐相处的能力三方面外，其他方面都优于或略优于对比的大学生。由此可见，合作中学毕业的学生到大学后表现出更好的发展潜能。这进一步证明了大学与中学合作过程中，给中学赋权是富有价值的。

（三）大学为学校教师实施改革提供帮助

在八年研究中，大学除了为合作中学争取更多的自主权外，还采取不同举措帮助合作中学教师的发展，因为教师是大学与中学合作计划能否实施的主力军。八年研究中，大学为中学教师的发展提供了专业的学习机会、在职研讨班等，其中在职研讨班是八年研究为提升教师专业水平而发明的。在职研讨班大致可以分为普通研讨班、地方研讨班和小型研讨班等，从实践效果看，由进步教育协会举办的普通研讨班效果最佳。1936年，普通研讨班在俄亥俄州立大学首次开办，该研讨班的目的旨在提高教师的编制课程能力、教学所需的新知识和新技能、合作开展实验的能力等。对此，泰勒指出："这种方式现在已被公认是许多领域对专业人员进行教育的有效手段。"②

（四）大学与中学一起进行了招生改革的早期试验

高校招生政策直接影响高中教育目标的确定、课程的设置、学业评价等。如前所述，为了确保合作中学推进学校的课程改革，合作大学依据合作中学校长的推荐信和学生在中学表现的详细记录录取学生。与合作大学招生标准的改变相应，合作高中用教育评价代替测验。大学与中学合作进行招生政策改革的结果表明，这样的改革更有利于学生在高中阶段的成长及进入大学后的发展，更重要的是，这样的早期试验形成了一种新的评价观。诚如泰勒所指出的："'八年研究'提醒教育工作者，教师在教一门课时，通常都寻求达到若干个教育目标。研究还表明，通过使用问卷、观察、产品样本和测验，可以评定学生在每个主要目标上的进展情况。这已成了一种普遍的评价观。"③

---

① 艾肯.八年研究报告 [G]// 瞿葆奎.教育学文集·美国教育改革.北京：人民教育出版社，1990：58—59.

② 拉尔夫·泰勒.课程与教学的基本原理 [M].施良方，译.北京：人民教育出版社，1994：151.

③ 拉尔夫·泰勒.课程与教学的基本原理 [M].施良方，译.北京：人民教育出版社，1994：151.

二、八年研究中大学与中学合作的挑战

尽管八年研究给大学与中小学合作带来不少启示，但八年研究在理论假设和实践层面都充满挑战。

（一）八年研究将课程曲解为制度性文本

从理论假设层面看，八年研究中大学对课程存在严重的曲解。对此，美国著名课程论专家、后任加拿大英属哥伦比亚大学课程与教学系教授的威廉·派纳（William F. Pinar），在对八年研究系统批判的基础上指出：八年研究最大的问题是将"课程曲解为制度性文本"[①]。由于课程假设有误，学校开展实验时只重视基于目标的课程重组，而非对课程知识进行改造；与此相应，八年研究至多只能算作是一项制度性实验，而非理智型实验。理智型实验重视课程实验过程中的知识改造或重建，这样，才有可能将新的学科知识、公共领域和学生个人成长融通之。

（二）大学与中学合作的连续性问题

在大学与中学合作中，连续性是指大学与中学合作能否将学校办学的过去、现在和未来融通之，并促进合作中学的长远发展。回顾八年研究，这并非是一个连续性的实验：其一，八年研究签订的大学与中学合作的协议于1943年取消，这意味着合作中学学生的升学依然会成问题；其二，八年以后，曾与大学合作过的不少中学回归合作之前的状态。博耶（Ernest L.Boyer）认为，大学与中学合作之所以缺乏连续性，是因为"总计8年的中学和大学的教育目标仍然模糊不清，加强合作的努力必然徒劳无功"[②]。博耶进而指出："只有当基础学校和高等院校对它们应该走向何方有着共同的见解和共同的了解，伙伴关系才能扎下根来。"[③]

---

① 威廉·派纳. 将课程曲解为制度性文本：学校实验与八年研究 [J]. 高振宇，译. 全球教育展望，2012(1): 3—9.

② 欧内斯特·L. 博耶. 关于美国教育改革的演讲 [M]. 涂艳国，译. 北京：教育科学出版社，2002: 104.

③ 欧内斯特·L. 博耶. 关于美国教育改革的演讲 [M]. 涂艳国，译. 北京：教育科学出版社，2002: 104.

第三章 美国教师专业发展学校

美国教师专业发展学校（Professional Development Schools，简称 PDS）是前述第一、二章大学与中小学合作的深化，是推动职前教师教育改革与在职教师发展、大学与中小学合作共建一体化的新思路。在美国，PDS 兴起于 20 世纪 80 年代，源自对当时教师教育质量的不满意，与霍姆斯小组（Holmes Group）的努力分不开。"霍姆斯小组得名于亨利·W. 霍姆斯，20 世纪 20 年代哈佛大学教育学院院长。他曾呼吁彻底改革师范教育，但终因得不到支持而告失败。"[①] 后来，一些教育学院院长重新推崇霍姆斯（Henry W. Holmes）关于教师教育改革的观点，并于 1985 年正式成立了霍姆斯小组，1996 年霍姆斯小组更名为霍姆斯伙伴（Holmes Partnership），由美国数所研究型大学教育学院院长和研究机构的主要领导人组成。该小组对美国教师教育、中小学和大学教育学院进行了深入的理论和实践研究，分别于 1986、1990 和 1995 年发表了《明日之教师》《明日之学校：专业发展学校设计之原则》和《明日之教育学院》3 个报告，引起美国各界对教师教育的广泛关注。

第一节 美国教师专业发展学校的定位

大约在 2000 年，我国北京等地开始探究教师专业发展学校的建设问题，至今全国不少省份都试图在该领域有所涉猎。从已有研究看，我国对教师专业发展学校的定位并非很清楚。而明确教师专业发展的定位既是实施类似改革的指南针，又是确保专业发展学校理念和目标得以达成的前提。从美国关于教师专业发展学校的已有研究看，其对教师专业发展已给出了较明确的定位，这些定位富有启发意义。美国学者达林－哈蒙（Linda Darling-Hammond）认为：

---

① 范宁. 霍姆斯协会报告：明天的教师（1986）（上）[J]. 外国教育资料，1988(5): 1—9. 注：略有修改。

"专业发展学校是由学校和大学教育学院共同创建的一种'新型学校'。"[①] 显然，达林－哈蒙的观点已在一定程度上阐明了专业发展学校是什么，其中也隐含了专业发展学校不是什么。

一、美国教师专业发展学校是一种新型学校

在教师教育的历史长河中，教师专业发展学校的"新"主要新在：

（一）教师专业发展学校是一个真实具体的场所

教师专业发展学校并非只是一个新概念或新意象，而是真实、具体的场所。这种真实和具体体现在"教师专业发展学校"不仅有具体的含义，而且也是真实存在的。为了澄清教师专业发展学校的含义，霍姆斯小组首先澄清了其命名问题。早在 20 世纪 80 年代初，为了探讨如何从大学与中小学持续合作的角度创建促进教师专业发展的机构，霍姆斯小组成员在威斯康辛大学开会时就讨论了命名问题，当时提到的名称有临床学校（clinical schools）、核心学校（key schools）或实验学校（laboratory schools），对于这些名称，不论选用哪一种都有不妥之处，甚至可能会产生歧义。诚如拉尼尔（Judith Taack Lanier）所指出的：

> 临床学校预示着人们是去诊所而不是去上学（但我们的对象是学生，而不是病人）；实验学校听上去又过于强调学校的实验性质，并且采用实验学校的称号容易使人将它与早先大学为教授子弟开设的实验学校相联系，从而产生歧义；而核心学校的提法似乎也不常用。[②]

最后，大家决定使用"教师专业发展学校"这一称谓，并认为这一名称与创建这类机构的初衷是一致的。除了澄清含义外，教师专业发展学校建在有学生和教师的真实学校中，且希望开展真实情境中的合作的学校。

（二）教师专业发展学校的核心是指向"发展"

从发展所涉及的群体看，教师专业发展学校中的"发展"是指关涉其中的

---

① 琳达·达林－哈蒙德.美国教师专业发展学校 [M].王晓华，向于峰，钱丽欣，译.北京：中国轻工业出版社，2006：序Ⅱ.注：作者的姓"Darling-Hammond"更确切地应翻译为达林－哈蒙德。
② DARLING-HAMMOND L. Professional Development Schools: schools for developing a profession [M]. New York: Teachers' College Press, 1994: forword Ⅺ.

所有人的共同发展，这些人既包括职前教师、中小学教师、大学教师的共同发展，又包括中小学生及其共同体的其他成员的共同发展。如作为教师专业发展学校关系联盟中的学校之一的纽约第 44 中学，就充分显示了学校教师、实习教师和学生的共同发展；该校通过与哥伦比亚大学教育学院合作，根据共同发展的需要，设计了一个名为"一月经验"的项目。该项目之所以被称为"一月经验（the January Experience）"，是因为"四个教师小组在 1 月份时被要求对跨学科研究进行初步考虑，包括如何创造跨学科研究的形式和如何制定跨学科研究的计划和研究内容等"[①]。该项目经过学校教师、实习教师和学生等的共同努力，取得了极大的成功，这种成功在学生、实习教师、学校教师的话语中可见一斑：

> 一个年轻人曾这样说道："我感觉我在一个全新的世界里呆了四周。"而一个实习教师在报告中也对他的实习经历做出这样的评价，他说："对我来说，这段经历更像是给我的一份礼物，而不仅仅是参与一个项目，这就是我参与这个项目的所得。"而一位合作教师和一位小组负责人这样评价道："通过参与合作，我学会了从不同的角度去看待学生……他们能很好地表达自己的意见，更多的是由于他们所处的环境与以前相比大不相同的缘故。"另一位实习教师微笑着说道："这段经历太棒了，所有的人都不希望实习就此结束。"[②]

需要指出的是，纽约第 44 中学是一所典型的城区中学，该校的生源十分复杂，有不少学生曾有严重的学习障碍问题；即便如此，学校没有因考虑到项目的成功而将任何一位学生排除在项目之外。由此不难发现，当项目坚信和遵从每个人自身的内在发展力量时，这些学生同样能彰显其发展潜能并实现发展。

从发展的内容看，教师专业发展学校指向所有参与者的专业发展，这样的专业发展既包括上述人员发展的知识基础的提升，又关注所有人的能力提高和品性养成。诚如一位参与教师专业发展学校的教师所言：

> 我学到了许多东西，非常非常多……这次会议最美好的事情就是

---

① DARLING-HAMMOND L. Professional Development Schools: schools for developing a profession [M]. New York: Teachers' College Press, 1994: 126.

② DARLING-HAMMOND L. Professional Development Schools: schools for developing a profession [M]. New York: Teachers' College Press, 1994: 126.

绝大多数的看法都被真正仔细地进行了研究……并且，我觉得基本上各方面都感觉到了自己的声音……大学、教师、行政管理人员等——我们在为实现一个共同的目标而工作。

可我所知道的事情就是我非常乐意和他们一起工作，这是事实。我确实愿意这样。我喜欢我们共同工作的成果……并且我发现，在小组工作中，我获得了比在工作和生活的其他地方更多的乐趣和满足。①

显然，这样的专业发展本质是由内而外、参阅者能知觉到的真实发展。

二、美国教师专业发展学校是一种发展中心

教师专业发展学校除了是一种新型学校外，也是一所发展中心。在美国教师专业发展学校建设的过程中，多数专业发展学校是由一所大学和一所学校或一所大学和同一学区的多所学校共同创建的，但也有些教师专业发展学校实际上是一种发展中心，这种发展中心由一所大学和不同学区的多所学校组成，如位于华盛顿州的普吉特湾专业发展中心（the Puget Sound Professional Development Center，简称 PSPDC）。

普吉特湾专业发展中心和一般的专业发展学校的区别在于：

（一）参与学校及其人员的构成不同

普吉特湾专业发展中心由华盛顿大学和来自 4 个不同学区的 4 所学校组成，每所学校是该中心下的教师专业发展学校。在大学与中小学合作方面，华盛顿大学有悠久的历史，并先后成立了不同机构推动双方的合作，在这些合作的基础上，创建了普吉特湾专业发展中心。"早在 19 世纪 70 年代，华盛顿大学教育学院就创建了北方阵线（Northline）联盟——一个以与两个学区紧密合作为基础的'奖励优胜'教师教育方案。"② 到 19 世纪 80 年代，联盟因经费问题及华盛顿大学教育学院办学重点的变化而解散，尽管如此，华盛顿大学在与中小学合作开展职前教师教育方面开创了先河。继北方阵线联盟之后，1984年成立了普吉特湾教育联盟（Puget Sound Educational Consortium，PSEC），该联盟将华盛顿大学和 13 个地方学区重新联系在一起。普吉特湾教育联盟创

① DARLING-HAMMOND L. Professional Development Schools: schools for developing a profession [M]. New York: Teachers' College Press, 1994: 122.
② DARLING-HAMMOND L. Professional Development Schools: schools for developing a profession [M]. New York: Teachers' College Press, 1994: 53.

立伊始，就致力于培养教师的领导能力，并启动了丹佛斯校长培养方案（the Danforth Principle Preparation Program），这些前期的探索为建立专业发展中心提供了支持性环境。

1988年，普吉特湾专业发展中心开始筹建。为了推动教师专业发展学校的实质性的运行，专业发展中心的一个委员会确定了专业发展学校的人员构成："来自4所中学每所学校的校长和1名教师、华盛顿大学教育学院的6名教职员工、华盛顿教育协会的1名代表、华盛顿大学现行教师教育方案中的1名师范生、来自丹佛斯校长培养方案中的1位实习校长、普吉特湾教育联盟的领导人及1名来自华盛顿州政府公共教学督导办公室的代表。"从成员构成看，除了大学和不同学区参与学校的校长与教师外，还有其他相关部门的成员，尤其值得一提的是各有1名师范生和实习校长参加，这样的人员安排，既能为专业发展中心统筹多方力量奠定基础，又能倾听师范生的声音和想法，还彰显了校长培养本身是一个持续性发展过程的理念。

（二）职前教师教育方案不同

普吉特湾专业发展中心的职前教师教育方案的不同主要体现在：① 职前教师在专业发展学校中修习关于教学与学习的核心研讨班课程。该课程是一门采用团队教学、跨学科的课程，团队教学人员由3名大学教师（来自课程与教学、特殊教育和教育心理学）、1名研究生和1名来自4所普吉特湾专业发展中心某一学校的教师组成；跨学科体现在该课程集中研讨和中学教学与学习有关的问题，取代了常规教师教育方案中的一般教学法、教育大事记、教育心理学和教育评价学这4门必修课程，此外，还整合了青少年发展、中学的哲学与组织、跨学科教学设计和教学、特殊教育以及交叉专业的合作等领域的资源。除了专题研讨外，职前教师还在学校现场收集数据资料，如"师范生们在整个学校工作日中追踪一名普通学生和一名接受特殊教育的学生，收集有关这些学生的学校生活的数据。这些数据之后将成为师范生撰写核心研讨班课程所需的个案研究的基础"[1]。② 由一个合作教师小组负责职前教师实践经验的发展，鼓励职前教师参与多样化的实践发展机会。尽管职前教师的实践经验的学分是固定的，但教师小组鼓励职前教师尽量多参与学校实践，此外，还鼓励他们参与学校、地区及州级水平的专业发展活动、任何教师集会或教师发自、座谈会、简易课程、研讨会或者其他由普吉特湾专业发展中心举办的专业发展活

① DARLING-HAMMOND L. Professional Development Schools: schools for developing a profession [M]. New York: Teachers' College Press, 1994: 56.

动。这些机会，既能让职前教师体验到专业发展的丰富性和多样性，又能让职前教师在参与中提升自我价值感和专业归属。③ 对职前教师的管理上，管理主体由大学转向学校。在常规教师教育方案中，职前教师主要由大学管理人员管理，这些管理人员很少接受专业培训，和从事教师教育的大学教师没什么正式联系；他们运用华盛顿大学的教师评价体系对他们的教学进行评价，并与合作教师进行协商；他们的报酬主要视其评价的学生数目而定，分配给他们的学生数目主要由年级水平和地理位置决定。在普吉特湾专业发展中心，职前教师的管理和评价由学校任命的有经验的教师负责。管理人员每周定期与其所在学校的职前教师们碰头，以帮助他们适应环境并提供持续支持和相关信息。管理人员观察职前教师的教学并使用与常规教师教育方案相同的评价体系对职前教师进行评价。华盛顿大学按照各校管理的职前教师数量，把等同于大学管理人员的薪金支付给中小学。最后，由学校决定如何使用这些资金来支持管理人员的工作。

从职前教育培养方案的上述不同可以发现，普吉特湾专业发展中心把职前教师的教育视作一个整体的人的发展，这样的发展需要体验整合和连续的发展过程。

（三）中小学教师和大学教师发展的角色和形式不同

普吉特湾专业发展中心在中小学和大学教师专业发展上的不同主要体现在：① 中小学教师和大学教师都扮演了不同角色。中小学教师根据新的工作需要，扮演了多种新角色，即"可以作为合作教师，也可以作为学校管理人员，或者作为华盛顿大学指定的核心研讨班课程的教学辅助人员"[1]。与中小学教师角色变化类似，华盛顿大学教师的新角色是"驻校（中小学校）教授"[2]，这一新角色的职责在和学校合作逐渐深入的过程中发生变化。如合作早期，大学教师与中小学教师谈论有关教学或提问策略之类的话题，同时到班级进行观察，或提出行动研究方案改善的建议等等；随着合作的深入，中小学希望大学教师发挥更大的作用，希望大学教师参与到学校面临的重大问题的研究和决策中。② 中小学教师发展形势的多样化。这些形式包括研讨会、学习小组、亲切交谈、全区中学教师的讨论会、行动研究项目以及与常驻于学校的大学教授对话等。

---

① DARLING-HAMMOND L. Professional Development Schools: schools for developing a profession [M]. New York: Teachers' College Press, 1994: 58—59.
② DARLING-HAMMOND L. Professional Development Schools: schools for developing a profession [M]. New York: Teachers' College Press, 1994: 59.

三、美国教师专业发展学校不是传统意义上的教育实习基地

美国学者蔡克纳（Kenneth Zeichner）认为，广义的教育实习"囊括教师职前教育培养计划中的各种见习和教学体验：学习教师教育课程之前的现场体验、专业课程学习过程中的早期现场体验以及实习时的现场体验"[①]。据此，狭义的教育实习主要指实习时的现场体验；这里讨论的教育实习主要是狭义的教育实习。美国教师专业发展学校重视职前教师的实习，但其所强调的实习在知识基础、实习过程中实习教师和指导教师的关系等方面迥异于传统意义上的实习。

（一）以应用理论知识、不平等关系为特征的传统教育实习

自 20 世纪 60 年代起，美国职前教师教育主要依靠大学，当时美国教育界总体上信奉技术取向的教师教育观和教学观。在此背景下，教学被视作一门应用科学，教育实习就是让实习教师在实习期间将他们在大学所学的理论知识运用到实践中去，或者让师范生的实习课堂尽可能向指导教师的课堂靠拢。这样的教育实习背后隐含的知识基础观是，教师教育的知识基础来源于大学理论课程的学习；这样，教育实习往往被视作是教育理论知识的验证和应用，教育实习本身旨在提升实习教师专业性的主要目标被边缘化。

在实习教师和指导教师的关系上，往往显现为模仿和不平等的关系。一般情况下，实习教师基于对指导教师课堂的观察，在实习过程中模仿他们的课堂教学。同时，实习期间，指导教师既要承担教学任务，又要承担指导任务，由于没有必要的时间保证，指导教师往往以兼顾教学为主，对实习教师的指导大打折扣，在此背景下，实习教师和指导教师之间很难建立良好的指导和被指导关系。由于实习期间缺乏必要的沟通和指导，不仅实习质量堪忧，而且也进一步加剧了理论和实践之间的落差。诚如达林－哈蒙所指出：

> 现有的师范教育所提供的对明日教师的培养，在一定程度上，不能为他们日后进入教师队伍后更快、更好地履行教师职责做好准备。要消弭这种隔阂，就意味着未来对新教师的培养必须要加强实践环节的训练，以此促进未来的教师更好地理解他们将要从事的事业，更好

① ZEICHNER K. Rethinking the practicum in the Professional Development School partnership [J]. Journal of Teacher Education, 1992, (43)4: 297.

地了解他们所从事事业的多方面可能性。^①

（二）以理论和实践相结合、平等合作为主要特征的 PDS 教育实习

　　面对传统意义上教育实习的困境，教师专业发展学校对教师学习做出了在现在看来仍富有启发意义的探索。有些教师专业发展学校重视教育实习过程中理论和实践的结合，认同并重新解释了两种不同的知识："正式的基于学术基础的知识——它是许多高校教师教育的基础；不太正式的基于情境的知识——它是中小学校实践的基础。"^② 这种认同赋予了教师的实践性知识以合法性，如韦尔斯中学专业发展学校，该校是南缅因州立大学与韦尔斯学区合作的典型。韦尔斯专业发展学校具体地提出了理论和实践相结合的内容和方式：

　　　　理论和实践的结合。从中学开学的第一天起，见习者就要把时间分成两部分，一是在中学课堂中的听课和教学，学习研究生水平的教师培训课程。整个学年课程成功之后，见习者将获得初级教师资格证，同时获得 30 个研究生学分，这些学分可以作为教学硕士学位的一项获取条件。在秋季学期见习者可能获得 15 个研究生学分。他们会接受一学期的实验参考，实验课程包括在中学进行 2 周的开放性观察，随后进行 12 周半的教学工作。见习者与指导教师以及项目专家一起工作。而且，每个见习者被安排到一个咨询组并参与年级团体活动。在春季学期，见习者继续学习大学课程，同时全天在教室里参与初等和中等水平的工作。

　　　　……

　　　　对实践的严格监督。见习者由大学和中学协调人员共同负责监督，这样，协调人员与见习者之比为 1∶7 或者更少。所有的见习者由监督人员一周或两周检查一次，同时由合作教师进行常规系统指导。监督和指导围绕一个教学阶段，分事前和事后两部分。见习者、合作教师和监督者每学期参与两次"录像检查会议"。对于韦尔斯中学的见习者来说，这一进程包括如下特殊部分：① 见习者就录像内

---

① 琳达·达林－哈蒙德 . 美国教师专业发展学校 [M]. 王晓华，向于峰，钱丽欣，译 . 北京：中国轻工业出版社，2006：序Ⅰ .

② DARLING-HAMMOND L. Professional Development Schools: schools for developing a profession [M]. New York: Teachers' College Press, 1994: 14.

容进行一次教学。② 见习者、合作教师和监督者一起观看教学录像；由见习者评论并分析看到的教学录像。③ 由合作教师和见习者参与的会议，监督者负责录像。④ 见习者离开，合作教师和监督者观看会议录像，由合作教师评论并分析自己的指导。⑤ 合作教师和监督者讨论会议。

这一进程通过对教学复杂性的认识以及对中学和大学两种教师教育者不同知识的利用，对见习者的指导帮助很大。

反思性实践。在整个课程中，见习者有机会来反思自己的实践以及他们所观察的教学实践。"见习笔记"成为刊物的素材，而每周的研究会则是集体反思和分析的论坛。课程推断理论和实践将在中学里产生"相互摩擦"。见习者被期望来观察和处理大学知识基础与一线教师日常教学的知识基础之间的矛盾和冲突，鼓励见习者利用这些矛盾来解决问题。见习者被期望在完成一学年的见习后能够对教学和学习形成一些个人观点，即便观点是假定性的也无妨。①

有些教师专业发展学校则对教育实习过程中指导教师和实习生的关系进行了探索。如前述提到的纽约第 44 中学与哥伦比亚大学教育学院合作设计的一个名为"一月经验"的项目，就探索了迥异的指导关系。"一月经验"项目认为，实习生既不是大学知识的应用者，也不是中小学课堂的模仿者，实习生是有自己的想法和能力的组织者，为此，他们需要在实习过程中不断去冒险、探究和创造。为了实习过程更顺利，项目设计者对实习生提供了如下方面的支持："在实习生的整个实习过程中，每天都有一位大学教师全天呆在学校，为他们解疑；学校教师作为项目促进者，主要为这些实习生组织专题讨论会，讨论会也向学校其他人员开放，通过专题讨论会这种形式，使实习生形成基本的团队观念；获得管理方面的支持。"② "一月经验"项目经过完整的实施后发现："实习指导教师和实习教师之间的关系不再是原来的'教学专家'对'实习生'或'学徒'的指导，而是一种相互学习；无论是学校的实习指导教师，还是来自大学的实习教师，作为某一项目小组的成员，他们之间是一种相互学

---

① DARLING-HAMMOND L. Professional Development Schools: schools for developing a profession [M]. New York: Teachers' College Press, 1994: 38—40.
② DARLING-HAMMOND L. Professional Development Schools: schools for developing a profession [M]. New York: Teachers' College Press, 1994: 128.

习的关系。"① "一月经验" 项目的探索也验证了霍姆斯小组成员古德莱德所言：

> 学校若要变革进步，就需要有更好的教师。大学若想培养出更好的教师，就必须将模范中小学做为实践的场所。而学校若想变为模范学校，就必须不断地从大学接受新的思想和新的知识，若想使大学找到通向模范学校的道路，并使这些学校保持其高质量，学校和教师培训院校就必须建立一种共生的关系，并结为平等的伙伴。②

综上所述，美国的教师专业发展学校是一个具体的实践场所。诚如霍姆斯小组所界定的，教师专业发展学校是集 "初学者的专业训练，有经验者的继续发展，以及教学研究和发展" 为一体、所能考虑的最佳学校形式，是把理论、实践和研究结合在一起，以促进教育改革的实践场所。③

美国路易斯维尔大学的学者认为，从组织结构上看，PDS 学校的一个特点是，由工作组或行动小组来开展工作。工作组通常由中小学教师、大学教师、教育专业的研究生和师范生组成。一个结构理想的工作组有 4—5 名有经验的教师、2—3 名大学教授、5—10 名研究生、若干名本科师范生及其他人员。建立一个工作组可能是为了解决一个亟待解决的问题，因此，它的存在是临时的；也可能是为了解决一个需要长时间才能解决的问题，因而它的存在又是长期的。④

四、美国教师专业发展学校是大学和中小学合作探究和共建的场所

依据霍姆斯小组的设计，美国教师专业发展学校具有如下特点：

> 实习教师、行政领导与大学教学研究人员共同建立起伙伴关系，致力于提高 "教" 与 "学" 的质量和水平。学校的教师和行政领导

① DARLING-HAMMOND L. Professional Development Schools: schools for developing a profession [M]. New York: Teachers' College Press, 1994: 136.
② 苏智欣. 美国教师教育改革中的思想争论 [G]// 全国比较教育研究会. 国际教育纵横——中国比较教育文选. 北京：人民教育出版社，1994: 342.
③ THE HOLMES GROUP. Tomorrow's teachers [M]. Easting Lansing, The Holmes Group, 1986: 43.
④ METCALF-TURNER P, FISCHETTI J. Professional Development Schools: persisting questions and lessons learned [J]. Journal of Teacher Education, September 1996, (47)4: 293.

可以与大学教授一起：① 共同思考学生学习中的问题及解决办法；
② 共同在大学和在中小学校中进行教学；③ 合作研究教育实践问题；
④ 合作督导未来的教师和行政领导。①

从上述特点不难看出，教师专业发展学校是大学与中小学共同开展合作探究的场所，通过双方的合作，可以创造实践性知识并提振中小学教师的研究风气；同时，教师专业发展学校是双方就课程、教学、管理等问题开展合作共建的地方。因此，不论实习教师、中小学教师、教育行政人员或大学教授，都可以在合作研究和共同建设专业发展学校中得到发展。

第二节 美国教师专业发展学校的愿景和目标

美国教师专业发展学校建设的早期探索发现，清晰的愿景和目标至关重要。愿景和目标不清，是教师专业发展学校建设过程中的一大挑战，诚如贝瑞（Barnett Berry）和卡托（Sally Catoe）曾对南卡罗来纳大学教育学院和 11 所公立学校建立的专业发展学校所做的调查发现的那样：教师专业发展学校面临的困难和挑战远比想象得更复杂，困难和挑战之一是："没有清晰的建设愿景""没有明确的建设目标"。②需要指出的是，尽管贝瑞和卡托在南卡罗来纳教师专业发展学校遇到了上述困境，但南卡教师专业发展学校超越了各种困难，在后期的发展中成为美国教师专业发展学校的范例。从美国教师专业发展学校的早期努力看，教师专业发展学校具有多样化的发展愿景和地方性的发展目标。

一、美国教师专业发展学校的共同愿景和具体愿景

美国教师专业发展学校确定的愿景是大学和中小学确定的共同愿景。管理学大师彼得·圣吉（Peter Senge）认为：共同愿景是组织中人们所共同持有的意象或景象。③从前期的专业发展学校的建设看，美国教师专业发展学校作为

---

① 范宁.霍姆斯协会报告：明天的教师（下）[J].外国教育资料，1998(6): 35.
② DARLING-HAMMOND L. Professional Development Schools: schools for developing a profession [M]. New York: Teachers' College Press, 1994: 192.
③ 彼得·圣吉.第五项修炼：学习型组织的艺术与实务 [M].郭进隆，译.上海：上海三联书店，1998: 237.

大学与中小学合作史上的重要合作，有其共同的愿景；共同愿景在具体的专业发展学校中的具体内容不同。

（一）共同愿景是共建共同体

1986 年，第一所教师专业发展学校在马萨诸塞州波士顿市诞生，该专业发展学校由爱德华·迪沃深学校（Edward Devotion School）和维洛克学院（Wheelock College）合作共建；到 20 世纪 90 年代初，美国已创建了 100 多所教师专业发展学校；到 2000 年初，全美已建立起 1000 多所教师专业发展学校。在美国教师专业发展学校的影响下，美国教师教育领域还出现了临床实践型教师教育和城市教师驻校培养模式（Urban Teacher Residency Models）等新模式。回顾教师专业发展学校的发展历程，不管是早期建设的教师专业发展学校还是新出现的模式，其所追求的愿景是相通的，即大学和中学合力共建共同体。

共同体的英文 Community 是由拉丁文前缀"Com"（"一起""共同"之意）和伊特鲁亚语单词"Munis"（"承担"之意）组成的。[①] 1887 年，德国社会学家滕尼斯（Ferdinand Tönnies）出版了《共同体与社会》一书，在该书中滕尼斯区分了血缘共同体、地缘共同体和精神共同体。[②] 其中，精神共同体基础是真正的人的、最高形式的共同体，可以将其理解为心灵生活的相互关系。尽管滕尼斯关于共同体的分类及其内涵是特定时代的产物，但其精神内核是相通的。

关于教师专业发展学校的愿景，较早论及的是 20 世纪 90 年代美国教育、教学和学校改革中心在哥伦比亚大学师范学院召开的一次学校—大学合作伙伴关系会议，该会议提出专业发展学校的愿景是："专业发展学校的目标是要形成有助于全体学生成功的知识与实践……儿童的教育需要全社会的共同努力，家庭、学生、社区、学校和大学之间良好关系的建立，是教育取得成功的基础和重要支点所在……"[③] 从该愿景的内容看，该愿景主要是终极性的愿景，即重在阐述如何通过多方合力更好地帮助每位学生的成长。

从后续研究看，教师专业共同体的相关研究为教师专业发展学校的愿景提供了新的理解。20 世纪 60 年代后，学者们从各自的视角研究了教师专业共

---

① 入江昭. 全球共同体：国际组织在当代世界形成中的角色 [M]. 刘青，颜子龙，李静阁，译. 北京：社会科学文献出版社，2009：译序 10.

② 斐迪南·滕尼斯. 共同体与社会：纯粹社会学的基本概念 [M]. 林荣远，译. 北京：北京大学出版社，1999：65.

③ 琳达·达林－哈蒙德. 美国教师专业发展学校 [M]. 王晓华，向于峰，钱丽欣，译. 北京：中国轻工业出版社，2006：序Ⅲ.

同体。其中，美国学者路易斯（Karen Seashore Louis）提出了教师专业共同体的如下 5 个特征：① 共享的规范和价值，即学校共同体成员对于学生、学习、教学、教师角色等持有共同的假设，认同主体间相互联系的重要性，致力于维护共同利益；② 反思性对话，即教师定期地就学校实践中的课程、教学以及学生发展等问题进行对话，开展公共反思；③ 去个人化的实践，即专业共同体内的教师以公开的方式从事他们的教育实践，他们兼具建议者、专家和学习者的角色，既为同事提供支持，也从同事那里获得帮助，共同分享实践经验；④ 集中于学生学习的集体，即教师的对话和活动以促进学生的学习和发展为中心；⑤ 协作，为反思性对话以及去个人化的实践的必然成果，协作扩大了共同体中理解的分享，在学校中建立更为紧密的关系。①

从美国已建的教师专业发展学校看，教师专业发展学校同样具有教师专业共同体的上述特征，唯一不同的是教师专业发展学校作为共同体的人员构成比教师专业共同体更为复杂。教师专业发展学校是由职前教师、在职教师、大学教师、中小学和大学甚至学区等共同组成的一个精神共同体。除了上述特征外，教师专业发展学校也是一个研究共同体，这里的研究主要是指向实践问题解决和意义分享的实践研究。

此外，针对美国教师专业发展曾经过度个人化的弊端，教师专业发展中心的共同体愿景显然是超越教师教育改革和教师发展个人化困境的一盏明灯。从我国的教师专业发展学校建设而言，往往会出现改革中"中心人物"的问题，这显然与共同体建设中"去中心""强调每个人的努力和责任"等是相悖的。

（二）具体愿景因地方而异

在上述总愿景的指引下，各地教师专业发展学校的具体愿景因地方而异，换言之，教师专业发展学校的具体愿景具有地方性。如前文提到的普吉特湾专业发展中心和费尔德尔中学与路易斯维尔大学中等教育系合作共建的专业发展学校有相似的目标，都是为了融通学校重建和教师教育改革，但其愿景的具体内容却因所面临挑战的不同而异。如下是普吉特湾专业发展中心的具体愿景：① 学校共同体的所有成员都是学习者；② 专业发展中心的主要目的就是确保学校共同体内的所有成员的持续学习；③ 我们的专业发展中心有义务探索教育者们新的角色和责任以及新的教育结构；④ 在我们的教师专业发展中心，教师的领导能力随着时间的推移而发展，并且是在合作共事的背景中发生

---

① LOUIS K S, KRUSE S, RAYWID M A. Putting teachers at the center of reform: learning schools and professional communities [J]. NASSP Bulletin (National Association of Secondary School Principals) , 1996(5): 12-13.

的；⑤ 在专业发展中心，教育是一种团队事业。家长、学生、大学教授、教师、校长以及其他教育工作者都是我们教育团队的组成部分；⑥ 专业发展中心的主要方式就是对话和探究；⑦ 在专业发展中心，分配给专业发展的时间达到了合理的期望值；⑧ 在专业发展中心，必须创造一个鼓励把改革作为教学的固定组成部分的学校环境；⑨ 所有专业发展中心的教育工作者肩负有创造知识和模仿良好实践的责任；⑩ 专业发展中心的所有教育工作者在中心外负有给听众传播知识的责任；⑪我们的专业发展中心是一个多场所的、不受学校建筑物限制的中心。①

从普吉特湾专业发展中心的愿景看，该愿景不仅具备前述路易斯提出的特征，即形成了共享的规范和价值、反思性对话、团队实践、协作等，还就专业发展中心提出了更为具体的价值观，这对于专业发展中心工作的推进是富有方向性意义的。普吉特湾发展中心组建后，其后续富有成效的改革是与早期清晰的愿景分不开的。

如下是费尔德尔中学与路易斯维尔大学中等教育系合作共建的专业发展学校的具体愿景：① 学生的成功是所有学校活动的目标；② 学生需要接受挑战，需要学习解决具有挑战性的任务，需要坚持不懈地完成尚未成功的任务；③ 学习是一个积极活跃的过程；④ 教师是领导者，校长是领导者的领导者；⑤ 学区和州的任务是确保每所学校在最佳条件下运作和获得最佳成果；⑥ 教职员工的成功来自富有动机和有能力的人们在良好环境中的工作，这一环境对人们的成功与不断成长和持续发展承担义务。②

上述愿景主要阐明了学校及其与学校相关的学区和州的角色和职责方面的共识，但没有提及大学研究者在共同体中的角色和职责。

需要指出的，任何地方教师专业发展学校愿景的具体表述，都是当时专业发展学校特定发展需要的阶段性表述产物，具有未完成性的特点。

二、美国教师专业发展学校的总体目标和具体目标

美国教师专业发展学校既有专业发展学校建设的总体，又有各校具体的目标。

---

① DARLING-HAMMOND L. Professional Development Schools: schools for developing a profession [M]. New York: Teachers' College Press, 1994: 54-55.
② DARLING-HAMMOND L. Professional Development Schools: schools for developing a profession [M]. New York: Teachers' College Press, 1994: 77.

（一）四位一体的总体目标

1986 年，四位一体指将职前教师教育和在职教师发展、中小学重建和大学改革融为一个整体，美国教师专业发展学校试图实现的就是四位一体的总体目标。如果该目标能有效达成，自然也能真正帮忙每位中小学学生提升学习品质；因此，有学者认为，教师专业发展学校的目标是："改进职前教师培养的质量；促进包括大、中小学教师和其他教育工作者在内的职后教师的专业持续发展；为中小学生提供优秀的教育实践，支持、促进并提高其学习质量；创造条件，支持学生和教育者的持续学习与探究。"[①] 显然，该学者认为的四位一体指职前教师、中小学教师、大学教师、中小学生的共同发展。

不论四位一体意指上述的哪一种，教师专业发展学校试图实现的是打破隔阂、合作共赢的目标。

（二）具体目标各不相同

教师专业发展学校是谋求学校重建或变革的中小学和大学教育学院共建的产物，教师专业发展学校的具体目标往往由中小学和大学双方的共同发展需要确定。如前述的韦尔斯中学专业发展学校是南缅因州立大学与韦尔斯学区合作的典型，该专业发展学校的目标是："① 为有经验的教师提供持续发展专业知识和能力的机会；② 为教师创造良好的环境，使他们能够反思教学，提高教学水平；③ 为教师的职前教育提供帮助，使其能够尽快熟悉和适应教学。"[②] 显然该专业发展学校的主要目标是融通职前教师教育和在职教师发展。韦尔斯教师专业发展学校的目标之所以如此定位，是由韦尔斯中学南缅因州大学当时的共同需要决定的。当时，韦尔斯中学教师具有强烈愿望提升自身的专业，参与民主管理和决策；在成为教师专业发展学校之前，该校教师就曾参与了学区范围内的教师发展试验，还参与了美国教育学会的"掌握学习计划"等，这些参与教师发展相关活动的已有经历，为该专业发展学校明确目标奠定了基础。同样地，南缅因州大学力图突破单纯的教师教育思路，并着手重新设计和试验教师教育课程。因双方具有相似的需要，上述目标的确定也就水到渠成了。

又如费尔德尔中学专业发展学校，该专业发展学校是由费尔德尔中学和路易斯维尔大学中等教育系共同组建的。该专业发展学校的目标是"把中学重建

① TEITEL L, ABDAL-HAQQ I. Assessing the impacts of Professional Development Schools [M]. New York: AACTE Publications, 2000: 7.

② DARLING-HAMMOND L. Professional Development Schools: schools for developing a profession [M]. New York: Teachers' College Press, 1994: 28.

与教师教育改革结合起来"[①]。该专业发展学校的目标既是基于双方的共同需要，又是双方共同讨论的结果。如 1987 年 1 月至 3 月，专业发展学校涉及的各方曾组织了一系列研讨会。"前期讨论集中于学校的社会和组织结构、教学这一职业、学校中教与学的环境和条件、形成理想环境的障碍因素。后期讨论致力于建立关于学校、学习和专业实践的共同信念，怎样创设支持变革的条件……"[②]

第三节 教师专业发展学校各具特色的合作内容

自 20 世纪 80 年代中期美国开始致力于教师专业发展学校建设至今，已有 30 年左右的建设历程。回顾美国教师专业发展学校的建设历程，从合作内容看，不少教师专业发展学校的合作内容各有特色。结合教师专业发展学校建设重点和我国当前教师专业发展学校建设的需要，主要选择在教师专业发展学校建设过程、职前教师教育课程改革、跨学科课程整合等方面的案例剖析之。

一、教师专业发展学校建设过程的探究

关于教师专业发展学校的建设过程，有学者是从专业发展学校演变过程的角度探讨的，如米勒（Lynne Miller）和希尔弗耐尔（David L. Silvernail）曾以南缅因州的韦尔斯中学为个案，研究了该校作为一所专业发展学校的演变过程，包括"历史和背景、发展模式的结构和特征以及在教师教育和学校改革等基本观念方面带给中学和大学教师的冲击"[③]。另有学者是从教育变革过程的角度探讨教师专业发展学校的建设过程，如贝瑞和卡托借鉴富兰（Michael Fullan）早期关于变革的三阶段——"准备、实施、目标达成"[④]，研究了南卡罗来纳大学专业发展学校（The University of South Carolina's Professional Development School，简称 USCPDS）的建设过程。USCPDS 初建于 20 世纪

① DARLING-HAMMOND L. Professional Development Schools: schools for developing a profession [M]. New York: Teachers' College Press, 1994: 74.
② DARLING-HAMMOND L. Professional Development Schools: schools for developing a profession [M]. New York: Teachers' College Press, 1994: 76.
③ DARLING-HAMMOND L. Professional Development Schools: schools for developing a profession [M]. New York: Teachers' College Press, 1994: 28.
④ DARLING-HAMMOND L. Professional Development Schools: schools for developing a profession [M]. New York: Teachers' College Press, 1994: 178.

90 年代初，当时与当地的 11 所公立学校建立了合作关系，其中包括 9 所小学和 2 所中学；到 20 世纪 90 年代中期，另有 6 所中小学加入，这样，USC 总共与 17 所中小学建立了合作关系。因 USCPDS 在教师专业发展学校建设方面的突出贡献，2010 年被全美教师专业发展学校协会（National Association for Professional Development Schools，简称 NAPDS）赋予"示范校"的称号[①]，颇具代表性。故如下主要分三个阶段介绍南卡罗来纳专业发展学校初期的建设过程。

（一）曲折的准备阶段

准备阶段"有各种标签，如启动、发动、采纳——包括为变革做准备，及做出决定采纳或者继续某项变革"[②]。USCPDS 的准备阶段主要包括采纳某项变革，为变革做准备。USCPDS 的高校方南卡罗来纳大学是南卡罗来纳州最有影响力的大学，该校教育学院既是霍姆斯小组的发起单位之一，又是古德莱德合作共同体（Goodlad Collaborative）的一员，对于该校而言，参加教师专业发展学校的建设是很自然的。南卡罗来纳大学试验专业发展学校建设的动力除了来自外部，也来自该校教育学院新任院长理查德·艾施勒（Richard Ishler）的激励。

准备阶段的曲折主要体现在大学方尽管一直在努力策划、组织各种会议和论坛等，但专业发展学校建设的推动仍然时断时续。大学方的启动源于在"院长的领导下，学院成立的一个由专门承担教师教育的教师所组成的核心小组"[③]。核心小组成立后，核心小组开始与中小学沟通实习教师的实习质量问题，此后，大学原计划至少组织 4 次专业发展学校建设的会议，具体内容如下：

1. 第一次专业发展学校建设会议

1990 年春，南卡罗来纳大学教育学院组织了由该校教师和中小学教师参与的会议，会议主题是如何围绕《霍姆斯宣言》创办专业发展学校。但会议只是研讨了该主题，并没有提出如何创办专业发展学校的具体举措，因此，专业发展学校的创建并没有真正着手开展。

---

① FIELD B E, BLAKENEY R, BURTON M, et al. The University of South Carolina Professional Development School Network: twenty years of effective collaboration [J]. School-University Partnerships, 2010, 4(2): 41.

② 米迦勒·富兰. 教育变革的新意义（第四版）[M]. 武云斐，译. 上海：华东师范大学出版社，2010: 50.

③ DARLING-HAMMOND L. Professional Development Schools: schools for developing a profession [M]. New York: Teachers' College Press, 1994: 178.

2. 第二次专业发展学校建设会议

1990 年秋召开的第二次会议确定了 11 所专业发展学校建设的实验学校。每所实验校建设的重点是"对基础教育领域和教师教育领域的改革进行探索"[1]。为了推进探索，每所学校都配备一位南卡罗来纳大学教育学院的教师，在 11 位到中小学的大学教师中，只有 3 位具有终身教职，这意味着其他 8 位教师有可能会在合作期间离开教育学院，且教育学院教师与各自负责的学校之间的合作关系也仅仅是一种个人合作关系，因此，一旦某位教师离开，专业发展学校的建设就可能中断或受阻。

3. 第三次专业发展学校建设会议

这次会议于 1991 年进行，在这次会议之前，南卡罗来纳大学教育学院内部已经组织了几次正式讨论，并开始对专业发展学校进行概念界定。"经过一段时间的酝酿，由教师教育教授、专业教师和管理者组成了一个小组，他们制定出名为《听上去很美》的专业发展学校建设初步指南。"[2] 尽管如此，参与者似乎仍然不清楚专业发展学校建设到底想干什么。在此基础上举行了第三次专业发展学校会议，霍姆斯小组代表和感兴趣的地方学校参与了这次会议。会议上，与会者纷纷鼓励南卡罗来纳大学教育学院创办专业发展学校。为了让所有参与者对教师专业发展学校到底如何建设有清晰的认识，关键要发动专业发展学校教师的参与，为此，"那些参与专业发展学校建设的学校教师将自动获得 3 个研究生学分，而这些教师的主要职责是为专业发展学校建设提出建议，以供教育学院参考"[3]。学校教师围绕着各自学校成为专业发展学校后将会变成什么样、专业发展学校建设与各自学校的改革计划有何联系等提出建议。请各校教师提出建议又给予其学分，其积极意义不言而喻，即与大学教师相比，中学教师对中学的情况更为熟悉，更能提出多样化的符合实践的建议；同时，给予教师学分意味着大学用一种尊重老师的方式鼓励老师提建议。这些建议于 1992 年 5 月被收集起来，并于同年 6 月做出反馈。

4. 第四次专业发展学校建设会议

南卡罗来纳大学教育学院原本计划在建议反馈后再召开一次会议，但由于各方都很忙，找不到可以一起开会的时间，因此，这次会议被一再推迟。

---

[1] DARLING-HAMMOND L. Professional Development Schools: schools for developing a profession [M]. New York: Teachers' College Press, 1994: 178.

[2] DARLING-HAMMOND L. Professional Development Schools: schools for developing a profession [M]. New York: Teachers' College Press, 1994: 178.

[3] DARLING-HAMMOND L. Professional Development Schools: schools for developing a profession [M]. New York: Teachers' College Press, 1994: 178.

（二）实验性质的实施阶段

实施阶段之所以是实验性质的，理由有二：① 专业发展学校建设的愿景、目标、实施的具体内容等都是暂时生成的；② 从对这些学校被命名为实验学校来看，隐约可以看出南卡罗来纳大学教育学院对专业发展学校建设的试验性质。的确，从上述准备阶段不难发现，大学和中小学双方尤其是作为发起方的大学，对于专业发展学校建设的愿景、目标、内容等其实并不是很清晰，尤其不少实验内容是在实施过程中提出的。除了上述提到的专业发展学校的内涵和愿景、专业发展学校和学校改革计划的关系等外，如下内容也是在实施阶段提出的：

1. 专业发展学校建设的总体内容

如建立专业发展学校的标准体系及其具体内容、落实经费等。1992 年秋，南卡罗来纳大学教育学院告知 11 所专业发展学校实验校："大家应该建立一个专业发展学校的标准体系，应该对专业发展学校进行更为清晰的表述，需要对学校和大学在专业发展学校建设中的作用、角色和职责进行清晰的界定，同时专业发展学校建设的经费也需要得到解决。"[1]南卡罗来纳大学教育学院之所以告知学校应该着力上述内容，关键在于专业发展学校建设缺乏明确的愿景、目标、各方的工作重点、评价体系等，导致专业发展学校的推进颇为艰难。在 11 所参与的学校中，庞蒂亚克小学作为专业发展学校的实验校，其推进工作是富有成效的。而经费问题是专业发展学校建设的另一瓶颈问题，当时南卡罗来纳州对基础教育和高等教育的财政拨款分属两个不同的体系，基础教育学校如能争取到经费，自然有助于推进专业发展学校的建设。

2. 成立推进专业发展学校建设的机构

专业发展学校协会（PDS Council）、实验校内的管理委员会、教育学院拟合作成立一个多方参与的组织。专业发展学校协会负责对 11 所实验校的推进工作进行监督和管理。实验校内的管理委员会由校长、教师代表、被指定到学校的大学教师和家长代表等共同组成，负责领导和管理本校专业发展学校建设工作。南卡罗来纳大学教育学院院长宣布组建一支由教育学院、文理学院和社工学院以及专业发展学校实验校共同参与的队伍；但由于学校面临严重的财政危机，大学要求校内各个项目削减开支，因此，教育学院组建这样一支队伍的构想并没有立即得到大学管理层的应允。

值得一提的是，南卡罗来纳大学教育学院的专业发展学校后来发展成为南

---

① DARLING-HAMMOND L. Professional Development Schools: schools for developing a profession [M]. New York: Teachers' College Press, 1994: 179.

卡罗来纳大学教育学院的专业发展学校网络（The University of South Carolina's Professional Development School Network），通过近 20 年的实践探索，形成了较为完善的南卡罗来纳大学专业发展学校网络的组织和交流机构，该组织机构包括：① 中小学—大学合作伙伴与教学实践办公室；② 协调委员会的领导团队；③ 各专业发展学校的领导团队；④ 协调委员会；⑤ 职前教育委员会；⑥ 课程 / 探究委员会；⑦ 技术委员会；⑧ 提议委员会。[①] 办公室负责协调大学与各专业发展学校之间的整体关系，由中小学—大学合作伙伴与教学实践执行主任领导。协调委员会的领导团队由一名 P-12 的管理者、一名 P-12 的教师、一名南卡罗来纳大学的教员和中小学—大学合作伙伴与教学实践执行主任组成。每所专业发展学校的领导团队至少由学校的校长（或校长指定的一名负责人）、一名实践指导教师和南卡罗来纳大学教育学院教师组成。协调委员会由各专业发展学校的一名代表和 USC 的一名员工代表组成。职前教育委员会是一个讨论大学的专业教育课程及提出完善这些计划的建议的组织，由 PDS 的一名代表和 USC 的一名教师代表组成。课程 / 探究委员会是跨网络分享教学和学习实践的组织，由各专业发展学校的一名代表和一名大学教师代表组成。技术委员会是跨网络共享技术实践的组织，由 PDS 的一名代表和一名大学教师代表组成。提议委员会讨论专业发展学校网络当前的教育问题，并在更广泛的共同体内检阅这些问题。

3. 各实验校阶段性的工作重点

如当时的工作重点是："① 对实习教师的作用和角色进行明确定位；② 选拔实习指导教师，并明确他们的职责；③ 提出最优秀实践的概念框架体系。"[②] 工作重点的确定与当时 11 所专业发展学校实验校的工作任务密切相关，当时 11 所学校共接收来自南卡罗来纳大学教育学院的 88 名本科生和研究生到校进行见习和实习，教育学院总共有 300 多名本科生和研究生，参加见习和实习的学生数占到教育学院当年总学生总数的 29%；如果按平均数计算的话，每所学校接收见习和实习的学生数是 8 名。更为重要的是，南卡罗来纳大学教育学院的 100 位研究生中，有 45 位进入这些实验学校开展教学见习和实习工作。此外，有超过半数的实验校承担了新设立的早期教育和初等教育的教学文学硕士计划（Master of Arts Program），为大学教育学院 68 个硕士方向的其中之一。

---

① FIELD B E, BLAKENEY R, BURTON M, et al. The University of South Carolina Professional Development School Network: twenty years of effective collaboration [J]. School-University Partnerships, 2010, 4(2): 42.

② DARLING-HAMMOND L. Professional Development Schools: schools for developing a profession [M]. New York: Teachers' College Press, 1994: 179.

在 11 所实验校中，庞蒂亚克小学在挖掘和释放实习教师潜力和能量方面一直居于前列。在 1991—1992 学年，庞蒂亚克小学共承担了 11 位教育学院学生的实习任务，在这 11 所实习学校中，有 8 名教学文学硕士生和 3 名本科生，显然，庞蒂亚克小学接收实习生的数量远远超过了各校的平均数。

（三）有证据的目标达成阶段

在专业发展学校运行一段时间后，贝瑞和卡托选择南卡罗来纳大学教育学院和在前述的合作中被广泛认可的庞蒂亚克小学作为研究对象，以观察、问卷调查和深度访谈的方式收集了目标达成情况的数据，所收集的数据包括大学和中小学伙伴关系建立的情况、专业发展学校推进职前教师教育和在职教师发展的情况、专业发展学校的建设改变大学和基础教育的情况、专业发展学校建设遇到的主要困难和障碍。

1. 初步建立平等的伙伴关系

庞蒂亚克小学和南卡罗来纳大学教育学院初步建立了平等的伙伴关系，这种关系不仅显现在小学和大学教师之间，也显现在庞蒂亚克小学参与实习指导的教师之间。平等的伙伴关系是在共同指导实习教师的过程中形成的，在庞蒂亚克小学，"尽管实习教师通常会被分到一个指定的班级进行实习，但他们在这里经常有机会与许多不同年级的教师一起工作……还可以协助学校指导教师参与学校的改革活动"[1]。由此可见，在庞蒂亚克小学，实习教师并非只是实习指导教师的指导对象，也是一个实习过程的平等参与者，对实习教师的指导往往是一个教师团队负责的，这样可以避免个别教师指导可能会造成的视野、学识等的限制；除了团队的指导外，实习教师还可以参与学校的各项活动。

南卡罗来纳大学教师和庞蒂亚克小学教师之间的平等关系主要体现在，驻校于庞蒂亚克小学的大学教师主要是克里斯·埃伯特（Chris Ebert），她不仅和学校的正副校长一起引领专业发展学校建设的方向，而且和学校的骨干教师共同推进专业发展学校的建设。对于埃伯特与学校教师之间的平等关系，老师们指出：

> 埃伯特教授——她每周来学校 2—3 次——主要负责为学校教师成为研究者创设一种氛围、对新教师进行指导和帮助、帮助学校教师完成实习指导工作、制定新的小学科学和语言教学的目标和愿景。虽

---

① DARLING-HAMMOND L. Professional Development Schools: schools for developing a profession [M]. New York: Teachers' College Press, 1994: 181.

> 然学校的管理人员、教师、实习教师和埃伯特的意见并不总是一致，但她能做到很好地倾听别人的意见和建议，这为良好的合作奠定了坚实的基础。[①]

从老师们的描述不难看出，埃伯特不仅具有明确的目标和任务，更为关键的是她具备建立平等关系的优秀品质——倾听。

2. 专业发展学校推进职前教师教育和在职教师发展的程度

从参与调查教师的反馈结果看，不论是庞蒂亚克小学的教师还是南卡罗来纳大学教育学院的教师，都赞同专业发展学校建设推动了在职教师教育的改革，但对在职教师发展的改革却不尽如人意。以对庞蒂亚克小学教师的调查为例，在庞蒂亚克小学，贝瑞和卡托调查了 33 位教师，从调查结果看，18 位小学教师的调查结果是有效的，下表 3-1 呈现的就是对这 18 位教师的调查结果，可以看出，庞蒂亚克小学教师认为，该校教师对实习教师的关注度、支持度、参与职前教师教育的程度等都远比其他学校深，指导能力远比其他学校强，在这样的指导下，实习教师的实习成效明显得到提升；但与此形成鲜明对比的是，庞蒂亚克小学教师并不认为自身的专业发展与过去有明显不同，并认为尽管指导实习教师需要更多的时间和资源，但他们并没有得到足够的资源和时间支持。

表 3-1　专业发展学校推进职前教师教育和在职教师发展的程度（小学教师的观点）[②]

问题项	不同意的百分比（选项1、2、3）	同意的百分比（选项4、5、6）
在我们学校，现在实习教师的教学经验比以前的实习教师更为丰富和实用	28	72
我们学校的实习教师在学习如何进行教学方面，获得了足够的关注和支持	6	94
我们学校的教师在对实习教师进行指导方面，比其他学校的教师更为负责	19	81
我们学校的教师在学习如何指导实习方面，获得了足够的培训和支持	39	61
我们学校的教师有充足的资源和时间来履行其指导职责	59	41

---

① DARLING-HAMMOND L. Professional Development Schools: schools for developing a profession [M]. New York: Teachers' College Press, 1994: 182.

② DARLING-HAMMOND L. Professional Development Schools: schools for developing a profession [M]. New York: Teachers' College Press, 1994: 183-186. 注：表 3-1 综合了原书中的表 8.1 和 8.3。

问题项	不同意的百分比（选项1、2、3）	同意的百分比（选项4、5、6）
在进行专业发展学校建设后，教师们在教师教育中开始承担起新的责任、发挥着新的作用	6	94
在进行专业发展学校建设后，教师的在职培训力度和实用性都较以前大	53	47

注：对于以上所问问题项，我们在进行问卷调查时，要求被测试者根据自己同意（或不同意）的程度，分别用相应的数字加以表明，具体如下：1=非常不同意；2=不同意；3=倾向于不同意；4=倾向于同意；5=同意；6=非常同意。

3.专业发展学校建设改变大学和基础教育的程度

专业发展学校建设对基础教育的改变主要指如下方面的改变：课程内容、教学观念、教学方式、学术观念、学习观念、与学生的互动、对实现教学必须掌握的基本技能和知识的认识方面、对待专业发展学校和教学工作的责任感、对自身教学实践的反思等。如表3-2是庞蒂亚克小学教师的调查结果。从调查结果看，庞蒂亚克小学教师认为发生转变或改变的是教学方式、学术观念、对实现教学必须掌握的基本技能和知识的认识，其他方面则认为变化不大。

表3-2 庞蒂亚克小学教师眼中的转变或改变 [1]

专业发展学校建设或学校改革给你所在学校教师带来的转变和变化	不同意的百分比（选项1、2、3）	同意的百分比（选项4、5、6）
课程内容发生转变	59	41
教学观念发生转变	60	40
教学方式发生转变	45	55
学术观念发生转变	39	61
学习观念发生转变	51	49
与学生的互动和交流方式发生转变	51	49
在对实现教学必须掌握的基本技能和知识的认识方面发生转变	45	55
对待专业发展学校和教学工作的责任感发生改变	65	35
对自身教学实践的反思发生改变	29	71

注：同表3-1。

---

[1] DARLING-HAMMOND L. Professional Development Schools: schools for developing a profession [M]. New York: Teachers' College Press, 1994: 185. 注：表头为笔者所加。

　　专业发展学校建设对大学的改变主要指如下方面的改变：课程内容、教学方式、对基础教育教师从事研究工作的定位、同事对学习观念认识的转变、专业发展学校教师与学生的互动方式、专业发展学校教师与大学的合作方式、他们对于自己实践的反思方式。如表 3-3 是南卡罗来纳大学教育学院教师的调查结果。从调查结果看，南卡罗来纳大学教育学院教师认为发生转变或改变很大或较大的是专业发展学校教师与大学的合作方式、专业发展学校教师与学生的互动方式，其他方面则认为变化不大。

表 3-3　南卡罗来纳大学教育学院教师眼中的转变或改变 [1]

作为专业发展学校建设或教育改革的结果，你所在学校的教师已经	不同意的百分比（选项 1、2、3）	同意的百分比（选项 4、5、6）
改变了我的课程内容	54	46
改变了我的教学方式	69	31
改变了我对基础教育教师从事研究工作的定位	54	46
注意到同事对学习观念认识的转变	69	31
注意到专业发展学校教师与学生的互动方式发生转变	30	70
注意到专业发展学校教师与大学的合作方式发生转变	8	92
注意到他们对于自己实践的反思方式发生转变	54	46

注：同表 3-1。

　　4. 专业发展学校建设遇到的主要困难和障碍

　　通过问卷调查和深度访谈，贝瑞和卡托发现：专业发展学校建设遇到的困难和障碍远比他们想象的复杂得多。通过数据分析，他们把专业发展学校建设遇到的主要困难和障碍归纳为相互联系、相互制约、相互影响的六大方面：① 沟通与教育的缺乏；② 时间局限及奖励机制缺乏；③ 地方规则；④ 日程安排过满及课程割裂；⑤ 政策与政策之间彼此脱节；⑥ 基础教育内部学校之间存在的人为的强制平等。[2] 如以时间局限为例，不论是中小学还是大学教师，本身的工作量已经饱和，专业发展学校建设需要投入时间，但不论是小学还是

① DARLING-HAMMOND L. Professional Development Schools: schools for developing a profession [M]. New York: Teachers' College Press, 1994: 191. 注：表头为笔者所加。
② DARLING-HAMMOND L. Professional Development Schools: schools for developing a profession [M]. New York: Teachers' College Press, 1994: 192.

大学，总体而言，都没有为老师减轻其他工作量，换言之，双方合作教师都是在完成常态工作量的前提下参加专业发展学校的建设。凡真正亲历过此过程者，其间的辛苦是不言而喻的。

需要指出的是，上述阶段是相互影响、相互联系的过程，而非简单的线性的发展过程。

二、以跨学科合作实现共同发展

这里的共同发展指实习教师、在职教师和中学生的共同发展。本章第一节提到的纽约第 44 中学与哥伦比亚大学教育学院合作设计的一个名为"一月经验"的项目，本质上是一个通过跨学科合作试验跨学科课程探究的项目，此项目旨在实现实习教师、在职教师和中学生的共同发展。下文从跨学科合作的启动、实施、评价分述之。

（一）跨学科合作的启动

该项目于 1991 年 1 月在纽约第 44 中学启动。启动阶段大致包括跨学科合作团队的组建、初定跨学科探究主题、尝试初定的跨学科探究主题并修改等。

1. 组建跨学科合作团队

参与"一月经验"项目的人员有：17 名第 44 中学的教师、14 名实习生、300 多名中学生。其中，14 名实习生中，4 名来自社会研究专业，4 名来自英语专业，4 名来自科学专业，2 名来自数学专业。14 位实习生都是哥伦比亚大学师范学院中等教育专业的在读研究生，他们被分成 4 组，每个小组都由不同学科的实习生组成，如其中一个较典型的小组由英语、社会研究、数学和科学等学科的实习生组成。每个实习小组配备一个由第 44 中学教师组成的指导团队，指导团队中的教师的学科背景各不相同。换言之，每个跨学科合作团队都是由学科背景不同的实习生和指导教师组成。参与 4 个小组的中学生数目各不相同。

2. 初步商定跨学科探究主题

当年暑期期间，参加跨学科团队的第 44 中学的 9 名老师参加了准备工作，以小组为单位开展头脑风暴（brain-storming），提出适合跨学科探究的可能主题。10 月份时，4 个跨学科教师小组初步确定了跨学科课程探究的主题，"这些主题分别是'纽约城桥梁状况研究（The Bridges of New York City）''工业革命专题研究（The Industrial Revolution）''墨西哥动物专题：传说与现实（Animals of Mexico：Myth and Reality）''濒临灭绝的物种专题研究

（Endangered Species）'" [1]。初步确定主题后，每个小组都邀请在校的实习生分别参加相应的跨学科课程探究。

3. 尝试初定的跨学科探究主题并修改

对于 4 个跨学科合作团队而言，跨学科课程探究是一种全新的尝试和冒险，这种尝试和冒险不仅体现在课程探究主题的跨学科性上，还体现在参加教师和实习生的跨学科性上。显然，这样的尝试和冒险需要突破传统的学科标准和价值观。

在此背景下，4 个小组开始各自的尝试。尝试过程中，"纽约城桥梁状况研究"一组的实习生首先确定了实施该项目的几个关键环节：

> 学生要亲自动手造桥（模型），组织学生对纽约市的桥梁进行实地考察，让学生进行角色扮演以了解当时为什么会选择在此处而不是在其他地方建桥。每天，参与这个小组的三个班级的学生都会投入大量的时间和精力，在项目与既定学科课程学习的关系上，小组决定优先保证项目的实施。根据分工，实习生也要负责其中一些具体计划的实施，为此，他们组成小组，深入到参与项目的不同班级开展工作。[2]

"工业革命专题研究"主题的探究进展并不顺利，最终遭到放弃；取而代之的是关于中东问题的讨论。主题确定后，跨学科合作团队成员迅速制订具体的研究计划，内容包括：

> 制定中东旅行指南，其中详细介绍中东的社会风俗民情；阅读《一千零一夜》并在此基础上让学生撰写系列故事；通过数学学科了解中东几何学的形成与发展历程；通过科学实验验证中东地区流传甚广的炼金术以及伊斯兰艺术等方面的内容。[3]

从上述探究内容看，计划内容涉及社会研究、英语、数学和科学，且所有的探究内容都是紧扣中东主题展开的，而非各科内容的拼凑或随机组合。

---

[1] DARLING-HAMMOND L. Professional Development Schools: schools for developing a profession [M]. New York: Teachers' College Press, 1994: 130.

[2] DARLING-HAMMOND L. Professional Development Schools: schools for developing a profession [M]. New York: Teachers' College Press, 1994: 131.

[3] DARLING-HAMMOND L. Professional Development Schools: schools for developing a profession [M]. New York: Teachers' College Press, 1994: 132.

对于"墨西哥动物专题：传说与现实"主题，实习生们兴致不高，于是，小组成员深入考察了其他几个小组的探究主题，最终确定以"墨西哥生态群落（The Biomes of Mexico）"作为小组探究主题。主题确定后，实习生很快就投入到探究主题的设计中，经过讨论，"他们决定重点研讨墨西哥地区的热带雨林、沙漠和海洋等三种生态形式，然后他们把这三个主题分配到参与主题的三个班级，每个班一个主题"[①]。除了这些研究内容外，对美国国家自然历史博物馆的实地参观和考察也是必不可少。同时，实习生还通过阅读描写墨西哥地区生态情况的诗集和其他艺术作品，了解这一地区的生态状况。为使中学生有足够的时间参与该主题的研究，小组特地为参与主题的三个班级留出了专门的主题探究时间。实习生也进行了分工，他们每人负责一个班级，此外，每个班还配备了一位具有丰富实践经验的学校教师，因此，实习生、学校教师以及中学生共同组成了具体的研究小组。为实现小组与小组间的充分互动，三个小组的学生每周进行重新分组，这样有利于学生之间知识与经验的分享。

"濒临灭绝的物种专题研究"的主题得以被保留。要进行"濒危物种"的主题研究，需要走出校门到很多地方进行野外考察，因此，每个人都有责任尽力获得更多的学习经历；并将各自的学习经历带回小组，通过交流和讨论，大家对"濒危物种"有了更深入的认识和了解。与其他3个主题具有严格的实施计划不同，本主题在实施计划方面具有高度的灵活性，学校也给予了实习生充分的自由和选择。实习生既可以先观摩几天学校教师的教学实践，也可以立即进入班级开展实习工作；既可以教自己的学科，也可以选择其他学科作为自己的实习内容；既可以以小组的形式开展活动，也可以选择两人进行合作，还可以自己独立完成。参与该项目的25名中学生，其主要时间都将用于跨学科主题的探究中，这就意味着在这一个月中，所有学生将全力投入到"濒危物种"的主题探究中，阅读和其他课程都将被暂时中断。

在尝试上述探究主题过程中，如何合理地将实习生的实习任务整合入学校即将实施的跨学科探究中也是一个全新的挑战。因为实习生大部分时间是与其所在学科的老师一起研讨相关内容和主题，同时，他们也会以小组形式进行一些跨学科、跨班级的合作。然而，在已有日程安排满负荷的情况下，要额外为每位实习生制定一个新的实习日程表显然十分困难。尽管如此，学校教师还是克服了重重困难，最终为每位实习生制定了一个日程安排计划。依照该日程安排，实习生的主要工作是观察学校教师的教学实践、帮助学校教师完成制定好

---

① DARLING-HAMMOND L. Professional Development Schools: schools for developing a profession [M]. New York: Teachers' College Press, 1994: 132.

的探究计划，这样，每位实习生每周的时间都被安排得满满的。

需要指出的是，尝试初定的跨学科探究主题也是跨学科团队磨合的过程，这样的磨合为后续的正式实施奠定了基础。

（二）跨学科课程探究的实施

跨学科课程探究正式启动后，非常平稳地度过了第一天；这样的平稳一直延续到第一周结束。之所以能顺利实施，与上述启动阶段的充分准备和尝试调整分不开。回顾整个实施阶段，跨学科课程探究的实施过程大致包括实施的内容、实施的方式和实施的支持等。

1. 预设和生成相结合的实施内容

除了"濒临灭绝的物种专题研究"主题外，前述启动阶段已经预设了各探究主题大致的实施内容。实施后，这些预设的实施内容基本能如期实施，但也有一些内容是在实施过程中根据学生的需要生成的。如以前述的中东研究主题为例，预设中的研究内容有"制定中东旅行指南"，对此研究内容的实施大致过程如下："学生被分成不同的小组，每个小组被指派负责了解和研究中东地区的其中一个国家，最终要编制一份旅行手册，以确定相应的旅行路线，标明每一个国家值得观光的内容。旅行手册同时还包括各国通行的货币、各国货币间的兑换以及各国货币与美元的兑换计算。"[1]

同样以上述的中东研究主题为例，其生成的内容为：

> 当中东主题小组开始启动后，美国发动的名为"沙漠风暴"的海湾战争爆发，这场战争也使学校里许多学生的亲属上了前线，为此，小组对原有的课程安排进行了及时调整，安排了两节课的时间读新闻，并利用这个时间安排学生为前线的战士写信。[2]

在实施过程中，这样的生成或调整其实是非常多的，有些调整会占据学科教学时间。对此，有些教师担心这些调整可能会影响到学生的学科成绩。实施结果表明，这样的改变非但没有影响到学生的学科成绩，反而使教师对以学生为中心的教学有了更为深入的理解。

除了根据学生的需要生成研究内容外，小组也充分尊重实习生的建议。如

---

① DARLING-HAMMOND L. Professional Development Schools: schools for developing a profession [M]. New York: Teachers' College Press, 1994: 136.

② DARLING-HAMMOND L. Professional Development Schools: schools for developing a profession [M]. New York: Teachers' College Press, 1994: 137.

在桥梁研究主题中：

> 在小组开展活动的第二周，有实习教师建议在活动中播放名叫
> "*Bridge Over Troubled Waters*" 的古典歌曲，他认为播放经典歌曲能
> 让学生从音乐的角度更好地理解桥梁的构造，并且这种形式也使原本
> 十分枯燥的学习变成一件有趣的事情。建议刚被提出来，小组其他成
> 员的第一反应是均持否定态度，甚至有人嘲笑道："我们的学生会嘲
> 笑我们的，在进行野外考察时居然放这种音乐。"尽管如此，小组还
> 是决定将这个建议交由学生自己去决定，实习教师组织学生进行了热
> 烈的讨论，结果大大出乎很多实习教师的意料，在播放第二遍时，很
> 多学生就开始随着音乐唱了起来，对这种形式表现出很大的兴趣。①

2. 以小组为单位的实施方式

小组为单位的实施方式，既包括教师小组，也包括学生小组。如前所述，
学校教师和实习生共同组成了跨学科合作探究小组。实施过程中，跨学科合作
探究小组以合作的方式实施探究任务。"对所有小组而言，小组合作实际上是
一种设计、规划和反思的活动"②，这阐明的是所有小组合作方式具有的共同
特征，不过，具体到某一个小组合作的内容和过程时，其小组合作方式又有其
具体的特征。如以实习生参与小组合作为例，有的实习生能积极主动地参与小
组合作全过程，这样的实习生一般能很快融入跨学科探究合作小组，而有的实
习生相对会比较被动。

除了学校教师和实习生之间形成合作探究小组外，在实施过程中，学生之
间也是以小组形式开展探究的。学生小组的具体方式会因合作内容的不同而不
同。如在负责进行桥梁研究的小组活动中：

> 小组指导教师通过社会角色扮演的方法，分别为不同的学生指定
> 了不同的社会角色，比如有人扮演"港口老板"，有人扮演"钢铁工
> 人"，有的学生则假设自己是当时的"行政官员"等等，班级里的每
> 一个学生都会有一个相应的社会角色和身份。在此基础上，每个学生
> 从自己所扮演的社会角色出发进行准备，最后以听证会的形式让每个

---

① DARLING-HAMMOND L. Professional Development Schools: schools for developing a profession
[M]. New York: Teachers' College Press, 1994: 145.
② DARLING-HAMMOND L. Professional Development Schools: schools for developing a profession
[M]. New York: Teachers' College Press, 1994: 144.

学生代表各自的角色发言，以决定是否应该修建布鲁克林大桥。为此，那些分别扮演"港口老板""钢铁工人"和"杂货铺老板"以及其他角色的学生纷纷组成相应的小组，他们以小组的形式准备各自的演讲报告，各小组最终会推荐一名代表参加最后的听证会，在这一过程中，他们反复讨论、修改，以使自己的发言更为有力。听证会的规则由学生自己制订。让小组感到十分吃惊的是，这个听证会取得了巨大的成功。由于有了这次听证会的成功体验，学生只要认为自己已经准备好了，无论任何主题，都会立即投入到该主题的研讨和学习中去，这也可以看出，学生们对研究的兴趣有了很大的提高。①

又如：在"濒临灭绝的物种专题研究"小组，学生们通过写作、角色扮演、编故事和游戏的方式开展研究。对于人类所处困境的研究，主要用发散性和创造性的写作，引发学生对人类困境的思考。对于濒危物种的研究，学生们通过角色扮演的方法化身为濒危物种，亲自体验濒危物种的感受与想法。对于如何自救濒危物种，学生们创造了许多濒危物种如何自救的故事。对于墨西哥生物多样性的研究，该小组的学生引入了一种名为"危险"的游戏，所有学生分成3个小组，每组7—8个人，每一小组负责一个生物物种的研究，最后，各小组将自己的研究结果进行分享，在分享的基础上就相关问题进行集体讨论，最终得到所需要的答案。

从上述不难看出，学生小组的探究方式既有教师提出的，也有学生根据研究需要提出的。需要指出的是，小组合作并非是一帆风顺的，这需要在实施过程中进行不断的反思和调整，诚如跨学科探究刚开始时一位实习教师所言：

> 我们曾想当然地认为小组成员间的共同合作只是一种形式和表象而已，小组合作并不是真正要共同做一些事情，因此，在最初阶段，由于小组成员彼此之间缺乏沟通和交流，使得我们每一位实习教师都只是和自己的实习指导教师一起各自为政，基本上谈不到太多的合作。大约在5天后，这种各自分隔的现象引起了大家的注意，大家一致认为我们应当重新定位，加强小组成员的联系，实现学科与学科之间的交叉。②

---

① DARLING-HAMMOND L. Professional Development Schools: schools for developing a profession [M]. New York: Teachers' College Press, 1994: 135-136.
② DARLING-HAMMOND L. Professional Development Schools: schools for developing a profession [M]. New York: Teachers' College Press, 1994: 146.

3. 强有力的支持网络

支持网络包括学校的支持、小组教学中的相互支持和实习生获得的来自大学指导教师的支持等。在跨学科探究主题实施期间，学校在跨学科探究的启动、实施等各个环节都提供了全方位的支持，尤其是为各小组提供了交流的时间和机会，组织了实施过程中所需的研讨会等。小组教学中的相互支持，一直从启动阶段的尝试过程伴随到整个实施过程。尤其在实施过程中，每个探究任务都会落实到每个小组，为了顺利推进探究，小组每位成员都提供力所能及的支持，因此，在学校教师和实习生组成的跨学科小组中建立起了一个十分安全的支持网络。诚如一位实习教师所写："小组教学为我们提供了强有力的支持网络。"[1]

对于实习生而言，除了来自学校和合作小组团队的支持外，还有来自大学指导教师的支持。如下小组的实习生遭遇的困境就是在大学指导教师的帮助下解决的：

> 这个小组的实习生被分派到班级后，由于班级里的学生对他们的到来并不是很欢迎，这使得小组里的实习生感到心烦意乱，不知道如何是好。了解到这种情况后，大学指导教师立即投入到该小组的实习活动中，花大量时间逐一地与每个实习生进行沟通和交流。通过他们的共同努力，选择学生们感兴趣的事物作为实习的切入点，从而缓解了实习生和学生之间的对立或不愉快的情绪。[2]

（三）跨学科课程探究的评价

如何评价跨学科课程探究的成效，这是各方都非常关心的议题。对于该跨学科课程探究的成效，主要从以下四方面衡量：① 跨学科课程探究对所有参与者的意义和价值；② 跨学科课程探究的实施为学校和学生带来看得见的变化；③ 解决跨学科课程探究实施遇到的困难的支持网络；④ 实习教师在教学知识方面有所收获。

从上述"强有力的支持网络"中可以看到，跨学科课程探究的顺利实施离不开各方的全方位支持。除了支持网络外，跨学科课程探究完成后，获得了包

---

① DARLING-HAMMOND L. Professional Development Schools: schools for developing a profession [M]. New York: Teachers' College Press, 1994: 145.
② DARLING-HAMMOND L. Professional Development Schools: schools for developing a profession [M]. New York: Teachers' College Press, 1994: 134.

括学校教师、实习生、中学生这些参与者的好评，还获得了学校旁观教师、家长等的好评，由此可见，这样的跨学科探究是富有成效的。

以实习生为例，他们普遍感受到了跨学科合作的力量，换言之，实习生在参与跨学科课程探究的过程中，获取了关于跨学科合作的经验和知识，对跨学科课程与合作的关系、合作受限的原因等形成了各自的理解。对此，一位实习生这样说道：

> 过去，教师之间的合作很少，并且他们也不习惯进行合作。然而，如果要实施跨学科的课程，就需要教师之间相互合作——这种合作需要打破学生是某位教师个人所有的观念，需要通盘考虑教学时间的安排，需要综合衡量全校的所有班级和资源，同时这种合作还需要有足够的包容心和宽容心，以消除教师之间传统上存在着的激烈的竞争，此外，还需要通过合作来消除团队成员间的不安全感。但要做到这些十分不易，因为传统的变革往往存在诸多的障碍。从学校组织来说，传统意义上的学校制度并不鼓励教师之间的相互学习和交流，即便在教师休息室里，传统学校制度也不主张教师之间进行有关学生和教学业务方面的讨论。从硬件上看，现有的教室空间太小，很难容纳两个班级的教师一起对两个班级的学生同时实施跨学科课程方面的教育。此外，不同的课程时间表和年级之间存在的差异为教师之间的合作设置了障碍……跨学科教学与合作孰先孰后的问题，恰如是鸡生蛋还是蛋生鸡的问题一样，是相互交织、相互联系的关系，事实上，我认为二者是相互因果、缺一不可的关系。[①]

又如，对于学生而言，跨学科课程探究为他们带来的看得见的变化主要体现在三个方面：① 获得帮助。学生能获得的帮助和班额存在极大的关联，班额越大，学生越难获得高质量的帮助。为此，"'一月经验'项目通过增加教师数量的办法来加以解决，通过增加教师数量，使班级里的教师有更多的时间和精力对每一个学生的表现和反应给予关注"[②]。② 学习乐趣。在"一月经验"项目实施期间，学生都喜欢上学了，这对于纽约第 44 中学而言，这是非常可喜的变化，前面曾指出，该校是一所典型的城区中学，生源十分复杂，有

---

① DARLING-HAMMOND L. Professional Development Schools: schools for developing a profession [M]. New York: Teachers' College Press, 1994: 146-147.
② DARLING-HAMMOND L. Professional Development Schools: schools for developing a profession [M]. New York: Teachers' College Press, 1994: 150.

不少学生曾有严重的学习障碍问题。换言之，"一月经验"项目的实施，让所有学生都喜欢上了学习。学生们对学习乐趣大致有两种观点："一种观点认为：'我感觉很好，我很喜欢……我对我的表现感到自豪。'而另一种观点认为：'当我们在做一些自己感兴趣的事情时，从中我们体会到了很大的乐趣。我感觉自己好像在一个完全不同的世界里呆了三周。'"[1] 由此可见，学生关于学习乐趣的认知是和自身的体验相关的。③ 团队合作。通过参与整个跨学科课程探究过程，学生们普通认为，他们学会了如何合作，体验到了合作的价值，尤其是合作超越了传统班级中学生之间过度竞争的现状。

再如，一位项目的旁观者用自己的观点描述了跨学科课程探究带来的变化：

> 到了 1 月份的第三周，学校到处都充斥着学生在跨学科课堂上完成的各种作业和作品，而项目也席卷了整个学校，成为整个学校谈论的焦点。学校地下室被墨西哥生物多样性研究小组贴满了各种拼图，校园里的咖啡吧则成了中东主题小组活动的主要场所，这里也是学生练习肚皮舞的地方。而由桥梁研究小组所引出的关于桥梁的话题在不同的教室和不同的学生之间广为流传，学生们有关桥梁的争论从校内延续到校外，从白天持续到夜晚，他们都在争论究竟谁的桥梁设计方案最符合应用物理学的原理、谁的方案会被学生自发组成的桥梁委员会选中。该委员会是一个由学生组成的涉及桥梁设计和建造的专家委员会。濒危物种小组的活动也开展得热火朝天，他们占据了学校的整个二层作为主要活动场所，发起了向当地每一个信箱写一封保护濒危物种信件的活动，以此来推动全社会对濒危物种的关注和保护。[2]

从这位旁观者的视角可以看到，跨学科课程探究完全改变了学生的学习内容和学习品质，同时，其观点背后也折射出这位旁观者也被该项目深深吸引了。如果不被深深吸引，作为一个旁观者，是很难做出如此深刻的评论的。

让人欣喜的是，"一月经验"项目并非到此为止，到两位研究者在该校研究跨学科课程探究的成效为止，纽约第 44 中学已连续三年实施了该项目。与

---

① DARLING-HAMMOND L. Professional Development Schools: schools for developing a profession [M]. New York: Teachers' College Press, 1994: 151.

② DARLING-HAMMOND L. Professional Development Schools: schools for developing a profession [M]. New York: Teachers' College Press, 1994: 137-138.

第一次一样，后两次的实施也非常成功，而且后两次甚至在很多方面超越了第一次，比如启动阶段的主题设计、整个项目参与的人数、跨学科的合作深度等，都远远超过了第一次。

第四节 教师专业发展学校的评价

作为提升教师专业性的新思路，通过近 30 年的理论和实践探究，美国教师专业发展学校在多个领域做出了突出的贡献；与此同时，美国教师专业发展学校也面临着诸多挑战。

一、美国教师专业发展学校的贡献

从大学与中小学合作的视角看，美国教师专业发展学校做出了多方面的卓越贡献，具体如下。

（一）美国 PDS 带动了世界上其他国家的教师专业发展学校建设

美国 PDS 带动了世界上不少国家，如加拿大、以色列、希腊、日本、中国、阿拉伯联合酋长国等国的教师专业发展学校建设，就是在美国的影响下开始的。以我国教师专业发展学校建设为例，国内较早开始探索教师专业发展学校建设的是首都师范大学。为了探究教师发展的新思路，首都师范大学教育科学学院在借鉴美国 PDS 经验的基础上，于 2001 年 4 月开始在北京建设首批教师发展学校（Teacher Development Schools）。此后，先后在北京市丰台区、朝阳区、海淀区、西城区、密云区等地建设多所教师发展学校。首师大教师发展学校建设的重点是建立大学与中小学之间的合作关系，探究一种实现中小学教师职前和职后教育一体化的新思路。该探究取得了一定的成效，并影响了我国其他省区市教师发展学校的建设。

（二）探究了职前教师培养的新方式，实现了多方的共同发展

美国教师专业发展学校探究的职前教师培养的新方式是，通过大学与中小学合作，实现职前教师培养和职后教师发展的一体化。不少研究表明，教师专业发展学校提高了职前教师的培养质量。如加州州立大学和地方中小学合办的教师专业发展学校，在职前教师发展计划实施三年的过程中，用《加州教学职业标准》（California Standards for the Teaching Profession）来评价新教师需掌握

的重要技能领域，如创设高效的学习环境、教学规划、学生学习效果评价、班级管理水平、学生的课堂参与度等；评价结果表明，职前教师入职后各方面都表现突出。[1] 与此类似，阿布达尔·哈克（Ismat Abdal-Haqq）经过五年的研究得出：相对于传统的教师培养方式，拥有教师专业发展学校实践经历的新教师，能够运用更具变化的教学方法，更具有反思性特点，更加了解课堂以外的学校工作和各种活动，对自己的知识和技能更具自信心，能够更好地处理种族和语言上的差异并更加倾向于在城市中心区的学校就业，而且在工作一年以后，流失率比较低。[2]

教师专业发展学校除了探究职前教师培养的新方式外，前述第三节的两个案例表明，教师专业发展学校显然实现了职前教师、在职教师、学生等的共同发展，同时，也在一定程度上促进了大学研究者的发展。这是在平等关系中实现的共同成长，反映了职前教师培养新方式背后所折射出的新的价值追求。

（三）验证了大学与中小学成功合作的基本特征

凡·德·沃特（Van De Water）提出关于大学与中小学成功合作的 10 个基本特征：对各自利益的关注与共同目标；相互信任与相互尊重；共同决策；重点突出；管理程序化；高层领导的责任；财政支持；长期责任；动力特征；信息分享与沟通。[3] 美国教师专业发展学校多年的实践也证明了上述 10 个基本特征，这些特征中有一半以上涉及大学与中小学双方的共同利益和共同参与，由此可见，大学与中小学能否成功合作，关键在于双方能否携手努力、整体考虑。富兰在研究教育变革的意义时也提出了类似的观点：

> 在我们所有的成功中，我们都看到了从"我"到"我们"的深度转变。在学校，个体教师不再只想着"我的课堂"，而是开始想"我们的学校"；在学区，每个学校领导者不再只考虑着"我的学校"，而是开始思考"我们学校或者学区"；学区领导者也不再只想着"我

① CANTOR J, SCHAAR S. A Dynamic relationship: the impact of formal and informal assessment on a Professional Development School for In-service non-credentialed teachers [J]. Teacher Education Quarterly, 2005, 32(4): 59-77.

② ABDAL-HAQQ I. Professional Development Schools: weighing the evidence [M]. California: Corwin Press, 1998: 25.

③ WATER V D. The governance of school-college collaborations: lessons learned from the eq models program [R]. New York: The College Entrance Examination Board, 1989: 4. 转引自：DARLING-HAMMOND L. Professional Development Schools: schools for developing a profession [M]. New York: Teachers' College Press, 1994: 209-217.

的学区"，而是开始思考"我们学区、州或者省"。在州或省的范围，州领导者也不再只想着"我的州"，而是开始思考"我们国家"。①

二、美国教师专业发展学校的挑战

前述第三节讨论美国教师专业发展学校的"示范校"——南卡罗来纳大学专业发展学校的案例时曾指出，大学与中小学合作存在的主要障碍有六方面：① 沟通与教育的缺乏；② 时间局限及奖励机制缺乏；③ 地方规则；④ 日程安排过满及课程割裂；⑤ 政策与政策之间彼此脱节；⑥ 基础教育内部学校之间存在的人为的强制平等。② 与此类似，罗斯（John A.Ross）认为，大学与中小学合作存在的问题有：文化的冲突；现有激励机制的不完善；外部机构的冲突；专业发展学校网络化弱点等问题。③ 从美国教师专业发展学校的历程看，上述障碍或问题在不同专业发展学校的建设过程中都存在，且表现各异，这里主要从教师专业发展学校建设的共性出发，概括其建设中遇到的主要挑战。

（一）大学与中小学之间的文化冲突

大学和中小学各有自己的专业文化。总体而言，不论是大学还是中小学，往往都会认为大学教师是专家，中小学教师则是受专家指导的普通教师，职前教师培养是专家的事，与中小学教师的本职工作无关。由此，大学与中小学之间往往形成"上"对"下"的垂直关系，这样的角色理解和关系定位很难让双方形成一致的合作目标和努力方向。尤其在教师专业发展学校建设过程中，不论是大学教师还是中小学教师都不愿意放弃原有的角色，或者即便合作开始，双方因有很多顾虑而不愿真正投入专业发展学校的建设。具体而言，有的大学教师担心参与专业发展学校建设会改变他们已有的角色和地位，有的大学教师认为专业发展学校建设不是他们的本职工作，还有的大学教师则担心专业发展学校会使教师教育完全成为校本培训，从而威胁他们的职业安全；与此类似，很多中小学教师认为职前教师教育不是他们的职责，为了逃避专业发展学校的

---

① 米迦勒·富兰.教育变革的新意义 [M].武云斐，译.上海：华东师范大学出版社，2010：48.
② DARLING-HAMMOND L. Professional Development Schools: schools for developing a profession [M]. New York: Teachers' College Press, 1994: 192.
③ ROSS J A. Professional Development Schools: prospects for institutionalization [J]. Teaching and teacher education, 1995(2): 199.

建设，有些中小学教师甚至离开已开展专业发展学校建设的工作单位，另觅他职。由此可见，如何超越大学和中小学之间的文化冲突，是任何专业发展学校建设都会遇到的首要挑战。这种挑战的应对，需要时间去磨合，诚如莱姆利奇（Johannan K. Lemlech）等研究洛杉矶专业发展学校建设后所指出的："成员的角色定位、功能发挥、成员间的关系处理以及相关会议决定如何贯彻和落实等方方面面的问题都需要经过长时间的磨合才能走上正轨。"①

（二）大学与中小学合作的时间和经费瓶颈

大学与中小学合作建设专业发展学校的第二个挑战是时间和经费。美国教师专业发展学校建设的实践表明，专业发展学校的规划、设计和实施是一项耗时的事业。然而，不论是大学还是中小学，各方都有既定的职责和任务，教师专业发展学校建设则是超越双方既定职责的新任务。与此同时，对于实习教师而言，以专业发展学校的方式促进其成长比原先的实习更耗时和耗精力。

从美国教师专业学校建设的历程看，教师专业发展学校建设的经费远不如其他教师教育方案活动所获得的经费。从教师专业发展学校初建时的资金来源看，主要有：申请联邦拨款、州政府拨款，与私人企业合作获得资金，利用当地资源等。实践表明，这些经费很难满足专业发展学校初建时的需求。更为困难的是，在专业发展学校持续建设过程中，因缺乏固定的经费来源，教师专业发展学校工作的推进经常受到制约。因没有足够的资金，参与专业发展学校建设的各方很难重新进行角色安排和责任分担、难以提供奖励以促进教师专业发展学校的发展和长期运作。为此，教师专业发展学校希望，各州能持续拨款资助其发展。

（三）大学与中小学合作的政策挑战

任何一项新的改革举措，都离不开政策的支持，教师专业发展学校的建设也不例外。从教师专业发展学校的建设实践看，该项目只是美国众多教师教育改革项目中的一项，对于不同的教师教育改革项目，相关的地方决策部门并没有给予相应的政策支持或指引。不同的教师教育项目实施时各自为政，由此导致那些参加了不同教师教育项目的中小学无所适从。面对不同的教师教育项目，这些中小学不得不学会随机应变。之所以出现政策不支持而导致的相互脱

---

① DARLING-HAMMOND L. Professional Development Schools: schools for developing a profession [M]. New York: Teachers' College Press, 1994: 172.

节现象，其原因在于美国高校和教育政策决策机构之间互不信任。诚如哈蒙所指出的："州教育厅'长期以来对教师教育都非常不满'……而对于从事教师教育的人员而言，他们也不信任州政府和州教育厅。"①

---

① DARLING-HAMMOND L. Professional Development Schools: schools for developing a profession [M]. New York: Teachers' College Press, 1994: 196.

第四章 英国教师伙伴学校

20 世纪 80 年代以来，英美等国都对教师教育进行大刀阔斧的改革，其总体思路都是建立大学与中小学的伙伴关系，第三章讨论的美国教师专业发展学校和本章讨论的英国伙伴学校都是该思路下的产物。相比较美国的教师专业发展学校，英美两国的主体、重点是不同的，美国的 PDS 是学者发动的改革且聚焦于多方的共同发展，英国的教师伙伴学校是政策驱动的改革且焦点主要在职前教师教育改革。英国牛津大学学者富隆（John Furlong）等认为，中小学和大学建立的以一定形式的伙伴关系培养职前教师的模式有着悠久的历史。[①]较早可以追溯到 1944 年发表的《麦克奈尔报告》（*McNair Report*），[②] 又称作《教师和青年领导者的补充、招聘及培训委员会的报告》[③]。报告提及应该超越封闭的职前教师教育体系，走向合作并组建一体化的教师培养体系。为此，本章在梳理英国教师伙伴学校缘起的基础上，剖析英国教师伙伴学校的发展及未来走向，并讨论英国教师伙伴学校的贡献和面临的挑战。

伙伴学校的概念较早出现在英国教育部的政策文本《职前教师教育（中学阶段）》中："政府希望高等院校和伙伴学校（Partnership Schools）共同承担起课程规划、管理以及职前教师选拔、培训和评估的责任。"[④] 后来是我国学者[⑤]将伙伴学校译作教师伙伴学校，之所以如此，是因为相比"伙伴学校"的直译，"教师伙伴学校"更能体现其本质、内涵和职责。

① FURLONG J, CAMPBELL A, HOWSON J, et al. Partnership in English teacher education: changing times, changing definitions——evidence from the teacher training agency National Partnership Project [J]. Scottish Education Review, 2006, 37(1): 32.

② FURLONG J, CAMPBELL A, HOWSON J, et al. Partnership in English teacher education: changing times, changing definitions——evidence from the teacher training agency National Partnership Project [J]. Scottish Education Review, 2006, 37(1): 32.

③ 瞿葆奎. 教育学文集·英国教育改革 [G]. 北京：人民教育出版社，1993: 135.

④ DEPARTMENT FOR EDUCATION. Initial teacher training (Secondary phase) [R]. London: DfE, 1992: para14.

⑤ 谌启标. 英国教师伙伴学校及其质量保证 [J]. 外国教育研究，2005, 32(8).

第一节 早期的教师伙伴学校

校本的模式（a school-based model）是教师伙伴学校的早期形式，倡导者是英国的新右派。从已有研究看，早期的教师伙伴学校有其产生的动因、假设、形式和内容；在一定程度上提升了职前教师的实践技能，但其局限性也是明显的。

一、早期教师伙伴学校产生的动因

对高校职前教师培养质量的不满和政策驱动，是早期教师伙伴学校产生的主要动因。

（一）对高校职前教师培养质量的不满

19 世纪末以来，英国一直盛行高校为本的职前教师教育。这类的职前教师教育的价值是，在一定程度上提升了英国教师的学历水平，夯实了其理论基础并保证了学术性。然而，高校为本的职前教师教育的弊端也是很明显的，即职前教师重视学术理论的学习，轻视实践技能的提高，具备一定的学术性但其实践性弱，由此导致教师入职后难以应对复杂的教学实践情境。对此，英国皇家督学团曾于 1982 年在其报告《学校里的新教师》（*The New Teacher in the School*）中指出："1/4 的新教师在走上工作岗位前没有对他们实际从事的工作做好充分准备，他们尤其缺乏课堂组织、课堂管理和课堂控制方面的知识和技能。"[1] 面对职前教师缺乏实践技能的困境，教育实习被认为是解决此问题的办法。然而，当时的教育实习是由大学设计、组织、实施和评价的，中小学只是为职前教师的实习提供场所。因此，过度学术化的职前教师教育招致包括职前教师、中小学教师等的强烈批评；有趣的是，一些培养职前教师的高校教师也加入了批评行列，认为职前教师教育应向实践转向。

---

[1] Denscombe M. Classroom control and initial teacher training: the contribution of ethnography [M]// Barton L, Walker S. Social Crisis and Educational Research. London: Croom Helm, 1984: 200-229. 转引自：丁笑炯. 对英国以学校为基地的教师职前培养模式的反思 [J]. 教师教育研究，1998(2): 69.

（二）英国教师教育政策的转向

为了解决职前教师教育课程过于学术化的问题，20 世纪 80 年代以来，英国教师教育政策发生了明显的转向，即通过政策削弱高校在教师培养上的自主性，提升中小学的参与度。总体而言，这一时期的教师教育政策向实践取向转变。表明这样转向的第一个政策是，1984 年教育和科学部（Department of Education and Science）签发的第 3 号通告《职前教师培训：课程认证》（*Initial Teacher Training： Approval of Courses*），该通告提出后，教师教育认证委员会（the Council for the Accreditation of Teacher Education，简称 CATE）成立，该委员会的职责是代表当时的教育大臣监督英国的职前教师教育质量，对职前教师教育课程的有效性做出审定，只有经过审定，毕业的学生才能取得教师资格。回顾 20 世纪 80 年代的教师教育历程可以发现，该通告既结束了高校在职前教师培养中的自主性，又确立了教育大臣在规定教师教育课程的内容和结构等方面的权力，还提出了职前教育改革的一些建议：

> 在大学和学院里负责教授教师教育课程的教师要定期回到中小学，以获取"新近的、相关的"学校体验；中小学教师要参与面试师范生的过程；培训期间，师范生在中小学的实习时间也首次得到了规定。[①]

表明上述转向的第二个政策是教育和科学部于 1989 年签发的第 24 号通告《职前教师培训：课程认证》，新通告明确要求高等院校必须与中小学合作改革职前教师教育课程。通告的第一个标准指出："高等院校应与地方当局和不同学校建立联系，应在与这些学校的密切合作中开发并实施专业的且具有教育学特点的职前教师培训课程。"[②]该标准实际上明确了职前教师教育课程应与中小学的实践相联系。为了推进职前教师教育课程与中小学实践相联系，高校应确保教师伙伴学校中有经验的教师参与课程规划和设计、实习生的选拔和实习成效的评价、适当参与培训课程的授课等。除了明确中小学教师的参与外，比第 3 号通告更为具体的是，24 号通告明确规定了大学教师回到中小学的时间，即 5 年内回去的时间加起来应相当于一学期；师范生在中小学的实习时间

---

① FURLONG J, BARTON L, MILES S, et al. Teacher education in transition: re-forming professionalism [M]. Buckingham: Open University Press, 2000: 22.
② FURLONG J, BARTON L, MILES S, et al. Teacher education in transition: re-forming professionalism [M]. Buckingham: Open University Press, 2000: 23.

为：1—3年期课程的师范生应在中小学实习75天；4年期课程的师范生应在中小学实习100天；专业硕士研究生应在中小学实习36周。此外，为了确保职前教师教育课程改革的顺利推进，教师教育认证委员会还成立了地方委员会（local committees），负责对所有教师教育课程进行督检，具体职责包括："详查各教师教育机构根据国家教师教育课程标准制定或修订的教师教育课程，并向教师教育认证委员会报告；考察现有的教师教育课程，以保证其能继续满足新的课程标准，并向教师教育认证委员会报告。"[1]地方委员会由独立于高校的主席和地方成员组成，这些地方成员包括学校、地方教育当局、当时的工业界人士。该委员会的成立，意味着英国官方进一步限制高校的专业自主权。

需要指出的是，其一，尽管这两个通告都限制了高校在职前教师培养中的自主权，但总体而言，20世纪80年代职前教师培养的决策权仍然掌握在高校手中。其二，英国教育部自1944年成立以来多次更名。1964年更名为教育和科学部（Department of Education and Science），1992年更名为教育部（Department for Education），1995年更名为教育和就业部（Department for Education and Employment），2001年更名为教育和技能部（Department for Education and Skills），2007年则将原来的教育部一分为二，即拆分成为儿童、学校和家庭部（The Department for Children, Schools and Families）及创新、大学和技能部（Department for Innovation, Universities and Skills）。做此交代，便于后续内容的理解。

二、早期教师伙伴学校的假设

针对英国职前教师培养重理论轻实践的弊端，前述英国于20世纪80年代出台的教师教育政策对教师、中小学提出了与过去迥异的假设，即将教师视作反思性实践者，将中小学视作职前教师培养的平等参与者。

1. 职前教师即反思性实践者

反思性实践者是美国学者舍恩（Donald Schon）在其著作《反思性实践者——专家如何在行动中思考》（*The Reflective Practitioner: How Professionals Think in Action*）中提出的，他在批评技术理性的基础上提出此概念。技术理性的逻辑是，理论是普遍有效的，实践即运用理论解决问题。技术理性的思维方式渗透在各行各业中，教师教育领域也不例外。沿着技术理性的思路，职前

---

[1] DES. Initial teacher training: approval of courses [R]. London: Department of Education and Science, 1989: 3.

教师教育主要是学习教育理论知识，并将这些知识应用于未来的教学实践；在这样的逻辑下，教学即技术性实践，职前教师即教学技术人员。与此不同，反思性实践者开展的是反思性实践。反思性实践不是应用理论解决问题的过程，而是实践者借助实践性知识与实践情境不断展开"反思性对话"的过程，在此过程中，实践者的反思性思维不断得到发展。

如前所述，英国当时的政策试图放弃教师作为教学技术人员的专业形象，提出教师作为反思性实践者的专业形象。显然，英国提出的反思性实践的假设，既受到舍恩的研究的影响，也受到了当时实践性知识的有关研究的影响。富隆等人曾研究了英国职前教师培训项目背后隐含的假设，研究结果表明："72% 的中学和小学教师项目承认他们采用反思性实践者模式，70% 的本科项目和 73% 的研究生项目认为他们采用该模式。"[1] 除了反思性实践者的假设外，也有一些项目采纳了英国学者斯腾豪斯（Lawrence Stenhouse）提出的"教师作为研究者"的假设，有 4 个小学教师本科项目和 1 个中学教师研究生项目采用此模式。由此可见，尽管斯腾豪斯先于舍恩提出让教师成为研究者，但从英国当时的实践看，舍恩的反思性实践对英国职前教师教育改革影响更大。

（二）中小学即职前教师培养的参与者

在高校为本的职前教师教育中，中小学只是接受大学安排的实习生来校实习的实习基地。除了接受实习生外，中小学在职前教师培养的规划与设计、课程门类的确定、实习时间的确定和实习生实习质量的评价等方面，基本不参与。与此不同，从前述签发的第 3 号和 24 号公告看，这些政策文本背后对中小学参与职前教师培养提出了新的假设，中小学即职前教师培养的参与者。中小学在职前教师培养中的参与包括职前教师项目课程和教学的实施、中小学教师多方面的参与等。职前教师培训项目的课程一般包括学科学习、学科应用、教育理论和专业技能等四类，不管哪类课程，都强调与中小学的教学实践相联系。在教学方法方面，除了常用的讲授法外，尽量采用职前教师未来在中小学可能会用到的教学方法，比如角色扮演、示范等。中小学教师既参与了培训项目的规划、教学和评估，又参与了职前教师的入学面试，还参与了实习生的实习指导。诚如富隆等人的研究所指出的："总体而言，有 87% 的项目提到中小学教师共同或独自承担着对实习生的指导和评估的职责。"[2] 需要指出的是，职

---

① FURLONG J, BARTON L, MILES S, et al. Teacher education in transition: re-forming professionalism [M]. Buckingham: Open University Press, 2000: 41.
② FURLONG J, BARTON L, MILES S, et al. Teacher education in transition: re-forming professionalism [M]. Buckingham: Open University Press, 2000: 39.

前教师培养赋权中小学参与的同时，也对中小学参与职前教师培养的资质和能力提出挑战。

三、早期教师伙伴学校的模式和途径

早期教师伙伴学校的主要模式源自 20 世纪 80 年代职前教师教育领域的实践转向，主要倡导者是当时的新右派。早期教师伙伴学校的途径因项目和计划的不同而不同。

（一）早期教师伙伴学校的模式

校本培训模式是早期教师伙伴学校的主要模式。该模式是一种提升实践技能、强调在实践中提升职前教师培养质量的样态。20 世纪 80 年代以来，包括新自由主义和新保守主义在内的英国新右派都认为，以大学为本的职前教师教育对如何提升职前教师的实践技能无能为力。新自由主义者"一直坚信，职前培训是不必要的，甚至有害的"[1]。他们认为，直接进入学校实践远比参加职前培训更为重要，为此，政策上应允许学校招收经过培训和不经过培训的师范生。新保守主义、撒切尔夫人的思想库希尔盖特集团（Hillgate Group），于1989 年发表了题为《学会教学》（*Learning to Teach*）的小册子，提出应将原有的教师培训方案扩充为学徒制体系。该集团认为，教学本质上是一种实践活动，这可以追溯到亚里士多德，亚里士多德把技能、高尚的道德和文化价值都视作应该学习的内容，认为技能主要是向经验丰富的实践者学习且在他们的指导实践下习得的，换言之，学徒制是实现校本培训成效的重要方式。为此，希尔集团指出："对于这些技能的学习，学徒制应当优先于讲授，即使是正式的讲授需要，也不能取代真正的实践培训。"[2]

校本培训模式的产生本质上是权力干预高校自治的结果。在权力干预高校自治之前，英国实施的是高校为本的职前教师培训方式，这种培训重在夯实职前教师的学术基础，是一种学术取向的教师培训模式。这种模式最容易被诟病的是远离学校实践，因此，撒切尔上台后通过权力干涉、出台新政策、实施新项目和计划等方式，让这种模式在实践中生根发芽。

① FURLONG J, BARTON L, MILES S, et al. Teacher education in transition: re-forming professionalism [M]. Buckingham: Open University Press, 2000: 9.
② HILLGATE GROUP. Learning to teach [M]. London: The Claridge Press, 1989: 9.

（二）早期教师伙伴学校的途径

早期教师伙伴学校的途径因其试图改革的项目和计划的不同而不同。从课程类型看，校本模式主要对传统的教育学士学位（Bachelor of Education，简称 BEd）和教育专业研究生证书（Postgraduate Certificate in Education，简称 PGCE）课程做出改革；从计划看，主要包括签约教师计划（the Articled Teacher Scheme）、特许教师计划（Licensed Teacher Scheme）。

1.BEd 课程和 PGCE 课程

BEd 课程是英国教师教育的本科学位课程，旨在培养小学教师，该项目课程的出现主要受 1963 年发表的罗宾逊报告的影响。PGCE 课程是英国教育专业研究生证书课程（台湾将其称为学士后教育证书），旨在培养中学教师，学制以 1 年为主，也有实施弹性培养计划的 2 年制。为了受到大学认可并贯彻学术的严谨性，传统的 BEd 课程和 PGCE 课程都由大学主导，课程内容偏理论化，远离职前教师将要任教的中小学世界。改革后的 BEd 课程的具体课程门类在不同高校有所不同，但各校的课程结构是相似的，即由内在联系的三大类课程组成学科研究（subject studies）、专业研究（professional studies）、教学实践或教学体验（teaching practice / teaching experience）。与 BEd 课程类似，尽管各校 PGCE 课程的具体科目不同，但总的课程结构相似，包括相互联系的四类课程——主要执教科目（main teaching subject）、专业选修科目（professional options）、学校问题研究（whole school issues），以及校本调查作业（school based work）。实施校本、学徒制模式后，不论是 BEd 课程还是 PGCE 课程，其学科研究、专业研究或科学学习等与中小学实践的联系更加密切，此外，BEd 课程的教学实践或教学体验类课程在中小学的时间增加了，PGCE 课程则直接在学校开展相关的研究。需要指出的是，BEd 课程和 PGCE 课程分别培养小学教师和中学教师，这样的分途培养只在 20 世纪 80 年代实施了一段时间。

2. 签约教师计划和特许教师

签约教师计划和特许教师计划于 1989 年的同一天颁布，作为校本培训模式的先行者，两者除了都增加在中小学培训的时间外，有诸多不同。签约教师计划于 1990 年开始实施，1994 年终止。[①] 该计划由地方教育当局和高校合作联合发起，试图吸引那些经济困难但想加入教职的毕业生，类似于我国的免费

---

① FURLONG J, BARTON L, MILES S, et al. Teacher education in transition: re-forming professionalism [M]. Buckingham: Open University Press, 2000: 48-54.

师范生计划，不过，两者招生的对象不同，我国的免费师范生计划招的是高中毕业生。特许教师计划主要招收成人学生，由地方教师当局发起或管理。签约教师计划主要是为签约学校培养教师，为了保证签约教师的培养质量，签约学校采取了一些新的提升培养质量的措施，如培训指导教师，以确保指导教师的指导能力。签约教师计划和特许教师计划的主要区别如下表 4-1。

表 4-1　签约教师计划和特许教师计划的主要区别

	签约教师计划	特许教师计划
发起者	地方教育当局和高校联合发起	地方教育当局发起或管理
发起者之间的关系	平等的伙伴关系	/
目的	既为了解决英国师资短缺问题、试验新的教师培训方式，又试图在理念层面挑战高校为本的教师教育	解决英国师资短缺问题和试验新的教师培训方式
招收对象及其定位	本科毕业生、中小学的编外人员	有 2 年高等教育经历的成人学生
培养方式	高校学习 + 中小学培训	由雇主（地方教育当局或校董会）在中小学工作中培训
校本培训时间	高校学习时间 20%、中小学培训时间 80%	全部时间都在中小学

四、对早期教师伙伴学校的评价

总体而言，教师伙伴学校的早期探究实现了 1983 年英国政府颁布的《教学质量》白皮书中的提议，即负责职前教师培养的高校"与其邻近的合适学校之间建立密切的联系"[①]，但其局限性也是明显的。

（一）早期教师伙伴学校取得的成效

早期教师伙伴学校的成效主要表现在促进了职前教师培养的实践转向，为英国未来的职前教师教育改革决策提供依据。

1. 通过职前教师培训的改革探究了合格教师资格的新途径

英国职前教师培养的实践转向主要体现在 20 世纪 80 年代到 90 年代初，英国早期教师伙伴学校通过项目和计划探究了合格教师培养的多种新途径，这

---

① 瞿葆奎. 教育学文集・英国教育改革 [G]. 北京：人民教育出版社，1993：479.

些途径不仅解决了英国中小学师资短缺的问题，而且挑战了高校在教师培养中的自主权。富隆等人曾总结了1991—1992年度获得合格师资的新途径（如表4-2所示）。从富隆等人的总结看，这些新途径既有学历教育（包括本科和研究生），也有非学历教育；学制2—3年不等。

表 4-2　1991-1992 年度获得合格教师资格的新途径 [1]

文凭	途径	学制	特色
本科	缩短了学制的教育学士项目（BEd）	2年	面向拥有相关经验并至少成功接受过1年高等教育的学生（如拥有国家高等教育文凭或国家高等教育证书）
	缩短了学制的文学士/理学士（合格教师资格）项目（BA/BSc）	3年	在学科学习的某些方面降低要求。面向拥有国家高等教育证书或技术学士的学生
研究生	教育专业研究生证书业余时间项目	2年	大部分为中学紧缺学科
	教育专业研究生证书转化项目	2年	大部分为中学紧缺学科。学生拥有某一学科的学位，但不是他正在培训的学科学位
	签约教师计划（教育专业研究生证书）	2年	地方教育当局参与。学生用80%时间在中小学接受培训，其余20%的时间在高校
无学历要求	特许教师计划	2年	地方教育当局项目。特许教师在中小学将全部时间用于接受培训。可以是非学历的

2. 为英国未来的职前教师教育改革决策提供依据

早期教师伙伴学校的10多年探究，在如下方面为英国职前教师教育改革的决策提供了依据：① 职前教师教育的实践转向能提升各种途径培养的教师的实践技能；② 应该明确中小学及其中小学教师有效参与教师培训的内容、方式及所需要的支持等；③ 应该更加连贯一致的职前教师培养质量的评估理念和方式。如如何吸引中小学有效参与教师培训，富隆等人研究指出："如果要吸引中小学参与，就必须为他们提供资助。"[2] 以签约教师计划为例，为了吸引中小学参与，该计划就为中小学的指导教师支付相应的指导费。

---

① FURLONG J, BARTON L, MILES S, et al. Teacher education in transition: re-forming professionalism [M]. Buckingham: Open University Press, 2000: 47. 注：引用时略有修改。

② FURLONG J, BARTON L, MILES S, et al. Teacher education in transition: re-forming professionalism [M]. Buckingham: Open University Press, 2000: 54.

（二）早期教师伙伴学校的不足

早期教师伙伴学校的不足有三：

1. 途径新，但职前教师培养的本质总体未变

英国职前教师教育改革的确探究了多种培养新教师的新途径，在这些新途径中，除了特许教师计划由地方教育当局设计和实施外，其他的项目或计划仍然是高校为本的职前教师培养的理念、思路和实施方式。具体表现在，职前教师培养目标的确定、项目的设计、课程门类的决定、中小学的参与等，基本都是高校起主要作用。诚如富隆等人在研究签约教师计划时有教师所描述的："每学期一开始就做好了安排。工作一般在学院完成，我们会事先被告知要做些什么……"①

2. 教师伙伴学校的假设并未能真正实现

教师伙伴学校的两个基本假设：职前教师即反思性实践者，中小学即职前教师培养的参与者。回顾上述职前教师培养的新途径，尽管上述途径都在一定程度上提升了教师的实践技能，解决了教育理论和教学实践割裂的问题，但总体而言，职前教师的培训更注重如何操作，换言之，经上述途径培养的职前教师更像是教学技术人员，而非真正的反思性实践者。作为反思性实践者的教师，本质是能对实践情境中遇到的问题进行主动探究、持续反思、批判性改善的主体。显然，上述职前教师培养途径总体而言还只是把职前教师视作项目或计划的接受者和参与者，通过参与项目或计划达到合格教师的要求。与此类似，中小学总体上也是上述项目或计划的执行者，而非真正意义上的平等参与者。

3. 轻视教育理论对教师成长的应有价值

从教师伙伴学校的已有努力看，不管是教师教育项目还是计划，总体而言是实践取向的，且将实践简单等同于课堂教学、班级管理等领域的实践技能。然而，如果真如教师伙伴学校所提出的假设那样，教师应成为反思性实践者，那么，教师的反思性实践除了基于实践情况外，更需要超越日常的课堂情境，从不同的理论视角反思之。面对早期教师伙伴学校轻视教育理论的现状，英国教育理论家莎瑟兰（Margaret B. Sutherland）认为，不应忽视高校所学的教育理论对教育实践的影响，她不无忧虑地指出："如果没有机会从事教育专业研究，并且不给予这一领域的专家以尊重，最终将导致这一重大领域中胜任教学的专家灾难性匮乏。"②

---

① FURLONG J, BARTON L, MILES S, et al. Teacher education in transition: re-forming professionalism [M]. Buckingham: Open University Press, 2000: 52.

② M. B. 萨瑟兰. 教师的培养与教育理论的学习 [J]. 华东师范大学学报（教育科学版），1994(3): 26.

第二节 英国教师伙伴学校的发展

1992 年是英国职前教师教育改革的分水岭，这一年官方明确提出要建设教师伙伴学校。在官方政策的推动下，主要形成了三种教师伙伴学校模式；进入 21 世纪后，各种项目推动英国教师伙伴学校的发展。在教师伙伴学校建设的过程中，高校和中小学扮演着不同的角色。

一、推动英国教师伙伴学校发展的政策

如第一节所述，通过教师伙伴学校的早期建设，英国职前教师教育已向实践转向迈出了重要的一步，但时任英国教育大臣克拉克（Kenneth Clarke）认为，职前教师教育的质量影响了年轻人对教师职业的选择，为此，1992 年开始，他试图通过出台更多政策推动教师伙伴学校的发展。从已有研究看，推动教师伙伴学校发展的政策主要有两类，即具体化教师伙伴学校建设及其相关机构成立的政策。

（一）深化教师伙伴学校建设的政策

从 20 世纪 90 年代初到 21 世纪初期间，英国出台了多个深化教师伙伴学校建设的政策。其中比较重要的是 90 年代初出台的两个政策：其一是 1992 年英国教育部颁布的第 9 号通告《职前教师培训（中学阶段）》[*Initial Teacher Training（Secondary Phase）*]，该通告明确提出，职前教师培训必须签订伙伴关系协定，通过各高校和各中小学的合作来实现；其二是 1993 年颁布的第 14 号通告《职前小学教师培训》（*The Initial Training of Primary School Teachers*）；前者涉及中学教师的培训，后者涉及小学教师的培训。对教师伙伴学校的建设，第 9 号通告提出三个重要导向：① 只要愿意，所有学校不论公立还是私立学校，都可以申请成为教师伙伴学校。② 明确界定了高校和中小学在职前教师培训中的职责。高校负责学术审查，以确保培训课程符合要求；提供教师资格认证所需的课程；安排职前教师到多所学校接受培训；向达到要求的职前教师颁发教师资格证书。中小学负责使职前教师学会所任教学科的教学、评定中小学学生、管理班级；负责指导和评估职前教师在这三方面的胜任能力。③ 主张将来高校应转移部分经费到中小学，以支付他们在职前教

师培养中的额外任务。①

第 9 号和 14 号通告还明确了培训期间高校、中小学和师范生都应重视胜任能力的达成。中小学教师各自的胜任能力见表 4-3。胜任能力的规定意味着英国教育部为职前教师培训项目的申请明确了项目合格与否的依据，这既强化了教育部对培训项目设计的控制，又在一定程度上确保了职前教师基本的培养质量。

表 4-3　中小学教师的胜任能力

中学教师的胜任能力	小学教师的胜任能力
学科知识	课程内容、规划和评估：①课程整体；②学科知识与应用；③学生进步的评估与记录
学科应用	
课堂管理	教学策略：①学生学习；②教学策略与技巧
学生进步的评估与记录	
专业进修	专业进修

2002 年，教育与技能部（即更名后的教育部）（Department for Education and Skills，DfES）和英国教师培训署（Teacher Training Agency，简称 TTA）共同签发了《胜任教学：合格教师专业标准与职前教师培训要求》（*Qualifying to Teach：Professional Standards for Qualified Teacher Status and Requirements for Initial Teacher Training*），该文本对伙伴合作做出了明确规定，并要求签订合作协议：

> 职前教师培训的提供者必须：① 和中小学合作并确保中小学积极参与教师职前培训的计划和实施、筛选受训教师、对受训教师进行合格教师资格评定；② 签订合作协议，包括明确每个合作成员的角色和责任，制定计划以支持并让所有职员为培训做好准备，明确合作成员之间的资源划分和分配方式；③ 确保有效合作，确保培训的协调性、一致性及其在不同环境中的连续性。②

---

① 综合自：DEPARTMENT FOR EDUCATION. Initial teacher training (Secondary Phase) (Circular 9/92) [EB/OL]. [2016-10-08]. http://www.dfes.gov.uk; DEPARTMENT FOR EDUCATION. The Initial Training of Primary School Teachers (Circular14/93) [EB/OL]. [2016-10-08]. http://www.dfes.gov.uk.

② TEACHER TRAINING AGENCY. Qualifying to Teach: Professional Standards for Qualified Teacher Status and Requirements for Initial Teacher Training [EB/OL]. [2016-10-09]. http://homepages. shu.ac.uk/···dsjlc/ict/information_sources/tta/4-98%20Revised/standards.pdf.

（二）成立机构以落实教师伙伴学校发展的政策

1994 年，英国成立了教师培训署，接管了教师教育认证委员会（即前述的 CATE）的大部分职责。教师培训署的成员由教育大臣指定，这些成员中没有来自职前教师教育机构、地方教育当局或中小学的正式代表。[①]这样更利于教育大臣对职前教师培训实施更为严格的控制。教师培训署的成立与 1993 年启动的以学校为中心的职前教师培训计划（School-centered Initial Teacher Training，简称 SCITT）有关，该计划"允许中小学选择完全脱离与高等教育机构的联系，直接接受政府资助举办自己的研究生培训项目"[②]。为了确保 SCITT 计划的顺利实施，教师培训署的职责之一就是引导教师培训经费的分配，确保 SCITT 计划得到所需的资助。除了调控经费外，成立教师培训署的目的在于"建立教学标准、提升教学专业、改善教学专业之质量与效能、确定学校参与教师培训的课程与方案，及其确保教师受到良好的训练等"[③]。

为了能掌控职前教师培训的内容，教师培训署和教育标准办公室（Office for Standards in Education）联手督查职前教师培训。1998 年，教育和就业部（即更名后的英国教育部）颁布的《教学与高等教育法》更是赋予教师培训署、教育标准办公室、新成立的普通教育委员会（General Teaching Council，简称 GTC）等机构可以根据该法来介入与管制职前教师培训课程的形式与内容的权力。之所以如此赋权，是因为新工党政府希望通过教师培训署和普通教育委员会的合作来建立教师的专业标准，以此进一步控制职前教师培训内容。1998 年，教育和就业部与教师培训署共同颁发了新的教师教育课程专业性认证标准《教学：高地位、高标准——教师职前培训课程的要求》（*Teaching: High Status, High Standards: Requirements for Courses of Initial Teacher Training*）。该标准结合职前教师培训的需要和社会发展需要，在总结 1989 年颁布、1990 年实施的职前教师培训课程标准的基础上，重新设计了教师教育课程的内容和应达到的水平。2002 年，《胜任教学：合格教师专业标准与职前教师培训要求》中提出的新标准取代了 1998 年的标准，为职前教师教育课程的设计、合格教师的要求提出了新的要求。1990 年至 2002 年的三个与职前教师教育相关的标准的具体内容见表 4-4。需要指出的是，与 1998 年、2002 年的标准相比，1989 年颁布的标准不能称之为真正意义上的标准。

---

① HARTLEY D. Repeat prescription: The National Curriculum for initial teacher training [J]. British Journal of Educational Studies, 1998, 46(1): 71.

② M. B. 萨瑟兰. 教师的培养与教育理论的学习 [J]. 华东师范大学学报（教育科学版），1994(3): 82.

③ DfE. Education Act 1994 [Z]. London, UK: HMSO. 1994: 1.

表 4-4　三个与职前教师相关的标准

时间	标准名称	具体内容
1990 年	职前教师培训：课程认证	包括七方面：大学、地方教育当局、中小学的合作；职前教师的中小学体验和教学实践；教育阶段和年龄层次要求；学科研究及在中小学的应用；小学课程研究；教育和专业研究；职前教师的选择
1998 年	教学：高地位、高标准——教师职前培训课程的要求	分别从"学科专业知识与理解""教育专业知识与理解""有效教学和评价方法"等方面对职前教师教育课程内容和职前教师应达到的水平做出了规定
2002 年	胜任教学：合格教师专业标准与职前教师培训要求	对合作教师资格的获得做出了规定，内容包括："专业价值与实践"，规定了教师应具备的态度和职责；"知识与理解"，要求获得资格的教师能自信、自主地掌控所任教的学科，对学生的进步及其教师应对学生具有的期望形成清晰的理解；"教学"，包括计划、调控和评价教学，班级管理等方面的能力，这些能力受到上述两方面内容的影响

上表表明，前两个标准主要规定了职前教师培训课程的内容或维度；后一个标准通过对教师资格的规定来指引职前教师课程设计的方向。2005 年 9 月，教师培训署与国家组织再造小组（National Remodelling Team，简称 NRT）合并，更名为学校培训与发展局（Training and Development Agency for Schools，简称 TDA）。该部门隶属于教育和技能部，主要负责监督中小学教师培训课程，提升中小学教师的质量。

上述政策及其演变本质上意在阐明英国政府在支持教师伙伴学校建设、深化职前教师培养中的分权的决心和行动。从中不难看出，高校在职前教师培养中的自主权进一步被压缩，且教师伙伴学校只是表面上被赋权，实际上仍受到教育和就业部及相关机构的监控。

二、英国教师伙伴学校的模式

富隆等学者根据大学与中小学合作的程度，提出了教师伙伴学校的三种模式：合作伙伴关系（collaborative partnership）、大学主导的伙伴关系（HEI-led partnership，HEI 是 Higher Education Institutions 的简称）、分离的伙伴关系（separatist partnership）。[1]分离的伙伴关系后被改称为互补的伙伴关系

---

① FURLONG J. Re-defining partnership: revolution or reform in initial teacher education [J]. Journal of Education for Teaching, 1996, 22(1): 43.

（complementary partnerships）①。

（一）英国教师伙伴学校的三种模式

富隆等是在反思英国职前教师培养实践的基础上提出上述三种模式的。他们认为，英国过去的职前教师培养是用一种综合的思路进行的，这种综合主要在大学里进行，其焦点是将职前教师在高校的学习经历和中小学的实践综合在一起。然而，综合的职责主要在大学，中小学教师对此几乎不参与，显然这不可能是真正意义上的整合。有意思的是，英国当时的综合思路和我国当前的职前教师教育思路极为相像，不同之处在于我国一些高师院校的综合是以研讨的方式进行的，即大四学生实习结束返回高校后，在高校教师的引导下交流教育实习经验、研讨教学设计文本、评议课堂教学观察、反思实习过程中出现的问题等。需要指出的是，上述三种模式是理想状态下的划分，在实践中，往往会出现不同模式之间的交叠，具体内容如下。

1. 合作伙伴关系

为了更好地培养职前教师，合作伙伴关系的核心是大学和中小学教师共同研讨、协商并确定培养计划及相应的任务。在这种类型的合作中，双方秉持平等互惠的原则，对职前教师培养质量的评价相对比较真实多元。在实习辅导方面，大学与中小学教师都结合各自不同岗位的特点，给予职前教师接触教师专业知识的机会，因此，实习生的实习实际上既是在持续拓展教师所需要的知识范畴，又是一种专业发展。

合作伙伴关系中最著名的是英国牛津大学开发的中学 PGCE 课程。②牛津大学与牛津郡的教师伙伴学校对职前教师培养形成共享的理解，这些理解包括来自牛津大学的职前教师培养中以研究和理论为据的知识，来自伙伴学校的关于教学、学校等的情境性知识。双方合作开发的 PGCE 课程涉及如下学科领域：英语、地理、历史、数学、现代语言（包括法语、德语、西班牙语）、宗教、科学（包括生物学、化学、物理学），毕业生可以成为初中和高中教师。③如以英语学科为例，牛津大学和教师伙伴学校基于以下核心原则开发了该学科的计划：

① FURLONG J, CAMPBELL A, HOWSON J, et al. Partnership in English teacher education: changing times, changing definitions——evidence from the Teacher Training Agency National Partnership Project [J]. Scottish Education Review, 2006, 37(1): 33.

② FURLONG J. Re-defining partnership: revolution or reform in initial teacher education [J]. Journal of Education for Teaching, 1996, 22(1): 44.

③ DEPARTMENT OF EDUCATION. University of Oxford: Subjects [EB/OL]. (2016-10-13) [2016-10-15]. http://www.education.ox.ac.uk/courses/pgce/subjects/.

学生的创造性、想象力和表现力对学生的英语学习起关键作用；

英语教师应该为愉悦而写作，广泛阅读以获得乐趣，并在学校和更广泛的社区参与文化活动；

英语教师应该与学生分享他们作为作者、读者、演讲者和倾听者的经历；

理解写作是一种涉及很多过程、功能、修辞情境、话语类别的实践；

理解由什么构成文本的广义观、技术创新如何改变文本观、文本是如何准备和解释的；

文学在发展和理解人类文化、个人、社会和道德发展中的重要性；

阅读实践中多样性的重要性、一系列解释方法对文本的价值；

在工作中形成对英语语言的理解——单词、句子和文本层面；

承认和尊重各种语言及语言的多样性；

英语作为一门学科，涉及社会关系和协作工作的发展；

听说读写的相互关系。[①]

2. 大学主导的伙伴关系

在该模式中，由大学负责规划合作内容，决定实习教师在中小学应该学习什么；中小学通常扮演配合的角色，并按大学的要求评定实习生的实习成效。为了配合大学的要求，实习辅导教师还需接受大学规划好的培训。20 世纪 90 年代中后期这种模式较为多见，原因有二：其一，高校教师为了确保教师教育课程的系统性，以该模式维护自身在职前教师培养中的话语权；其二，当时中小学因教职任务繁重，不愿过多承担职前教师培养的职责。大学主导的伙伴关系与传统的高校为本（HEI-based）的模式不同，后者基本上没有和中小学合作，有些高校甚至连实习也不去中小学，只是在高校模拟实习。

3. 互补的伙伴关系

互补的伙伴关系将学校和大学视作具有独立和互补的责任，但大学与中小学之间就像两条平行线，双方各自独立、完成各自的任务，没有努力促成双方的对话及其在课程中的整合。具体而言，高校实施对职前教师的培养计划，中小学承担实习任务，并对实习生的实习成效做出评价。即大学和中小学各自完成职前教师培养的相关职责，至于理论和实践的融合则只能依靠职前教师自

---

① DEPARTMENT OF EDUCATION. University of Oxford: English [EB/OL]. (2016-04-20) [2016-10-15]. http://www.education.ox.ac.uk/courses/pgce/subjects/english/.

身。这种关系实际上就是上述 1992 年出台的第 9 号通告中提出的类型，背后隐藏的假设是，职前教师自己能通过实习完成理论和实践知识的整合。显然，这并非是真正意义上的合作。据此，1992 年后一段时间内实施的职前教师教育改革即为该类型。

为了更好地理解三类模式的异同，表 4-5 根据富隆等人的研究列出了教师伙伴学校的三种模式及其特征。

表 4-5　教师伙伴学校的三种模式及其特征 [①]

	合作伙伴关系	大学主导的伙伴关系	互补的伙伴关系
规划	强调赋予大学教师与中小学教师在小团体合作共事的机会	大学为中小学教师小团体提供一些咨询	在议定的责任范围内进行整体结构规划
高校访问中小学	共同商讨专业议题	强调质量控制，监控中小学为实习生提供约定的学习机会	大学极少甚至没有访问中小学
文件记录	界定可能的合作实务	重视并界定学校任务	重视并界定责任范围
内容	大学与中小学认同其合法性，且在持续对话中做出不同的贡献	大学界定学生在中小学该学什么	分离的知识领域，没有对话机会
实习指导	赋予实习生获得教师专业知识的机会——实习指导教师的培训被视作专业发展，学习清楚表达所蕴含的知识	实习指导教师接受培训以传授课程所界定的内容	实习指导来自中小学的知识基础
评价	合作的、重视三角互证的评价	评价由大学主导并界定	中小学负责教学评价
契约关系	协商的、个人的关系	遵循罗列的任务与职责	法令及财政主导相互分离的职责范围
合法性	对合作在职前教师培养中的价值有所承诺	接受大学所界定的职前教师培养原则	对学校角色的原则性承诺或受限于资源的实用考虑

---

① FURLONG J. Re-defining partnership: revolution or reform in initial teacher education [J]. Journal of Education for Teaching, 1996, 22(1): 45-48.

后来，有英国学者认为，教师伙伴学校的上述三种模式主要基于英格兰地区的发展情况得出，而非整个英国。①

三、推动英国教师伙伴学校发展的后续计划

进入 21 世纪后，在新工党的领导下，为了提升教师伙伴学校在职前教师培养中的质量，英国以启动"计划"的形式继续推进其发展。其中比较突出的计划有：培训学校计划（Training Schools Programme）、国家伙伴协作计划（the National Partnership Project，简称 NPP）、伙伴协作发展学校计划（Partnership Development Schools Initiatives，简称 PDSI）。从这些计划的名称可以看出，教师伙伴学校的名称发生了变化。

（一）培训学校计划

为了开发和传播中小学开展的职前教师教育、校本指导教师培训、教育教学研究等方面的优秀实践，1998 年英国颁布的绿皮书《教师：迎接变化的挑战》（*Teachers： meeting the challenge of change*）中，提议建立培训学校。② 1999 年 12 月，教育和就业部邀请有关学校递交申报书，申请成为培训学校。2000 年 9 月，54 所学校经认证通过成为第一批培训学校；在头三年建设中，这些学校每年最多可以获得 10 万英镑的资助。2001 年，另有 28 所学校认证通过成为培训学校，资助期限是 2 年。建设周期结束后，这 82 所学校可以在 2003 年再度申请成为培训学校，其他学校如想成为培训学校，也可以提出申请。

各培训学校依据本校已有的职前教师培训等方面的基础，提出了多样化、具体的培训目标。从培训学校设定的目标看，大致有两种情形：① 所有学校的培训目标都紧扣职前教师培训，区别在于目标的重点不同。有的学校的目标是提供职前教师培训计划，使之成为高校提供的职前教师培训的补充和拓展；有的学校的目标是改善和发展学校现有的、高质量的校本职前教师培训计划；有的学校则将目标具体到职前教师能力提升的某些方面，如有学校将目标设定

---

① EVANS A, HOLLAND M, WOLSTENHOLME C, et al. The role of the initial teacher training coordinator in the school based element of partnership: to what extent does the coordinator undertake supervision of aspects of quality assurance [C]//SHEFFIELD HALLAM UNIVERSITY. Cooperative Partnerships in Teacher Education: proceedings of the 31st Annual ATEE Conference. Ljubljana: National School for Leadership in Education, 2006: 200.
② OFFICE FOR STANDARDS IN EDUCATION. An evaluation of the Training Schools Programme [EB/OL]. (2003-11-01) [2016-10-16]. http://www.ofsted.gov.uk.

为提高合格教师标准中提出的职前教师应具备的相关能力，诸如评定学生的能力、与学生共处的能力等；约有 1/3 的学校将目标设定为提升职前教师运用信息技术的能力，比如学会运用交互式电子白板技术等。② 约有 1/4 的学校还设定了与在职教师发展相关的目标，这些目标既有涉及校本指导教师发展的目标，如为持续专业发展创造激励性的环境，又如确保校本指导教师成为训练有素、娴熟的专业人员，又有开发高质量的培训材料等相关目标。

培训学校计划实施 3 年后，教育标准办公室于 2003 年夏季对培训学校的目标达成情况进行评价，评价围绕着如下三个维度进行："培训学校计划的目标达成情况；计划对学校提供的职前教师培训产生的影响；计划对学校其他方面的发展产生的影响。"① 评价结果总体表明，培训学校计划的资助物有所值。具体达成情况如下：

> 大部分培训学校设定的目标已达成，或已沿着目标设定的方向取得了重大进展。……
>
> 计划已对学校产生非常积极的影响，如近 3/4 的学校增加了参加培训的职前教师人数，多数学校增加了参与职前教师指导的校本指导教师数目，校本培训质量有所提高，一些学校已与其他职前教师培训学校成功合作并相互提供支持。
>
> 学校还认可计划对学校其他方面产生的积极影响，包括：几乎所有的老师都认为，计划帮他们改善了自己的教学，他们对自身的实践变得更具反思性和分析性；教师普遍受益于完善的在职教师发展机会，包括校本指导导师培训；2/3 的学校更容易招聘和留住教师参与职前教师培训，超过 1/3 的学校认为改善了教师的精神面貌；为教师培训提供的额外资源也有利于学校更大范围的工作的开展。②

上述评价结果表明，培训学校不仅提升了接纳职前教师的容量和培训质量，而且也在多方面改善了学校自身的发展。除得出上述结果外，评价还得出了有效的培训学校的五个特征：① 培训学校对计划的完成有高度的承诺，通过强调学校自身的责任达成设定的目标；② 优秀的领导力和完善的计划管理，通常由指定的培训学校主管落实；③ 具有反思和分析特征的教学方法；④ 能

---

① OFFICE FOR STANDARDS IN EDUCATION. An evaluation of the Training Schools Programme [EB/OL]. (2003-11-01) [2016-10-16]. http://www.ofsted.gov.uk.

② OFFICE FOR STANDARDS IN EDUCATION. An evaluation of the Training Schools Programme [EB/OL]. (2003-11-01) [2016-10-16]. http://www.ofsted.gov.uk.

将培训学校的工作和其他计划有效整合；⑤对培训学校活动有良好的质量规划。①

为了推进培训学校计划的后续工作，评价中也提出了取得良好进展的培训学校后续可以努力的方向，如提升学校的自我评价能力，整合职前教师培训计划和学校自身的发展计划，如何向其他职前教师培训学校分享本校良好的培训实践等。

（二）国家伙伴协作计划

紧跟着培训学校计划，"国家伙伴协作计划（NPP）"（2001—2005②）由教师培训署启动。之所以启动该计划，是因为经过一段时间的政策推动，教师伙伴学校尽管在英国有一定程度的发展，如形成了多样化的职前教师培养的计划、项目等，但同时也面临着诸多问题，如：怎样确保职前教师的培养质量，每个教师伙伴学校能接纳的培训教师数量等。特别是对于那些师资需求量大的地区，伙伴学校的培训容量问题尤为突出，这关涉伙伴学校能承受的职前教师培训的能力问题。伙伴学校的承受能力受其学校本身已有的工作强度和不确定性、人事变动等因素的影响，这些问题的解决单靠每所教师伙伴学校自身恐怕无能为力。为此，教师培训署于2001年10月启动了NPP，试图将同区域的教师伙伴学校组织在一起，从国家层面协调和促进全英格兰职前教师的培养质量。由此可见，培训学校计划和NPP的区别在于，前者旨在发现和传播优秀的职前教师培训实践，后者试图通过计划将同区域的教师伙伴学校在职前教师培训方面形成合作关系。

该计划由设在教师培训署的全国伙伴协作经理主管，下设9个区域组织，每个区域都设有区域伙伴经理（Regional Partnership Manager，简称RPM）和区域伙伴关系委员会。通过统筹大学、学校、地方教育当局的力量，NPP合力增加学校的培训能力提高学校教师教育的质量；并致力于教师在教师教育中所需技能的培训。③为了达成NPP目标，每年正式预算约为17万英镑，用来支持由当地设计的职前教师培训小型项目。NPP的主要任务是：建立共同的指导教师培训计划；为实习生设计共同的校本培训材料；与潜在的新伙伴学校

---

① OFFICE FOR STANDARDS IN EDUCATION. An evaluation of the Training Schools Programme [EB/OL]. (2003-11-01) [2016-10-16]. http://www.ofsted.gov.uk.

② 注：关于NPP的起止时间，富隆等人认为是2001—2005，有的文献认为是2002—2005。

③ FURLONG J, MCNAMARA O, CAMPBELL A, et al. Partnership, policy and politics: initial teacher education in England under New Labour [J]. Teachers and Teaching: theory and practice, 2008, 14(4): 310.

开展外联工作；为来自不同课程的学生提供专业培训活动；分享良好做法、协调学校和高校之间的关系。[①] 显然，NPP 的实施从政策层面开启了教师伙伴学校走向区域合作的新方向，区域合作的重点在于提升学校层面的职前教师培养质量和培养能力。

（三）伙伴协作发展学校计划

在 NPP 的基础上，为了持续提升职前教师的培训质量、教师伙伴学校接纳职前教师的容量，学校培训与发展局（更名后的教师培训署）于 2006 年 4 月启动"伙伴协作发展学校计划"，于 2009 年结束。伙伴协作发展学校是指与职前教师教育机构密切配合，同其他教师伙伴学校组成伙伴协作学校发展群，由学校培训与发展局挑选与管理，旨在提升接纳职前教师的容量、提高其培训质量和学生的学业成绩的学校。学校培训与发展局依据以下条件选择伙伴协作发展学校：① 学校是否早就与职前教师教育机构建立伙伴关系？是否参与职前教师的选拔、职前教师教育课程的设计并对最终课程的审查做出贡献？② 学校教师是否具有指导职前教师的必备技能？学校是否已经被学校高级管理团队评定为优秀职前教师培养的实践范例？③ 学校改进计划是否表明其在职前教师教育中的参与方式将考虑到这对课堂教学实践以及学生学习的影响？[②]

1 个伙伴协作发展学校群（Partnership Development School Cluster）由 5 个伙伴协作发展学校组成，包括 1 所主导学校与 4 所助理学校。一般而言，由同一区域的学校组成伙伴协作发展学校群。而同一区域的学校能否组建学校群，主要由各校参与职前教师培训任务的类型决定。各成员学校共同承担如下职责：设计职前教师培训计划与行动计划、汇报计划进展、分配资金。其中，主导学校承担外联、经费预算、组织各成员学校的活动等职责，具体职责包括负责与学校培训与发展局联系；做好计划推进过程中的预算管理，提交阶段性进展报告和预算报告；积极组织会议，做好和各成员校的沟通工作；计划推进过程中如有任何变动，由主导学校负责沟通。在计划获批后，每个伙伴协作发展学校群可获得学校培训与发展局的 25 000 英镑的拨款资助。

---

① FURLONG J, MCNAMARA O, CAMPBELL A, et al. Partnership, policy and politics: initial teacher education in England under New Labour [J]. Teachers and Teaching: theory and practice, 2008, 14(4): 310.

② TRAINING AND DEVELOPMENT AGENCY FOR SCHOOLS. Partnership development schools: how to get started [EB/OL]. [2016-10-16]. http://webarchive.nationalarchives.gov.uk/20080610214007/ http://www.tda.gov.uk/upload/resources/pdf/p/partnership_development_school_handbook.pdf.

伙伴协作发展学校由学校培训与发展局与区域管理组织（Reginal Management Group，简称RMG）共同管理。学校培训与发展局雇佣国家主管对伙伴协作发展学校计划进行总体的管理。国家主管的职责是：支持RMG会议，与学校保持联系，跨区域分享实践，评价伙伴协作发展学校计划的影响，识别有效的实践模式并通过网站传播。①伙伴协作发展学校的具体事物由区域管理组织负责。区域管理组织由5名成员组成：2名大学教师、2名学校教师及1名来自地方教育当局的独立管理人员。

总体而言，伙伴协作发展学校计划是一个提升职前教师培养质量的校本策略。该计划的实施，在朝着培养卓越教师的方向努力的同时，也满足了学校培训与发展局、区域发展、职前教师培养机构的共同需要。

上述计划的实施，在一定程度上改善了校本职前教师培养的质量，提升了中小学接纳职前教师培训的容量。但也出现了新问题，如有些中小学同时参与了上述不同计划，如何确保这些中小学能合理使用来自不同计划的经费。

第三节 英国教师伙伴学校的评价

经过多年的政策推动和实践，英国教师伙伴学校在一定程度上改变了高校一统教师教育的格局，形成了新的政策驱动的教师教育思路。英国教师伙伴学校的探索为其他国家进行类似的改革做出了贡献，与此同时，这样的改革必须直面新挑战。

一、英国教师伙伴学校对大学与中小学合作的贡献

回顾英国教师伙伴学校的建设历程，其对大学与中小学合作的贡献如下。

（一）以国家政策推动大学与中小学的合作

与前述的美国教师专业发展学校由大学推动不同，英国教师伙伴学校是国家政策推动的产物。从1984年教育和科学部（Department of Education and Science）签发的第3号通告《职前教师培训：课程认证》开始，标志着英国结束了高校在职前教师培养中的自主性，开启了官方通过国家政策推动大学与

---

① TRAINING AND DEVELOPMENT AGENCY FOR SCHOOLS. Partnership development schools: how to get started [EB/OL]. [2016-10-16]. http://webarchive.nationalarchives.gov.uk/20080610214007/ http://www.tda.gov.uk/upload/resources/pdf/p/partnership_development_school_handbook.pdf.

中小学围绕着职前教师教育改革开展合作的历程。此后陆续颁布的通告都充分表明国家政策对大学与中小学合作所起的推动作用，这些通告包括 1989 年颁布的 24 号通告《职前教师培训：课程认证》、1992 年颁布的第 9 号通告《职前教师培训（中学阶段）》、1993 年颁布的第 14 号通告《职前小学教师培训》、2002 年颁布的《胜任教学：合格教师专业标准与职前教师培训要求》等。诚如富隆所指出的，英国是世界上唯一的"在国家层面上将伙伴合作当作是教师教育的核心原则并加以制度化的"[①]。上述政策尽管具体内容各不相同，但其核心都是为中小学参与职前教师培养赋权，削弱高校在职前教师培养中的自主性。

（二）以特定方式落实推动大学与中小学合作的国家政策

如前所述，英国主要通过成立机构和推出计划的方式，落实推动大学与中小学合作的国家政策。对于前者，1994 年，英国成立了教师培训署，接管了教师教育认证委员会（即前述的 CATE）的大部分职责，这些职责包括调控职前教师培养的经费、建立教学标准、提升教学专业、改善教学专业之质量与效能、确保学校参与教师培训的课程与方案等等。此外，教师培训署还和教育标准办公室等联手，进一步加强对职前教师培养的监控。对于后者，早期有签约教师计划、特许教师计划等，后续深化大学与中小学合作的计划有：培训学校计划、国家伙伴协作计划、伙伴协作发展学校计划等。上述计划能否有效落实，主要通过严格的评价问责进行判断。

（三）伙伴协作已不只局限于高校与中小学之间

新工党上台后，英国的伙伴协作已不仅仅只存在于高校与中小学之间。在 2002 年颁布的《胜任教学：合格教师专业标准与职前教师培训要求》的推动下，英国的职前教师教育出现了一些新的计划，如校本研究生教师项目（the Graduate Teacher Programme，简称 GTP）、先教计划（Teach First）、灵活的 PGCE 等。通过这些项目的探索，伙伴协作的含义已经远远超过了高校与中小学的合作，从英国伙伴协作的探究历程看，伙伴协作的含义包括：

> 中小学和高校在 BEd 和 PGCE 课程中的合作；几所中小学一起设计和实施校本职前教师培训计划，既可以有高校参与，也可以没有

① FURLONG J, CAMPBELL A, HOWSON J, et al. Partnership in English teacher education: changing times, changing definitions——evidence from the Teacher Training Agency National Partnership Project [J]. Scottish Education Review, 2006, 37(1): 33.

高校参与；一所中小学和地方教育当局、高校合作，或一所中小学和其他中小学合作，提供就业为本的合格教师计划。[①]

由此可见，随着英国职前教师教育改革的深入，以伙伴的方式培养职前教师，已不再局限于大学与中小学之间的伙伴关系。

（四）大学与中小学合作推动了英国实践为本的职前教师教育改革

研究表明，大学与中小学合作推动了英国实践为本的职前教师教育改革，尤其是职前教师的实习质量得到了较好的保障。通过大学与中小学合作政策的实行，英国中小学教师逐渐认可职前教师培养是其工作职责之一，而非学校和高校强加的新任务，因此，中小学教师能在一定程度上真正投入到合作培养职前教师的工作中，由此英国职前教师的实习场所和实习指导质量都有了更好的保障。高质量的教育实习有助于职前教师更顺利地入职，2012 年教育标准办公室对英格兰地区新任教师的调查表明：对于任教小学数学课程的教师而言，82% 的被调查者认为其职前教师教育课程"良好"或"优秀"，只有 2% 的被调查者认为较差；对于任教早期阅读、发音和理解的教师而言，58% 的被调查者对其职前教师教育课程予以"良好"及以上评级，与上一年度调查数据相比增加了 7 个百分点，这也是自 2007 年首次调查以来历年增加幅度最高的一年。[②]

二、英国教师伙伴学校对大学与中小学合作的挑战

前述美国教师专业发展学校面临的主要挑战是大学与中小学两种文化的冲突、时间和经费、政策支持等。英国教师伙伴学校是国家政策推动下的产物，相比较而言，能获得较好的政策支持；但与此同时，英国教师伙伴学校同样面临诸多挑战，包括双方持续合作的长效机制、职前教师培养中高校的定位问题、经费和时间等。

---

① FURLONG J, CAMPBELL A, HOWSON J, et al. Partnership in English teacher education: changing times, changing definitions——evidence from the Teacher Training Agency National Partnership Project [J]. Scottish Education Review, 2006, 37(1): 35.

② TDA. Training and Development Agency for schools annual report and accounts for 2011-12 [EB/OL]. (2012-06-28) [2016-10-15]. https://www.gov.uk/government/uploads/system/uploads/attachment_ data/file/229152/0193.pdf.

（一）大学与中小学合作的长效机制

大学与中小学合作培养职前教师的构想本身非常美好，然而，实施过程中遭遇的挑战之一是缺乏促进双方持续合作的长效机制，这一挑战在物色伙伴学校过程中尤为明显。从英国促进教师伙伴学校发展的政策看，大学与中小学合作培养职前教师涉及双方在课程开发、职前教师指导和评价等方面职责的转变，与此相应，大学尽可能挑选优质的、能胜任职前教师培养的中小学作为伙伴学校，以确保职前教师培养的质量。然而实际上，很多优质的中小学认为，职前教师培养不是他们的主要任务，他们愿意偶尔承担职前教师培养的任务，但不愿意长期成为伙伴学校；与此同时，那些愿意成为职前教师培养的伙伴学校的中小学，其自身的资质却达不到相应的要求。对于大学与中小学的短暂合作，英国布鲁耐尔大学教育系主任艾丽丝（Viv Ellis）教授也指出了类似的问题：

> 以伦敦的布鲁耐尔大学为例，教育系的教育硕士课程学制一年，每年有300多名师范生，教育系教师需要到当地约300所学校指导实习工作。但遗憾的是，一旦实习课程结束，与这些学校建立起来的合作关系也就戛然而止。第二年只得重起炉灶，如此周而复始。显然，在教师培养方面大学与实习学校之间尚未形成一个高效、有机的机制。[①]

综上所述，对于决策者、高校、中小学而言，找到一种促进大学与中小学合作的长效机制极为关键。

（二）赋权中小学的同时如何确保大学在职前教师培养中的有效参与

大学与中小学合作培养职前教师，是世界职前教师教育改革的重要趋势。但从英国的实施进展看，在赋权中小学的同时，大学在职前教师培养中的有效参与在一定程度上被弱化。尤其是2010年，英国提出创建教学学校以来，教学学校的职责之一是学校直培教师，高校成为配角。因此，如何让高校在职前教师培养中有效参与的问题就更为突出。

如何确保大学在职前教师培养中的有效参与，是英国深化职前教师教育改

---

① Ellis V. 刘蕴秋. 以新型研究整合教师教育与学校改革——基于英国的教育实践[J]. 全球教育展望，2016(3): 62.

革的一大挑战。富隆研究发现，进入中小学几周后，职前教师欠缺如何关注学生学习方面的专业知识。[①] 关于学生如何学习的知识本质上是实践性知识的一种，这类知识的发展需要通过持续的反思性实践才有可能建构并形成。反思性实践的关键是职前教师能持续批判性地思考学生是如何学习的，并能在批判性思考的基础上形成学生学习方面的理解，并据此改善实践。富隆进一步研究指出，在职前教师批判性的反思教学实践中，大学指导教师的贡献至关重要。[②] 相比较中小学教师，大学教师关于教学实践的批判性思维能力和学术研究基础会更深厚些，因此，能更专业地在此方面引导职前教师。

（三）大学与中小学合作的经费和时间

与高校自主培养职前教师相比，大学与中小学合作培养职前教师需要投入更多的经费，成本大大增加，这意味着官方应该为职前教师培养提供更多的经费支持。然而实际上，英国官方并没有为职前教师教育提供更多的经费。因为英国教师教育拨款由学校培训与发展局负责，根据高校录取职前教师的类型和规模直接划拨到相关高校。在高校自主培养职前教师的思路下，高校自主运用经费维持职前教师的培养。但在提出大学与中小学合作培养职前教师后，经费同样先划拨给高校，由高校根据具体情况划拨给参加职前教师培养的中小学，对于如何划拨，政府并没有规定划分的比例和标准。这样的经费运作方式在实践中极易产生如下两种后果：其一是导致高校职前教师教育经费严重不足。其原因是高校在获得总量有限的教育拨款的前提下，既需要维持自身的正常运作，又需要耗时耗资寻找伙伴学校，并给相应的中小学拨款，这会让很多高校对伙伴合作计划望而却步，直接影响政策的落实。其二是导致中小学在职前教师培养中的经费不足，对于中小学而言，承担职前教师培养任务涉及教师的薪酬、管理成本等经费问题，而高校的拨款十分有限，在此背景下，中小学对职前教师培养工作的真正投入直接受到了影响。

大学与中小学合作培养职前教师，除了双方各自承担彼此的职责外，对职前教师培养的课程设计、指导、培养质量的评价等新任务，都需要大学与中小学一起合作完成，这需要双方在原有工作中相互协商出一起工作的时间。由于大学教师和中小学教师本身工作任务繁重，如何在原有工作的基础上，协商出共同的工作时间，对双方而言都是一大挑战。对于大学教师而言，依据英国关

---

① FURLONG J. School mentors and university tutors: lessons from the English experiment [J]. Theory Into Practice, 2000, 39(1): 16.

② FURLONG J. School mentors and university tutors: lessons from the English experiment [J]. Theory Into Practice, 2000, 39(1): 17.

于大学与中小学合作的政策，中小学在职前教师培养中承担更多的职责，由此，高校假设大学教师在职前教师培养中投入的时间和精力减少，并为教师安排了其他的课务和研究任务。但实际上，尽管职前教师培养赋权于中小学，但大学教师的参与除了略减少职前教师培养的课程任务外，增加了去中小学的任务，与此相应，增加了更多的时间成本。与此类似，于中小学教师而言，时间同样是一大挑战，因为他们必须在繁重的课务之外，承担起培养职前教师的职责和任务，这需要投入大量的时间，包括沟通协商的时间和落实培养任务的时间等。

第五章 要素学校联盟

回顾要素学校联盟（The Coalition of Essential Schools[1]，简称 CES）的发展历程，有其独特的本质。通过 30 多年的实验和发展，要素学校联盟形成了深刻的理念和原则，通过大学学者和自愿加入的中小学的共同努力，要素学校联盟在新保守主义的夹缝中推动美国基础教育的发展。从 30 多年的发展历程看，要素学校联盟和前几章的大学与中小学合作不同，主要为要素学校提供共同原则和实践基准，即为要素学校的重建和改革方向，但不提供蓝图。

第一节 要素学校联盟的本质

要素学校联盟不是一种供人模仿的学校改革模式，而是一个草根性的学校改革共同体。一线中小学如要参与要素学校联盟，可自主申请参与。

一、由大学学者创立的学校改革共同体

由美国教育学者西奥多·赛泽（Theodore R. Sizer）于 1984 年创立。[2] 创立至今，要素学校联盟一直坚守着共同体的信念来改革学校。

（一）要素学校联盟的创立者赛泽

赛泽丰富的教育和工作经历为他创立要素学校联盟奠定了基础。1953 年，赛泽获得耶鲁大学英国文学专业学士学位，毕业后参军并担任炮兵军官，其

---

[1] 注："The Coalition of Essential Schools" 一词，也有学者将其译为"优质学校联盟"等。若从发起人赛泽等的本意看，译为"要素学校联盟"更为确切。

[2] THE COALITION OF ESSENTIAL SCHOOLS. Founder: Ted Sizer [EB/OL]. [2016-11-05]. http://essentialschools.org/founder-ted-sizer/. 注：赛泽的昵称是特德（Ted），要素学校联盟网站介绍创立者时用的姓名就是 Ted Sizer。

间他对部队的新兵印象深刻，即通过培训，所有的新兵都能达成部队的培训目标，即便是辍学者也不例外。换言之，部队坚信每个新兵都能得到应有的发展。退役后，赛泽在马萨诸塞州的罗克斯伯里拉丁学校（Roxbury Latin School）任教数学和英语，这是一所有着悠久历史的中学，由一位当时在马萨诸塞州的英国传教士约翰·艾略特（John Eliot）于1645年创建。该校是一所小规模学校，秉持民主的办学理念，重在培养学生的自主学习能力、动手能力和创新思维能力。1957年，赛泽获得哈佛大学的硕士学位。毕业后去澳大利亚的墨尔本文法学校（Melbourne Grammar School）任教一年，该校是澳大利亚最古老的学校之一，创建于1858年，招收学前至12年级的学生，其中，初中部和高中部只招收男生。当时他在该校教历史和地理，这段从教经历让赛泽深刻地感知到文化、学校共同体和家庭期望对学校发展产生的重要影响。回国后，赛泽于1961年获得哈佛大学教育和美国史博士学位；在哈佛从教一段时间后，赛泽于1964—1972年期间担任哈佛教育学院的院长，在他任职期间，赛泽特别关注教育中的平等问题，并提议只资助来自低收入家庭的学生。曾经的中学从教经历让赛泽对青少年的发展极为关切，1971年底，正当他在哈佛大学研究生院的事业蒸蒸日上之际，他选择离开了哈佛大学，前往马萨诸塞州的菲利普斯学校教历史，并于1972—1981年期间出任该校校长。在该校，他坚信所有学生（不论其家庭背景如何）都能学好，这段经历对他后来创立要素学校联盟产生了深刻的影响。离开菲利普斯学校后，赛泽出任布朗大学教育系主任，这为赛泽的后续研究奠定了团队基础。

（二）赛泽基于和同事的共同研究创立了要素学校联盟

菲利普斯学校的任教、任职经历让赛泽深刻地感知到，自上而下的学校改革思路无法从根本上改变当时美国教育的境况。为了更深入了解美国中学生的学习状况，赛泽和同事一起参加了由美国中学校长协会（the National Association of Secondary School Principals，简称NASSP）和全国独立学校协会教育问题委员会（the Commission on Educational Issues of the National Association of Independent Schools）发起的美国中学调查研究。在该项调研中，赛泽和同事深入中学现场，访谈校长、教师和学生等，将研究重点聚焦在学生、教师、教学内容这一"三角形"上。[①] 研究发现，该"三角形"的关系已经处于僵化的状态，比如学习内容庞杂但缺乏相互联系，教师只是教材

---

① SIZER T R. Horace's compromise: the dilemma of the American high school [M]. New York: Houghton Mifflin Company, 2004: 5.

内容的传授者和解释者，学生的学习按部就班，由此导致高中的校园文化不佳。这项研究的成果之一就是《贺瑞斯的妥协：美国高中的困境》（*Horace's Compromise： The Dilemma of the American High School*）。该著作是赛泽关于美国高中研究三部曲的第一本，另两本著作分别是《贺瑞斯学校：重新设计美国中学》（*Horace's School： Redesigning the American High School*）、《贺瑞斯的希望》（*Horace's Hope*）。三部曲中的贺瑞斯（Horace Smith）是赛泽在书中虚构的一位教师的名字，在《贺瑞斯的妥协》中，赛泽以贺瑞斯的视角，描述了美国高中真正的运作状况、学校组织的假设、问题的表现及其根源等。根据对美国高中的研究，赛泽提出了他所理解的理想的美国高中，包括美国高中的办学目标、知识技能的重点等，其中非常著名的观点就是"少即多"（Less is more）[①]。该书的主要观点为赛泽创立要素学校联盟提供了主要思想来源。

（三）要素学校联盟是学校改革共同体

赛泽坚信，要素学校联盟不是美国高中改革的模式或模板，而是学校改革共同体；该共同体中的任何一所学校的改革同样没有模式可循，如果非要找出改革模式，那就是每一所高中都必须成为独特的学校改革共同体。每所高中之所以是独特的，是因为每所高中都是由独特的学生、教师、地理位置等构成，这些独特性无法通过模仿来实现改革和发展。1995 年，《教育领导》杂志的高级编辑奥尼尔（John O'Neill）曾就此访谈了赛泽，访谈中赛泽指出：

> 我们的研究源于如下假设，即好学校是独特的。为了成为好学校，每所学校必须反思它所在的共同体。这样，我们的改革无模式可循。……我们的研究建议是，除非你所在学校的这一特定共同体已经在教师、学生和家庭之间形成巧妙且强有力的支持和协作关系，否则学校不可能进行重要的、长期的改革。[②]

赛泽深刻地指出，任何一所美国高中的改革都需要依赖学校内部的力量，学校内部的力量至少包括教师、学生和家长，这些力量之间如能形成持续的相互支持、相互协作的关系，美国高中改革才有可能找到持续发展的原动力。要素学校联盟后续的发展历程表明，不仅是美国高中的改革如此，世界各地的高

---

① SIZER T R. Horace's compromise: the dilemma of the American high school [M]. New York: Houghton Mifflin Company, 2004: 109.

② O'NEILL J. On lasting school reform: a conversation with Ted Sizer [J]. Educational leadership, 1995, 52(5): 4.

中改革亦是如此，美国和世界各地的初中、小学等的改革同样如此。

二、学校、组织或个人自主申请参与的松散组织

要素学校联盟是一个松散的学校改革组织；参加该联盟的学校、组织或个人不是官方指定的，而是自主申请加入。

（一）要素学校联盟是一个松散的组织

要素学校联盟是一个松散的学校改革组织，其松散性主要体现有二：其一，该联盟除了第二节将讨论的共同原则，第三、四节的实践基准外，与学校变革相关的一切都可以由学校结合自身的发展需要确定；其二，组成要素联盟的机构之间不是从属关系，而是平等关系，各自承担着不同的职责和任务。要素学校联盟由要素学校联盟国家办公室（CES National）、要素学校联盟地方联络机构（CES National Affiliation）、要素学校、加入 CES 的组织和个人组成。[1] 需要指出的是，加入 CES 的组织和个人是指那些不属于上述前三类机构的成员，但想申请成为要素学校联盟成员的任何组织或个人。

要素学校联盟国家办公室由常务董事（managing director）、执行委员会（executive board）、财务总监、技术整合主管、沟通顾问等组成，其主要职责是：① 促进各组成机构或人员之间的交流；② 召集要素学校、要素学校地方联络中心及盟友们开会；③ 为要素学校和学校系统争取政策支持，包括地方、州和国家的各种支持，以促进各要素学校真正实现平等、个性化、挑战性地发展，尤其是帮助学生们进行学业上的学术性挑战；④ 管理和维护要素学校联盟的官方网站，组织和发行联盟的《贺瑞斯》（*Horace*）期刊；⑤ 组织每年的秋季论坛（fall forum），赛泽将论坛视作"朋友间的对话"，要素学校联盟的第一次秋季论坛于 1988 年召开，此后每年一次；与一般的教育论坛不同，与会者除了众所周知的教育界各方人士外，学生和家长也参与其中，会议报到当天举行学生领导力论坛。

要素学校联盟地方联络机构有两类：要素学校联盟地方联络中心、地方机构。[2] 地方机构的总体职责是管理与联盟相关的地方事务，为当地学校的变革提供支持和帮助；协调当地各要素学校间的交流和互动；促进当地教师的专业发展和共同体建设；其具体职责因地方的具体需要而异。

① CES. What we do [EB/OL]. [2016-12-15]. http://essentialschools.org/what-we-do/.
② CES. Affiliate type: CES Center/Organization [EB/OL]. [2016-12-15]. http://essentialschools.org/category/ces-affiliates/ces-center-filter/.

（二）加入者自主申请加入

学校、组织或个人可以根据自身的发展需要申请加入要素学校联盟。申请加入后，成员享有特定的权利，但也需要承担一定的义务。自主申请加入者以学年为单位申请加入要素学校联盟；一学年的期满后，已是要素学校联盟的成员的学校、组织或个人可以根据自身的发展需要，决定是否继续成为该联盟的成员。以 2014—2015 学年为例，申请加入的相关的时间节点、应履行的义务和享有的权利如下：

2014 年 5 月 1 日开始接受申请，成为成员后，其履行义务和享有权利的学年时间为 2014 年 8 月 1 日至 2015 年 7 月 31 日。

加入者应尽的义务：学校、组织或个人每年需缴纳一定的会员年费。① 学校 2014 年的会员年费分两类，一类是学生人数少于 500 人的学校，其年费为 400 美元，另一类是学生人数超过 500 人，其年费为 500 美元。② 组织同样分两类：一类是全职员工少于等于 3 人的，其年费为 500 美元；另一类是全职员工大于等于 4 人的，年费为 750 美元。对于学校或组织，如在 2014 年 7 月 25 日之前申请加入，其年费优惠 50 美元。③ 个人会员的年费具体如下：非要素学校联盟学校或组织的专业人员年费为 75 美元，大学生或硕士研究生的年费为 35 美元，要素学校联盟的学校或组织的专业人员年费为 10 美元，学前至十二年级的学生免费。

学校或组织等机构享有如下权利：① 注册 2014 年秋季论坛享有折扣；② 获得要素学校联盟的简报；③ 免费使用要素学校联盟网站上的全部资源；④ 参加要素学校联盟改革网络伙伴组织的会议和其他专业发展活动，并享有折扣。个人加入则享有以下权利：① 注册 2014 年秋季论坛享有折扣；② 获得要素学校联盟的简报；③ 参加要素学校联盟改革网络伙伴组织的会议和其他专业发展活动，并享有折扣。①

要素学校联盟的网站有非常丰富的资源，很多要素学校的改革很有特色，从上述内容看，似乎只有三四项权利，但实际享有的权利非常丰富。

---

① CES. Join the Coalition of Essential Schools [EB/OL]. [2016-12-16]. http://archive.essentialschools.org/join.html.

加入联盟后，真正成为名副其实的要素学校大概需要经历三个阶段：① 开始阶段，讨论共同原则，参观有特色的要素学校；② 计划阶段，计划包括教育学变革和结构变革纲要，支持变革的思路；③ 认可阶段，即成为名副其实的要素学校，在改革中起到表率作用。[1]

第二节 要素学校联盟的共同原则

要素学校联盟以赛泽提出的共同原则（common principles）作为学校重构的理念和指引，地方联络机构帮助学校对共同原则形成校本理解。经过 30 多年的探究，要素学校联盟的共同原则从提出之初的 9 项发展为 10 项，学校对共同原则形成了自己的理解并开展了相应的实践。共同原则旨在阐明要素学校秉持的核心信念和主要特征。

一、赛泽提出要素学校联盟的共同原则

为了突破美国高中办学的困境，一些美国高中愿意和赛泽一起致力于美国高中的改革。为此，赛泽基于美国高中的实地研究，提出要素学校联盟的共同原则，这些原则从早期的 9 项演变为相对成熟的 10 项。

（一）早期的 9 项共同原则

赛泽坚信：没有两所好学校是相似的，即便是同一所好学校，它的"好"从一年到下一年也是不同的。[2] 之所以如此，是因为每所学校的好是由该校的师生及其所在的社区环境等决定的，任何一所学校的师生、社区环境等都是独特的，只有当学校员工拥有学校发展的自主性时，好学校才有可能持续发展。据此，好学校的形成没有模式可循，只有特定的共同原则可指引。1984 年，赛泽提出了要素学校联盟的 9 项共同原则，具体内容参阅表 5-1 的左栏。

上述第 1 项原则为当时的美国高中指明了重建的大方向；第 2—8 项分别明确了重建的目标、师生的角色和职责、学和教的价值追求、校园文化发展的方向、毕业评价，第 9 项确定了改革所需的校内预算原则。

① KITCHEN S A P. School districts that have established membership with the Coalition of Essential Schools [D]. Kalamazoo: Western Michigan University, 1999: 24-25.
② SIZER T R. No two good schools are ever quite alike [EB/OL]. [2016-12-16]. http://essentialschools.org/no-two-good-schools-are-ever-quite-alike/.

（二）完善后的 10 项共同原则

经过 10 多年的实践探究和理论反思，20 世纪 90 年代末，赛泽将 9 项共同原则发展为 10 项共同原则，以此引导要素学校的持续改革，完善后的 10 项共同原则见表 5-1 右栏。

表 5-1　赛泽提出的共同原则

早期的 9 项共同原则 [1]	完善后的 10 项共同原则 [2]
①智力焦点（intellectual focus）：要素学校应重在帮助青少年学会用好自己的心智。学校的中心目标在于促进学生心智的发展，一切有违该中心目标的事务都应摈弃	①学会运用心智（learning to use one's mind well），具体内容同左栏①
②简明的目标（simple goals）：学校目标应当简明扼要，即每位学生掌握数量有限的核心重要技能和知识领域即可。虽然这些技能和知识领域在不同程度上反映了传统学科，但学习计划的设计应重在发展学生的思维、想象等能力，而非仅仅只是掌握传统意义上的学科知识。"少即多"应占主导地位，这意味着应从帮助学生掌握知识和取得学习成果的角度设计课程，而非只注重知识的覆盖面	②少即多：精胜于杂（less is more: depth over coverage），具体内容同左栏②
③面向全体的目标（universal goals）：学校目标应该面向全体学生，但对不同的学生，实现目标的方法可以不同。学校的各类活动设计应富有弹性，以满足不同群体青少年（adolescents）的发展需要	③学校的目标应适合所有学生（goals apply to all students）：学校目标应该面向全体学生，但对不同的学生，实现目标的方法可以不同。学校的各类活动设计应富有弹性，以满足不同群体学生（students）的发展需要
④个性化教育（personalization）：教学和学习应最大限度地实现个性化。学校所有的努力应朝着如下目标，即每位教师负有直接责任的学生不应超过 80 名。为此，校长和教师有权设计课程细节、安排教学时间、选择教材教法	④个性化教育（personalization）：教学和学习应最大限度地实现个性化。学校所有的努力应朝着如下目标，即初高中每位教师负有直接责任的学生不应超过 80 名，小学不应超过 20 名。为此，校长和教师有权设计课程细节、安排教学时间、选择教材教法

---

[1] SIZER T R. A time of renewal [J]. Independent School, 1984, 43(3), 13-57. 转引自：KITCHEN S A P. School districts that have established membership with the Coalition of Essential Schools [D]. Western Michigan University, 1999: 9-22.

[2] CES. Common Principles [EB/OL]. [2016-12-16]. http://essentialschools.org/common-principles/.

续　表

早期的 9 项共同原则 ①	完善后的 10 项共同原则 ②
⑤学生即活动者，教师即辅导者（student as worker/teacher as coach）：学校主导的实践隐喻应该是学生即活动者，而非众所周知的教师是教学服务的传递者。与此相应，出色的教育学应重在引导、激发学生学会如何学习，进而学会自主学习	⑤ 学生即活动者，教师即辅导者（student-as-worker，teacher-as-coach）：学校主导的实践隐喻应该是学生即活动者，而非众所周知的教师是教学服务的传递者。与此相应，出色的教育学应重在引导学生学会如何学习，进而学会自主学习
⑥毕业展（diploma by exhibition）：学生进入中学后应致力于学校目标的达成，与其语言能力、初等数学和基本公民素养发展相适应的内容的学习。应基于成功的毕业展示授予学生高中文凭。毕业展应该由教师和上级主管部门共同举行	⑥ 展示学习成果（demonstration of mastery）：应当以学生完成学习任务的实际表现来记录和评价教学，对没有完成学习任务的学生应提供足够的资源和专门帮助，以让学生尽快达到应有的标准。评价的证据可多种多样，包括对学生的观察记录、项目作品等。评价旨在更好地洞察每位学生的长处和需要，并给予学生所需的后续帮助。学生应该有机会在家庭和社区展示他们的专业知识。学生应对毕业所要求的内容进行一个成功的最后展示，方可获得毕业证书：即进行"毕业展"。学生符合毕业要求就可以毕业，无须按照严格的年级和设定的时限要求
⑦态度（attitude）：学校的校园文化应当自觉强调无焦虑的期望、信任和礼貌的价值。应该施行适合师生的激励制度，父母是学校发展必不可少的协作者	⑦形成礼貌、信任的校园文化（a tone of decency and trust）：学校的校园文化应当自觉强调无焦虑的期望、信任和礼貌（公正、慷慨和宽容）的价值。应该施行适合师生的激励制度。家庭应该是学校的关键协作者和重要成员
⑧学校员工（staff）：校长和教师应首先将教师视作通才、其次才是学科专家。每位教师应承担多重义务，并致力于学校整体的发展	⑧致力于学校的整体发展（commitment to the entire school）：应首先将教师视作通才（"通识"教育者和学者），其次才是学科专家。每位教师应承担多重义务（即作为教师、咨询者、管理者），并致力于学校整体的发展
⑨预算（budget）：学校的管理目标和预算应包括每位教师负责总数不超过80名学生的费用、教师集体计划所需的时间成本、学校员工的薪酬，但所增加的最终预算应控制在每生不超过传统学校的10%	⑨ 一切资源为了教与学（resources dedicated to teaching and learning）：学校的管理目标和预算应该包括为实现个性化教育而花费的学生费用、教师集体计划所需的时间成本、学校员工的薪酬，但所增加的最终预算应控制在每生不超过传统学校的10%

　　完善后的 10 项共同原则与早期的 9 项共同原则的区别在于：① 增加了第10 项共同原则。② 原有的 1—9 项共同原则除了原则 4 和 5 的标题基本不变

外，其他 7 项原则进一步提炼和完善了标题。③ 措辞更加精确，深化了部分共同原则的含义和要点，具体如下：原则 1 和 2 的具体内容没变；原则 3 的措辞更为精确，将"青少年"明确修改为"学生"；原则 4 的具体内容增加了"每位小学教师负有直接责任的学生不应超过 20 名"；原则 5 删除了具体内容中的"激发"；原则 6 的标题和具体内容变化最大，特别是具体内容，修改后明确了评价的内容、证据和毕业要求等；原则 7 明确了礼貌的特定含义，学校的协作者从父母扩大为家庭，且进一步强调家庭还是学校的重要成员；原则 8 明确了教师作为通才的含义和教师所承担的多种义务的性质；原则 9 扩大了学生费用的含义。

二、帮助学校对共同原则形成校本理解

对于要素学校而言，改革伊始最难的是如何基于本校的情境真正理解 10 项共同原则，对此，要素学校联盟及其机构为要素学校提供了多样化的专业支持。

（一）要素学校联盟提供的帮助

要素学校联盟为学校提供了多样化的专业支持[1]，这些支持大致可以分为两大类：一类是为要素学校提供丰富的资源。这些资源包括：① 为要素学校提供诠释 10 项共同原则的实践基准和组织基准，所有基准都给出了具体的"指标"，以在起步阶段帮助要素学校理解改革的理念和方向。② 创建了专门的网站，该网站持续发布要素学校建设所需的各类在线资源，分享正在改革的要素学校的鲜活案例。③ 创办名为《贺瑞斯》的杂志，杂志以专题的方式刊发与要素学校改革相关的议题，便于学校查阅和参考。如该杂志的第 3 卷以"学校的结构和设计"为专题，具体内容包括小规模学校的办学问题，新要素学校的改革如何起步，小学层面的要素学校的改革，学校设计中的公平问题等。

另一类是为要素学校提供实地指导或创造沟通平台。具体内容包括：① 要素学校联盟国家办公室和地方联络中心派出经验丰富的顾问，为要素学校的改革提供指导；有些地方联络中心为学校提供持续一段时间的跟进指导，比如为期一年的持续指导。② 除前述的组建一年一度的秋季论坛外，在要素

---

[1] CUSHMAN K. Ten by ten: Essential Schools that exemplify the ten common principles [EB/OL]. (2000-02-11) [2016-12-18]. http://archive.essentialschools.org/resources/89.html.

学校联盟的网站上组建在线讨论小组。③ 根据要素学校改革的需要，组建一些新的机构，以此提升某一方面的学校改革能力；如要素学校联盟国家办公室和密歇根区域中心组织了学校设计和领导力协会。

上述各种支持方式各有其价值和侧重点。以要素学校联盟网站提供的鲜活案例为例，这些案例能帮助学校理解，各要素学校在理解并试验共同原则的过程中，不是 10 项共同原则齐头并进，而是根据各校的实际有重点地试验其中的 1 项或某几项共同原则，以 1 项或几项原则的试验带动其他共同原则的理解和试验。对此，该网站曾就各项共同原则的理解选取了不同学校的案例，案例的选择基于对各校改革进展的了解，"由要素学校联盟国家办公室和执行委员会、要素学校联盟代表大会的代表、地方联络中心共同选出"①。从所选择的10 所学校的案例看，这些学校来自美国的不同州，各校对共同原则的理解和探究颇具地方性。如下以我国当前深化课程改革非常关切的共同原则——"少即多"和"实现个性化教育"为例，概述之。

（二）10 项原则在不同学校的应用

1. 强调"少即多"的德州奎斯高中（Quest High School）②

奎斯高中是一所位于休斯顿郊外的、新的小规模高中，招收九至十二年级学生，在校生共 170 名。该校对"少即多"原则的理解和实践，通过探究整合的、项目为本的课程得以体现。奎斯课程以整体设计的四年制"探索性基础"课程为核心，将艺术、人文、科学整合成 6 周项目为本的课程单元，由各学科教师共同设计和实施。课程按历史顺序整合之，重在引导学生深入研究课程内容，例如以古埃及单元为例，向学生讲解数学、科学概念是如何与古埃及的艺术、文化联系在一起的。社区服务是奎斯高中的项目之一，每周三上午是所有学生开展社区服务的固定时间。除了"探索性基础"课程外，学生还学习数学、高阶科学和西班牙语课程；如果学生需要额外的学术辅导，可参加名为"内容研讨会"的辅导。除了共同设计和实施课程外，教师们经常开展跨学科的对话，如开展课程设计会议，组建净友小组，进行交流、协商和反馈等。每个项目组由 25 个学生组成，项目组的老师作为学生学习的促进者，持续追踪记录每位学生的学习进展，根据每位学生的学习进展为其后续的学术和社会性发展提供具体的建议；与教师角色的转变呼应，学生要为自己学习的深度和广

---

① CUSHMAN K. Ten by ten: Essential Schools that exemplify the ten common principles [EB/OL]. (2000-02-11) [2016-12-18]. http://archive.essentialschools.org/resources/89.html.

② CUSHMAN K. Ten by ten: Essential Schools that exemplify the ten common principles [EB/OL]. (2000-02-11) [2016-12-18]. http://archive.essentialschools.org/resources/89.html.

度负相应的责任。经过三年的探究，奎斯高中的学生参加德克萨斯基本技能考试，考试结果表明：该校学生的阅读（从 73% 提高到 96%）、写作（从 88% 提升到 100%）和数学（从 53% 提升到 70%）成绩都有很大提升。由此表明，"少即多"的课程提升了学生的学习能力。

2. 实施"个性化教育"的旧金山社区学校 ①

该校是一所创建于 1972 年的另类公立学校（a public alternative school），招收幼儿园到八年级的学生，在校生共 280 名左右，其中 1/4 的学生是非英语为母语的学生；该校通过电脑派位招收周边城区的学生，偏爱招收有兄弟姐妹和来自低收入家庭的孩子。因学校规模小，故能实施创新的教学计划，具有灵活的组织结构，可以营造出支持学生实现高成就目标的家庭般的氛围。实施"个性化教育"的核心是学校的决策权毫无保留地交给全校员工，为此，学校每三年由全体教师推选一位同事担任校长（head teacher），主持学校工作，通过这样的管理改革，学校逐渐形成了非同一般的信任和理解氛围。教师们利用放学后的时间共同设计和研讨问题。大致安排如下：一周放学后，全校 13 名教师和一名特殊教育支援教师一起商讨学校发展的各种问题；另一周放学后，全校教师按学生的年级水平分成三个发展小组设计课程：K 至二年级组、三至五年级组、六至八年级组。这些发展小组为混龄的学生小组设计符合特定需要的课程；课程实施过程中，混龄小组的学生可以与一个小组的教师相处数年，这样的安排能为学生的发展提供丰富的学术多样性和挑战的基础。学校将一年的课程划分为四个九周课程单元，每个单元都为实现特定的学习目标服务。第一个和第三个九周课程单元被称作"家庭时间"，全校学生分成若干个混龄小组，每组由两个相连年级的学生组成，如四至五年级；一位老师和一个小组的学生一起合作两年，随着时间的推移，师生间创造了一种持续的个人联系。第二和第四个九周课程单元，每位教师设计一个跨学科挑战性项目，学生可以按照三个发展水平即 K 至二，三至五，六至八年级分组。如曾经的一个项目就是，学生创造并公开旧金山徒步游指南，指南中需要有完整的历史和科学的解释、地图、距离计算和图表等内容。随着课程的推进，每位教师大概能深入了解 100 位左右的学生，学校的氛围非常好，教师们经常说："这些就是我自己的孩子。"测试结果表明，该校每个年级的学生的测试水平都超过国家平均水平，尤其在写作方面成绩斐然。

---

① CUSHMAN K. Ten by ten: Essential Schools that exemplify the ten common principles [EB/OL]. (2000-02-11) [2016-12-18]. http://archive.essentialschools.org/resources/89.html.

（三）地方联络机构的持续专业支持

地方提供的支持包括工作坊、专业支持、争取学校改革所需的政策支持等。工作坊围绕着要素学校联盟的共同原则展开，新加入的要素学校就近参加专题工作坊；工作坊的学习结束后，教师们返校后实践在工作坊中所学的内容；教师的实践往往组织小范围的学生试行之，比如某个小组或某个班的学生。专业支持包括建立地方资源共享机制和网络，引导要素学校就 10 项共同原则展开持续深入的对话等。如以"地方资源共享机制"的建立为例，其核心在于建立学校之间互访和研讨的机制，学校之间的互访能从对方学校的改革行动中获得理解共同原则的灵感和思路，学校之间的共同研讨为深化共同原则的理解提供新平台。为了减少互访的费用，地方联络机构帮助就近的学校建立要素学校的地方网络，加入地方网络的学校之间既可以互访和共同研讨，也可以共享有关资源。要素学校的改革不是修修补补的局部改革，而是学校的重新设计和深度变革，这样的改革亟待州政府提供经费和政策的支持，对此，地方联络中心根据学校改革的需要和州政府沟通，尽可能为要素学校的改革争取相应的经费和政策支持。

后续的研究表明，在地方支持中，工作坊并不是最有效的[1]，真正有效的是后两类支持，尤其是学校之间的讨论和交流特别有效。工作坊之所以不是最有效的，是因为工作坊的主题是中心办公室决定的，中心办公室邀请专家就所选的主题开展工作坊，因此，要素学校只能在工作坊期间获得相应的启示和帮助，工作坊结束后无法得到连续的支持和帮助。

三、要素学校为理解共同原则做出的努力

赛泽创立要素学校联盟的本意旨在改革美国的中等教育，因此，早期加入要素学校联盟的主要是初高中。随着改革的推进，加入的学校范围扩大到 K 至十二年级。为此，如下选择高中和小学各一所，诠释学校自身对理解共同原则所做的努力。

（一）一所高中为理解共同原则做出的努力

任何一所高中都有其独特的发展历史和未来的发展需要，因此，每所学校

---

① CUSHMAN K. What works, what doesn't: lessons from Essential School reform [J]. Horace, 1993, 9(2): 5.

为理解共同原则所做出的具体努力是不同的，但做出努力的思路有一定的共性。据此，如下以亚利桑那州塞多纳红岩中学（Sedona Red Rock High School）为例，阐述该校为理解共同原则做出的努力。

> 红岩中学是 1994 年即将创办的一所新学校。在学校筹建过程中，李尔（Rick Lear）校长安排了家长、学生、社区成员参与的讨论小组，讨论 14 个主题。每个主题被安排了三个备选时间，以便能让尽可能多的相关人员参与，每次讨论以如下问题结束："我们的观点能对高中的设计和运作提供哪些启示？"讨论主题如下，大致分为三大方面：
>
> 目标、价值观、标准：① 哪些方面将是我们对我校的毕业生感到最为自豪的？我们对他们的期望是什么？② 什么是有力的学校？我们将之融入到学校中去？③ 毕业和毕业展，工作和未来的机会。④ 标准：怎样的好才是真正的好？
>
> 范例性的学习活动：① 英语和社会苏研究：苏格拉底研讨；② 数学和科学：复杂问题；③ 整合的课程；④ 思考和解决问题。
>
> 专题：① 利用社区：实地学习，指导，服务学习的成人志愿者；② 父母、教师和个性化教育；③ 新技术：可能性与现实性；④ 课外活动：俱乐部和体育运动；⑤ 学校名称、吉祥物、颜色等，学校治理和运作；⑥ 课程设计。[①]

从该案例不难看出，红岩中学以共同体的讨论作为理解共同原则的努力方式；通过将相关共同原则转化为上述 3 方面 14 个主题的讨论，家长、学生、社区人员和学校员工一起为理解共同原则做出努力。

（二）一所小学为理解共同原则做出的努力

20 世纪 90 年代左右，小学逐渐加入要素学校联盟；到 2010 年左右，加入要素学校联盟的小学大概占其总体的 20% 左右，且数量仍在增加。[②]小学加入要素学校联盟数量增加的原因大致有二：其一是小学面临的政策压力越来越大，这些压力主要来自美国推行的新保守主义的教育改革政策，这些政策强

---

① CUSHMAN K. Starting a new Essential School: what it shows about change [EB/OL]. (1994-10-11) [2016-12-18]. http://archive.essentialschools.org/resources/79.html#sidebar1.
② CUSHMAN K. What makes an elementary school "essential" [EB/OL]. (1997-11-11) [2016-12-19]. http://archive.essentialschools.org/resources/25.html.

调标准化考试，教师的自主性被进一步剥夺。其二是美国很多州的要素高中认为，高中阶段若要真正践行 10 项共同原则，那么，小学阶段就应致力于此，毕竟学生的成长过程是一个连续体。

要素小学到底如何理解 10 项共同原则，对此，与要素高中类似，不同学校基于自身的需要会形成多样化的理解，且每所要素小学会选择与本校关系最密切的原则切入并理解和践行之，如有的要素小学从学生角色的转变切入，有的则从课程重建入手，等等。如下以尔斯小学（Earth School）为例，概要阐明之。尔斯小学是一所位于纽约下东区的另类公立小学，该校以做中学和向来访者展示学校的方式，诠释要素学校联盟的共同原则。做中学的方式主要体现在该校对课程整合的探究中，根据对共同原则的理解，该校的课程整体设计如下：

> 尔斯小学设计的课堂研究致力于解决儿童在每一年龄段的关注点和好奇心，使儿童理解信息变化和提问的能力发展得更加多元。幼儿园到小学总共设八个年级，课程以两个年级的社会研究主题为整体单位连续设计之，这些主题源自学生身边的人和环境。通过深入调查一个主题，孩子们的各种能力得以锻炼。从整体看，各年级之间的课程以稳步推进的方式设计之，而非只是混乱的、支离破碎内容的混杂物，具体如下：
>
> 幼儿园前到幼儿园阶段：儿童的世界，该主题包括"教室里的我""学校中的我"和"社区里的我"。
>
> 一至二年级：城市里的孩子。孩子可能会调查研究游乐场、中央公园、桥梁、工厂、动物园、农产品市场、房地产或南街港口。
>
> 三至四年级：很久以前的曼哈顿岛。儿童研究德拉瓦族（the Lenape）印第安土著人的历史和环境，以及新阿姆斯特丹的交易。
>
> 五至六年级：美国的自由与正义。研究殖民时期、人权法案的重建时期、公民权利，或其他国家的移民。[1]

在实施上述课程的过程中，教师真正体验到诸如"学生即活动者、教师即辅导者""首先将教师视作通才，其次才是学科专家"等共同原则。此外，尔斯小学还以做中学的方式改变对学生的评价，该校运用原始语言记录（primary

---

[1] CUSHMAN K. What makes an elementary school "essential" [EB/OL]. (1997-11-11) [2016-12-19]. http://archive.essentialschools.org/resources/25.html.

language record）、美国田园教育学者卡利尼（Patricia F. Carini）等人提出的儿童描述性评论等丰富研究和记录儿童的成长，以此践行对儿童的真实性评价。

尔斯小学"向来访者展示学校"的方式，意在通过来访者眼中看到的关于尔斯小学践行共同原则改革的证据，帮助学校进一步反思和加深对共同原则的理解和实践。

尔斯小学给来访的访客一份简要的学校的清单，清单中诠释了学校的办学理念，并请访客在参观过程中寻求孩子们是如何学习的证据。例如：清单上提示，关于如下内容"你看到的证据"有：

(1) 工作中的小读者、小作家、小数学推理家？

书籍以邀请的方式排列在教室里，易于取出并放回；

各种各样的书（小说类和非小说类、参考书、内容浅显的和内容有难度的、学生自制的图书）；

工作中的话语（贴在教室的墙上，贴在教室物品上的标签）；

图表和其他数学工作的展示材料，这些材料能帮助儿童理解数学概念。

(2) 显示课堂研究的深度和统一性的主题？

工作于共同焦点中用到的书籍、图表、学生作品；

显示该共同焦点与学生持续探究过一段时间的大型项目之间的关联的美术作品、烹饪、乐曲；

在社区和城区旅行的照片、艺术作品、经典书籍。

(3) 儿童独立工作？

教室里每位儿童的独立存储空间；

儿童能独立工作的空间；

张贴在教室里的日程表，这样，儿童能知道每天干些什么；

学习用品的存放，以便儿童能拿到他们工作中所需的用品。

(4) 儿童合作工作？

全班坐在一起讨论的教室空间；

儿童小组一起工作用的桌子；

班级工作图表；

高年级的孩子帮助低年级的孩子；

孩子们互相帮助解决问题。

(5) 孩子们做出选择？

同时进行的各种活动；

邀请儿童探索和发现的材料（如计算机）。

(6) 教师支持和拓展儿童的努力？

儿童的作品以吸引人的方式张贴在教室的墙上；

小组和教师一起工作于富有挑战性的专题；

展示个性化作业的文件夹、笔记本或其他材料；

教师提问、鼓励和表扬孩子。①

不论是要素高中还是小学，其对共同原则的理解和践行都受到美国教育改革政策的影响，尽管如此，对于儿童身心健康成长而言，沿着共同原则变革学校仍是一条阳光大道。

第三节 要素学校联盟的课堂实践基准

为了将要素学校的设计落到实处，根据 10 项共同原则，要素学校联盟全国代表大会工作组于 1998 年提出了要素学校联盟的实践基准，包括课堂实践基准（classroom pracrices benchmarks）和组织实践基准（organizarional pracrices benchmarks）。② 本节主要讨论课堂实践基准。课堂实践基准主要描述了 "要素学校的课堂是什么样的"，具体包括 7 项，分别是文化回应教育学（culturally responsive pedagogy）、差异教学（differentiated instruction）、要素问题（essential questions）、心智习性（habits of mind and heart）、跨学科课程（interdisciplinary curriculum）、表现性评价（performance–based assessment）、学生中心的教与学（student–centered teaching and learning）。③ 为了帮助要素学校理解和评价课堂实践基础改革的程度，要素学校联盟提出了描述课堂实践基准实施程度的整体描述框架（见表 5–2），且对各阶段都提出了具体的描述指标；从框架的内容看，这是一个富有弹性、包容性的框架，便于学校基于自身的基础和理解运用之。这 7 项大致可以分为三大类：教育学、课程与教学、评价。

---

① CUSHMAN K. What makes an elementary school "essential" [EB/OL]. (1997–11–11) [2016–12–20]. http://archive.essentialschools.org/resources/25.html.
② CUSHMAN K. Essential School structure and design: boldest moves get the best results [EB/OL]. (1999–12–11) [2016–12–20]. http://archive.essentialschools.org/resources/157.html.
③ CES. Benchmarks [EB/OL]. [2016–12–20]. http://archive.essentialschools.org/items/5.html.

表 5-2　课堂实践基准的整体描述框架 [①]

早期阶段	学习和规划该项实践已成为教师的重要事务
发展阶段	该项实践体现在教师的规划和教学中
变革阶段	该项实践体现在学生的学习结果中

一、教育学及其相应的基准

　　该类主要指文化回应教育学，是从教育学意义上提出面对生源多元化、课堂教学如何做出应对。对课堂中的多元文化及其引发的教育教学问题的关注源自 20 世纪 70 年代，当时课堂教学中的主流文化是白人文化，与此相应，非裔、亚裔等非主流文化群体的子女因语言、文化、信仰等差异，被主流文化边缘化。在关注到多元文化引发的教育教学问题的基础上，一些学者提出了文化回应教育学课题，如美国威斯康星 – 麦迪逊大学学者雷德森 – 比灵斯（Gloria Ladson–Billings），将文化回应教育学界定为"一种通过赋予文化以知识、技能和态度，提高学生认知、社会性、情感和政治性的教育学"[②]。对多元文化、各血统生源的一视同仁是要素学校联盟的共同原则所倡导的，为此，该联盟吸纳了雷德森 – 比灵斯等人关于文化回应教育学的相关研究，并进一步提出："文化是学习的中心，它不仅在沟通和接收信息过程中扮演重要角色，而且在发展群体和个体的思维过程中发挥作用。一种认可、回应和庆祝各种文化的教育学，为不同文化的学生提供全面、公平的教育机会，并使学生适应多元社会的生活。"[③]要素学校联盟还明确了"多元"指涉的范围：社会经济地位、种族、性别、文化、性取向、宗教、能力、年龄。

　　上述表 5-2 中提出的整体描述框架，其各阶段的具体含义及其相应的描述因各项内容而异。这里以文化回应教育学为例概述之（见表 5-3），后续各项课堂实践基准各阶段的具体描述不再赘述，如有兴趣，请读者自行参阅相关内容。

---

① CES. Coalition of Essential Schools benchmarks [EB/OL]. [2016-12-20]. http://www. essentialschools.org/pub/ces_docs/schools/benchmarks/benchmarks.html.

② LADSON-BILLINGS G. Libratory consequences of literacy: a case study of culturally relevant instruction for African American students [J]. The Journal of Negro Education, 1992, 61(3): 382.

③ CES. Coalition of Essential Schools benchmarks [EB/OL]. [2016-12-21]. http://www. essentialschools.org/pub/ces_docs/schools/benchmarks/benchmarks.html.

表 5-3 "文化回应教育学"项各阶段及其基准描述 ①

早期阶段： 学习和规划该项实践已成为教师的重要事务
基准描述： ①学校员工的发展已经基于或围绕文化回应教育学展开，始于其对个人态度和信念的自我反思；②学校员工开始发展欣赏多样性的观点，视多样性为常态；这需要尊重差异，并愿意从该角度开展教学

发展阶段： 该项实践体现在教师的规划和教学中
基准描述： ①学校员工的发展已基于或有计划地在其中探究他们自身的个人历史和经验，以及同事和学生的个人历史和经验；②学校员工了解不同群体的历史和经验，据此理解不同的历史经验塑造了不同群体的态度和视角。通过了解其他群体，教师开始看到自身的价值观和他人之间的差异；③学校员工访问学生的家庭和社区，据此将学生视作与复杂的社会和文化网络相联系的社会和文化的存在。此外，这些访问旨在帮助员工洞察学生的态度和信念，学会看到学生是如何利用社区资源促进自身教育成长的；④员工理解历史上整个教育系统是如何培养特定群体的学生达成学习成就的，学校单一的文化价值观已造成了课程发展和教育实践中的偏见，这些偏见不利于来自多元文化群体学生学习成就的达成；⑤教师通过在课堂实践和教学材料中引入支持学生文化认同的各种材料，使学生的文化身份合法化

变革阶段： 学生的思维和工作体现多元社会所需的知识、技能和价值观的深度
基准描述： ①文化回应教学运用文化知识、已有经验、不同学生的表现风格，以使学习对不同学生更为合适和有效，是一种基于并增强学生优势的教学；②文化回应教学承认不同种族、民族、阶级、宗教和性别群体的文化遗产的合法性（语言、历史、传统），这些文化遗产既作为影响学生的性格、态度和学习方法方面的遗产，也作为在正式课程中教授的有价值的内容。文化回应教学建构并拓展学生的社会资本，它为学生提供了不同的例子，如建立代际关系；③文化回应教学是建立家庭经验与学校经验、抽象的学术研究与鲜活的社会文化现实、学校经验与青年文化之间的有意义桥梁；④特定的文化回应教学实践包括反歧视教育、对学生家长和家庭的文化和语言多样性持积极观点、教学生认识与赞美自己和他人的文化遗产和历史贡献的文化、传递高期望、运用与各种学习风格相联系的多样化积极教学策略。文化回应教学在学校所有科目的常规教学中融合了多元文化信息、资源和材料；⑤文化回应教师通过赋予文化以知识、技能和态度，提高学生的认知、社会性、情感和政治学习能力。这些教师不仅认识到学术成就的重要性，而且也意识到保持文化身份和遗产的重要性；⑥文化回应教学创造具有如下特征的课程：邀请学生探索复杂的身份、考虑种族的经验、分析被拒的情形、权力、特权、社会阶层化，呈现非常复杂的各种各样的群体，准确、全面地探讨历史；⑦学校共同体使用语言习得的最佳实践，以支持学生英语和母语方面的学术发展；⑧文化回应教学是变革性的，它涉及帮助学生发展所需的知识、技能和价值观，以成为可以做出反思性决策，并践行有效的个人、社会、政治和经济行为的社会评论家；⑨文化回应教学引导学生理解，没有单一版本的"真理"是完整的和永恒的，该版本并非是规定主流认知和创造意义的唯一方式。相反，该版本就某一情形或想法提出了多种观点，并支持学生全面了解各种观点。文化回应教学是反对和超越传统认知方式的一种运动，正是这种运动使教育成为自由的实践

---

① CES. Coalition of Essential Schools benchmarks [EB/OL]. [2016-12-21]. http://www.
essentialschools.org/pub/ces_docs/schools/benchmarks/benchmarks.html.

表 5-3 清晰地给出了不同阶段文化回应教育学的具体描述，各要素学校可以根据不同阶段的描述，自我评价本校践行文化回应教育学的程度和深度，据此找到继续努力和深化的方向。

二、课程与教学及其相应的基准

课堂实践基准的"课程与教学"方面主要涉及要素问题、跨学科课程、差异教学、学生中心教与学。

（一）要素问题

要素问题是显现学校课程和学科课程的大观念（Big Ideas）的各种问题，旨在促进每位学生的成长，尤其是诸如批判性思维等高级思维的发展。据此，要素问题与心智习性的养成密切相关。要素问题是学校课程开发的起点，体现在学校课程的各个层面，在学校课程、学科课程、学期课程、每门课程的各个单元等中都包含着要素问题。

展现学校改革中要素问题程度的阶段描述如下（见表 5-4）：

表 5-4 "要素问题"课堂实践基准的整体描述框架 [1]

早期阶段	在引领学习方面，要素问题的重要性已从领导转向了学校员工
发展阶段	以要素问题指导课程规划，在课堂中随处可见
变革阶段	学生与成人工作中所反映的、受要素问题促进的、深度高级思维的程度

从要素问题的角度看，学校课程开发的重点在于能够提出要素问题，而非论述明确、固定的答案。以纽约中央公园东校（Central Park East Secondary School）为例，该校用以形成学校课程的要素问题如下：

在任一课程中，学生都会学着提出和回答如下问题：
① 我们是从谁的角度观察或阅读或倾听的？是从什么角度或视角？
② 我们如何知道我们什么时候知道？证据是什么，这些证据有

---

① CES. Coalition of Essential Schools benchmarks [EB/OL]. [2016-12-22]. http://www.essentialschools.org/pub/ces_docs/schools/benchmarks/benchmarks.html.

多可靠？

③ 事物、事件或人之间是如何相互联系的？这样联系的原因是什么、有何结果？它们如何结合在一起？

④ 新想法是什么、旧观念是什么？我们以前遇到该事物时是怎么考虑的？

⑤ 还有什么？为什么重要？这一切都意味着什么？[1]

从上述要素问题来看，要素问题旨在实现美国学者布卢姆提出的认知领域的高水平目标，包括分析、综合、评价等。以该校开设的美国历史课程为例，假如该课程以"移民"作为核心，那么对于该课程而言，聚焦于学生高级思维发展的要素问题可以这样提出："至少现在，这是谁的国家？"以此为据，指引学生开展研究的单元层面的问题可以设定为诸如"什么因素促使人们离开自己的家园、来到这个国家？"或"这些因素有种族差异吗？"对于这些问题，结合上述学校课程层面的五类要素问题，从政治、经济、社会力量等角度深入探究之，通过这样的探究，学生的批判性思维能力才有可能得以发展。

（二）心智习性

心智习性旨在回答致力于发展学生心智习性的学校、课堂等看起来是怎么样的。为了发展每位学生的心智习性，要素学校的所有工作都应紧扣学生的心智习性展开。这些工作包括课程规划、教师的教学组织、学生的学习活动、学习成效的评价等。对此，要素学校联盟同样用早期、发展、变革三阶段，整体描述并判断要素学校的课堂心智习性体现的程度（见表5-5）：

表 5-5 "心智习性"课堂实践基准的整体描述框架 [2]

早期阶段	围绕心智习性进行整体规划，已从领导转向了学校员工
发展阶段	教师的工作体现了将心智习性嵌入到学生的学习中作为重点
变革阶段	学生的思维和工作体现心智习性

要素学校所指的心智习性包含认知发展和情感发展方面的习性。认知习性

---

[1] CUSHMAN K. Asking the essential questions: curriculum development [EB/OL]. (1989-12-12) [2016-12-22]. http://archive.essentialschools.org/resources/122.html#figure1.

[2] CES. Coalition of Essential Schools benchmarks [EB/OL]. [2016-12-22]. http://www.essentialschools.org/pub/ces_docs/schools/benchmarks/benchmarks.html.

旨在发展学生的批判性思维能力和创造性思维能力的思维方式；这些思维方式有助于学生提升自主学习能力。特别需要指出的是，认知习性不是某种思维工具，而是运用各种思维工具实现指向批判性思维和创造性思维提升的认知倾向。情感习性指发展学生的社会情绪情感性向的集合体，这些情感倾向帮助人们提升关心、认同、欣赏和尊重他人的情感和权利，懂得如何看待周围世界。

（三）跨学科课程

要素学校旨在提升每位学生的心智习性，引导并帮助每位学生更好地运用心智解决真实世界的复杂问题。这些复杂问题涉及不同学科的知识，需要运用相互联系的学科知识探究和解决之。据此，突破传统学科对于知识的人为分割，建立学科之间的有机联系，是要素学校联盟实施课堂改革的一大任务。该任务的核心在于建立跨学科课程，所谓跨学科课程就是从学校整体设计的要素问题出发，将不同学科或多个学科整合成一个项目；或跨越学科边界，将学校课程组织成一个有意义的整体。

要素学校联盟同样用早期、发展、变革三阶段，整体描述并判断要素学校的课堂跨学科课程体现的程度（见表5-6）：

表 5-6　"跨学科课程"课堂实践基准的整体描述框架 [①]

早期阶段	围绕心智习性对跨学科课程进行整体规划，已从领导转向了学校员工
发展阶段	教师的工作体现了以创建跨学科课程作为重点
变革阶段	学生的思维和工作体现了对跨学科关系和思想的理解

前述第一节中提到的尔斯小学的课程整合案例，即是小学实施跨学科课程的案例。相比较小学而言，高中实施跨学科课程的难度更大；考虑到学生的升学问题，高中课程以分科课程为主，加之担心实施跨学科课程可能会导致学生的学科基础不扎实，因此，高中探索跨学科课程需要做出更多努力。如下以加州旧金山半岛的帕赛菲卡城镇的奥希阿纳高中（Oceana High School in Pacifica）为例，简要介绍该校在此方面做出的富有启发意义的跨学科课程探究。

---

① CES. Coalition of Essential Schools benchmarks [EB/OL]. [2016-12-23]. http://www.essentialschools.org/pub/ces_docs/schools/benchmarks/benchmarks.html.

架起高中科学和人文之间的桥梁：4 年计划

奥希阿纳高中九年级和十年级的所有学生都要求修习一个为期两年的科学计划，该计划将物理、化学、地球科学、生命科学的主要概念和相应的学校人文课程相联系。整合后的第一年科学课程命名为"演变与变化的样式（Patterns of Evolution and Change）"，与之相应的人文课程命名为"文化样式（Patterns of Cultures）"。第二年的科学课程的主题为"科学贯穿始终"，与之相应的课程主题是"人们如何管理自己？"

第三年的主题是美国梦，该校学生通过提出如下总问题"科学共同体已对美国梦做出了哪些贡献？"研究了物理、化学、地球科学、生命科学中的基本原理；与此同时，人文课程通过政治、社会历史和文学探索美国梦。最后，第四年的主题是"权力和美好生活"，以此连接科学和人文课程；那些对科学和数学领域都感兴趣的学生，可能会集中调查研究某一专门领域。

奥希阿纳高中为每一年级的学生阐明了具体的课程目标，该目标旨在展示学生完成该年级课程后的掌握程度。这些目标既涵盖了传统的科学技能：实验方法、测量、科学数据的记录，等等；也包括了跨学科课程目标，譬如，学生必须能够用科学知识写作和口头交流，他们必须意识到科学技术中的伦理问题，他们必须能够评估科学研究中的方法及其结论的准确性和误差来源。令人惊讶的是，这些目标中还包括了具体的日常目标：学生必须做一项发明，解释飞机和影印机是如何工作的，运用电脑中的电子表格软件。一直以来，这些目标本身模糊了学科之间的界限；第四年的科学目标之一是要求学生理解政府是如何运用技术变得强大，并且有能力维护或恢复权力和秩序。①

从奥希阿纳高中的跨学科课程探究看，该校首先明确了跨学科课程的目标，目标本身是具体的、适合本校学生发展的，而且也整合了传统的学科课程目标。基于目标，该校整体规划了高中四年的跨学科课程，每年的跨学科课程以特定的主题整合之。

---

① CUSHMAN K. What's essential? integrating the curriculum in Essential Schools [EB/OL]. (1993-10-12) [2016-12-23]. http://archive.essentialschools.org/resources/151.html#sidebar4.

（四）差异教学

差异教学是要素学校基于对学生的不同背景、知识准备、语言、学习偏好和兴趣的认知，并据此做出回应的一系列教学策略。如能有效实施，差异教学能满足同一班级中不同能力、不同学习风格学生的学习需要。为此，差异教学基于不同学生的具体需要实施教学，而非就同一教学内容用整齐划一的方式实施教学。

要素学校联盟同样用早期、发展、变革三阶段，整体描述并判断要素学校的课堂差异教学体现的程度（见表5-7）：

表 5-7　"差异教学"课堂实践基准的整体描述框架 [①]

早期阶段	日常实践中，有效差异教学的关键需要已从领导转向了学校员工
发展阶段	教师的教学规划与教学策略体现了对差异教学最佳实践的理解
变革阶段	学生的学习结果体现了高度的复杂性

对于学生素养的提升，传统教学往往无法兼顾学生的个体差异，由此导致一些学生在课程学习中因自身差异无法被兼顾而成为学习中的沉默者。为此，西部教育战略素养计划（WestEd's Strategic Literacy Initiative）通过实施差异教学来提升初高中生、社区学院学生的素养。如下以该计划中的一个案例，简要诠释差异教学的实施。

学术素养：意识、技能、内容

（实施差异教学）一年期的"学术素养"课程看起来是什么样的？如下案例由参与西部教育战略素养计划的一位教师提供，该案例运用了建基于相互联系的三个长单元来阐释如何实施差异教学，具体内容如下：

从九月到十一月，该课程的重点是"阅读自我和社会"——发现和探究每位学生感兴趣的书面材料，同时建构和反思新的阅读技能和策略。例如，学生们可能会：①挑选一本书，持续默读并撰写体现阅读内容和过程的阅读日志；②学生自身以读者的身份起草并修改

---

① CES. Coalition of Essential Schools benchmarks [EB/OL]. [2016-12-24]. http://www.essentialschools.org/pub/ces_docs/schools/benchmarks/benchmarks.html.

书面反思。

在接下来的几个月，学生们开始"阅读媒体"——学习如何通过文本的修辞、符号和建构来分析和思考。例如，他们可能会：① 看看模棱两可的报纸标题（如"小孩制作营养小吃"），以理解文本的架构和效果；② 分析旨在针对特定群体的广告，并制作自己的广告。

最后几个月，学生们转而"阅读历史"——学习某一特定领域的初级和中级文本，并运用所学的新策略理解文本。例如，他们可以：① 挖掘自己已有的知识和经验，与研究主题建立联系，在历史中建构背景知识。② 使学生通晓他们在历史领域中可能期望有所发现的说明文本③ 帮助学生理解：历史是一种解释性事件，而非仅仅是收集关于事件的事实。[①]

从该案例可以看出，该案例主要通过明确与学生相关联且又逐渐深入的课程重点和目标，让学生根据自身的兴趣和偏好，自主选择阅读材料、运用个性化的策略达成可能的学习目标。

（五）学生中心教与学

学生中心的教与学以学生自身的需要、能力、兴趣和学习风格等为据，设计课程、实施教学。其教育学假设是，教师是辅导者，学生是自主学习者；在与传统教学迥异的师生角色定位下，学生真正承担起主动学习的职责。学生中心的教与学和差异教学的区别在于，前者是针对传统教学，以成人的需要和兴趣等设计课程和实施教学，后者旨在满足学生个性化发展的需要。

要素学校联盟同样用早期、发展、变革三阶段，整体描述并判断要素学校的课堂学生中心教与学体现的程度（见表5-8）：

表5-8 "学生中心教与学"课堂实践基准的整体描述框架[②]

早期阶段	学生中心的教与学的学习和规划实践已成为教师的重要任务
发展阶段	学生中心的教与学实践体现在教师规划和教学中
变革阶段	学生中心的教与学体现在学生的学习结果中

① CES. Equity Drives Essential Schools' push for adolescent literacy [EB/OL]. (2001-08-11) [2016-12-24]. http://archive.essentialschools.org/resources/164.html#1.

② CES. Coalition of Essential Schools benchmarks [EB/OL]. [2016-12-25]. http://www.essentialschools.org/pub/ces_docs/schools/benchmarks/benchmarks.html.

波士顿伊汾内学院（Boston Evening Academy）是波士顿的一所高中，该校希望所有学生对所学内容形成深度的理解。为此，该校设计项目指引学校实施学生中心的教与学。如下以该校的造船工程项目为例，简要阐明之。

造船工程项目

噢耶，伙计！你这学期的挑战是设计一艘能载你的船。除非你想湿身，最好还是造一艘可靠的好船！每位学生将设计一艘小船，并创建一个小纸板模型。10月20日，我们将测试船，看看哪一艘船的承重最重。比赛的获胜者将获得一份激动人心的奖品！然后这个班将建造那条船。最后的测试将是把船放在水中试航，且有人乘坐其中。

为了提高波士顿伊汾内学院的学术水平，学生必须具备5项素养：数学、科学、人文、技术和个人发展。达到科学素养所需的基准包括思维技能和习惯。在科学素养方面，本学期旨在达成如下基准：

(1) 设计过程

提出一个指定问题或挑战的设计，实施一个符合设计限制的解决方案，交流问题、过程、原理和解决方案。

(2) 数据和结果

采用科学的测量方法，观察，运用Excel建构数据表，简要地汇总结果。

(3) 材料和方法

进行实验，实验过程的沟通，确定变量，为变量下操作性定义，设计与记录方法相适应的研究方案并解释数据。

(4) 内容

物理——流体力学：密度、压力、浮力、阿基米德原理、水的位移，准确地使用科技词汇、符号和模型，在写作和口头交流中展示对科学概念的理解，确定科学概念和真实生活的联系。

(5) 团队建设

和其他同学一起造船。[①]

从该案例看，为了试验学生中心的教与学，伊汾内学院不仅用吸引人的方式发布项目通知，而且提出了非常具体明确的目标，除了上述的科学素养外，

---

① CUSHMAN K. What makes for powerful learning? Students tell their own experiences [EB/OL]. (2000-06-11) [2016-12-25]. http://archive.essentialschools.org/resources/205.html.

对其他素养同样提出了具体的目标。

三、评价及其相应的基准

评价主要指表现性评价。表现性评价指通过对学生开展的项目研究过程及其作品等多样化的学习过程和结果进行价值判断的过程，旨在考察每位学生的思维能力、创造能力、实践能力、口头表达能力和书面表达能力等。要素学校联盟所倡导的表现性评价不是一种单一的评价方法，而是一种以质性评价为主的评价新取向。表现性评价的重点在于学生能否进行持续深入的深度学习，譬如能否像历史学家那样思考，像数学家那样解决问题，像科学家那样开展实验研究，批判性地解读文学作品等，并能用书面或口头语言清晰地表述或表达之。

要素学校联盟同样用早期、发展、变革三阶段，整体描述并判断要素学校的课堂表现性评价体现的程度（见表5-9）：

表5-9 "表现性评价"课堂实践基准的整体描述框架[①]

早期阶段	对表现性评价的学习和规划已成为教师的重要任务
发展阶段	教师开发的评价方法体系旨在促进而非干扰学生的学习
变革阶段	学生的工作体现了所学内容掌握程度的展示

在该整体描述框架的基础上，要素学校联盟提出四种主要的评价类型：测试、作品或项目评价、对学生表现的评价、过程技能的评价；并明确了与各种类型相应的评价内容、评价工具、评价标准等。下面以纽约的阿德菲学院（Adelphi Academy）对表现性评价的实践为例，简要阐明之。阿德菲学院是纽约的一所私立学校，招收PK至十二年级的学生。

跨学科的最终表现

你想了解拉丁美洲面临的各种问题：贫穷和文盲，人满为患，地震和政治不稳定（对，就是战争）。拉丁美洲能解决这些问题吗？美国能否帮助拉丁美洲解决呢？这些问题背后的成因是什么？对此，我

---

① CES. Coalition of Essential Schools benchmarks [EB/OL]. [2016-12-25]. http://www.essentialschools.org/pub/ces_docs/schools/benchmarks/benchmarks.html.

们需要理解的一个关键主题是该国的国土本身。我们将组建三个专家团队，探究三个关键领域：① 什么力量造就了这片国土？② 其资源是什么？③ 为什么人们居住在他们劳作的地方？

每个小组都需要达成总体的专门要求，对于各团队的探究及其最终的展示，我们提出的期望如下：

表 5-10　团队成就评价表

A 等：①每位团队成员都能很好地理解所有材料；②每个团队都能有效地教会班级中的其他同学；③所有图表和地图是有效并吸引人的；④小组能有效利用课堂时间；⑤每位成员都参与其中；⑥在团队中，成员之间能相互提出好问题；⑦每个团队能对其他团队的展示提出好问题
B 等：能基本完满地完成上述所有项目
C 等：①无法完成上述中的某一项；②团队中有一至两位成员离开，或图表/地图不完整、凌乱、不准确，或在课堂中完成任务时团队成员无法呆在一起
D 等：①你们团队不知道自己在做什么；②省略了所需的地图或图表；③你们团队不怎么教班级同学；④你们的着装滑稽

第 1 团队：什么力量造就了这片国土？

（1）你们团队应为如下内容开展详细而有指导性的工作，并理解这些图表的含义。对此，你们可以展示什么？

示意图展示地表以下地貌（火山、海沟等）的横剖面图，显示地球历史上地球板块运动的地图，尤其是关于拉丁美洲的板块运动。

（2）你们团队需要研究完成的任务有：

为什么在拉丁美洲会有山脉和火山？（为什么拉丁美洲高地遍布，而非洲几乎是整片高原？）这片土地上有哪些自然灾害？为什么会有持续地震的威胁？为了适应这种自然灾害，已采取或应采取的措施有哪些？南北美洲之间的大陆桥是怎样形成的？在拉丁美洲，地球板块运动如何影响动植物的迁徙？地球如何产生这些巨大运动所需的能量？

第 2 团队：其资源是什么？

（1）你们团队必须找到答案并回答以下内容：

这片土地上有哪些动物、蔬菜、矿产资源？（有油吗？）耕种的土地有多富有？有足够的水吗？拉丁美洲人主要依靠什么食物生存？在拉丁美洲的不同地方，人们是否经常食用某些特定的食物？

为什么该国分布这种植被？或者拉丁美洲和非洲位于同一赤道线和纬线上，为什么其气候像或不像非洲那么干燥？

其季节与北美有何不同？

拉丁美洲的鸟类和植物与非洲有何不同？为什么它们能相互适应？它们存有差异吗？拉丁美洲特有的植物有何特殊用途？

(2) 你们小组需要制作并能够讨论如下地图或图表的含义：

① 拉丁美洲的植被 / 气候区；② 影响拉丁美洲气候带的大气环流和重要洋流；③ 统计的平均降雨量；④ 水文循环；⑤ 重要的资源及在哪里能找到。

第 3 团队：为什么人们居住在他们劳作的地方？

(1) 你们团队负责研究如下内容：

居住在拉丁美洲的最初的社会（和最初的移民）在哪里？为什么在那里？人们是如何迁移到拉丁美洲的？这些人可能来自非洲吗？

1800—1850 年期间的拉丁美洲人大概生活在哪里？哪些群体生活在那里？为什么？（请特别考虑整个西印度群岛和所有拉丁美洲人的群体 / 种族）

今天的拉丁美洲人住在哪里？为什么？当今居住在拉丁美洲的团体 / 种族有哪些？这些不同语言群体 / 种族的人住在哪里？这对拉丁美洲国家的发展有什么影响？

(2) 你们团队必须能够制作并充分解释如下内容：

上述三个问题中每一问题的人口图。如果你们认为有必要或需要一个明确的覆盖，问题 3 可能需要一个以上的地图。[①]

上述案例呈现了跨学科探究中实施的表现性评价，包括评价标准和评价内容，尤其是评价标准，既明确又富有弹性，如评价等级 C 等中的第一项"无法完成上述中的某一项"就是如此。

第四节 要素学校联盟的组织实践基准

要素学校联盟的另一类实践基准是组织实践基准，该基准是支持和协助

---

① CUSHMAN K. Performance and exhibitions: the demonstration of mastery [EB/OL]. (1990-10-12) [2016-12-26]. http://archive.essentialschools.org/resources/123.html#figure1.

课堂实践基准顺利实施的学校组织管理改革的样貌。同样包括 7 项，分别是机会和中学后准备（access, opportunity, and post-secondary preparation）、家庭参与和社区伙伴关系（family engagement and community partnerships）、持续性学校改进（continuous school improvement）、公平和信任的校园文化（culture of fairness and trust）、为公平的结果最大化资源（maximizing resources for equitable outcomes）、专业学习共同体（professional learning community）、变革型领导（transformational leadership）。这 7 项大致可以分为三类：学校的文化氛围和资源、学校内部的专业支持、学校外部的力量。

一、学校的文化氛围和资源及其相应的基准

这类主要包括机会和中学后准备、公平和信任的校园文化、为公平的结果最大化资源。该类所包括的三项，除了后两项能看出明显的联系外，第一项和后两项的联系主要体现在面向每位学生的机会上。

（一）机会和中学后准备

机会和中学后准备主要针对传统学校只为那些可能在学习上获得高成就的学生提供各种机会，以及做好相应准备的问题而提出。要素学校联盟坚信，只要给予适应的机会，每位学生都能学有所成，并期望所有学生都能成为终身学习者。中学后准备主要包括升入高等院校和就业的各种途径；对于前者，学校为所有学生提供大学预备课程。

要素学校联盟同样用早期、发展、变革三阶段，整体描述并判断要素学校的机会和中学后准备体现的程度（见表 5-11）：

表 5-11　"机会和中学后准备"组织实践基准的整体描述框架 [1]

早期阶段	对机会和中学后准备的学习和规划已成为教师的重要任务
发展阶段	机会和中学后准备的实践体现在学校的教学规划和实施中
变革阶段	机会和中学后准备的实践体现在公平的学生学习结果中

[1] CES. Coalition of Essential Schools benchmarks [EB/OL]. [2016-12-26]. http://www.essentialschools.org/pub/ces_docs/schools/benchmarks/benchmarks.html.

对于要素学校而言,最大的担心是学校在践行共同原则,实施跨学科课程、表现性评价等改革之后,学生升入大学的机会是否会受到影响。为此,要素学校联盟设立了要素学校联盟招生项目,该项目的主持人是布朗大学中等教育学院院长克拉克(Sharon Lloyd Clark)。[1]他认为,招生政策不会成为要素学校改革的绊脚石,而应是支持要素学校改革的催化剂。面对要素学校实施的学生评价改革,不少大学尤其是一些名校认为,他们希望招收能达成要素学校提出的心智习性的高中毕业生。比如哈佛大学拟招收学生的条件之一是,掌握了重要的知识、技能或思维习惯,而非仅仅记住一些知识,且学生的学术成就只是哈佛大学招生的条件之一。换言之,真正基于要素学校联盟提出的共同原则改革的学校,其毕业生在升学时更有优势。

(二)公平和信任的校园文化

公平和信任的校园文化指一系列外显的活动,这些活动旨在支持、促进和培育一个安全、积极、全纳的学习共同体。在要素学校中,其学校规模总体比非要素学校小,这样,学生之间、师生之间皆能相互熟知,学校在规划课程、实施教学、组织架构等中,优先考虑学生的社会、情感和智力需要,这些改革都有助于学校形成公平和信任的校园文化。

要素学校联盟同样用早期、发展、变革三阶段,整体描述并判断要素学校的公平和信任的校园文化体现的程度(见表5-12):

表5-12 "公平和信任的校园文化"组织实践基准的整体描述框架[2]

早期阶段	对公平和信任的校园文化的学习和规划已成为教师的重要任务
发展阶段	公平和信任的校园文化的实践体现在教师的教学规划和实施中
变革阶段	公平和信任的校园文化的实践,支持和尊重每个学生的社会、情感和智力发展

公平和信任的校园文化有助于学生的个人成长和学术发展,支持学校成员之间建立相互关心、相互尊重的人际关系,显现在教室、办公室、图书馆、

---

[1] CUSHMAN K. College admissions and the Essential School [EB/OL]. (1994-12-11) [2016-12-26]. http://archive.essentialschools.org/resources/121.html#sidebar1.

[2] CES. Coalition of Essential Schools benchmarks [EB/OL]. [2016-12-27]. http://www.essentialschools.org/pub/ces_docs/schools/benchmarks/benchmarks.html.

运动场、餐厅等学校的各场所中，且师生员工都能感知到。如下以俄亥俄州希利厄德·威弗初中（Hilliard Weaver Middle School）的管理员黑德尔（Gary Heyder）体验为例，简要阐明他所感知的公平和信任的校园文化。

> 我是学校的五位管理员之一。清晨，我第一个到校，打开学校各建筑的门窗，为一天的学习和工作做好准备。我为学校定下了基调——孩子们需要生活在友好的氛围中。我爱我的工作，喜欢和孩子们一起工作。
>
> 我不是教师，这点很重要——孩子们可以和我讨论与学校不相关的事情：漫画、棒球卡、名为"口袋妖怪"的游戏、游戏王之混沌力量（Yu—Gi—Oh，是一款电脑棋牌游戏）、滑板。有些孩子是我特别关注的：那些挣扎中的孩子、经常待在校长办公室里的孩子。这些孩子中的有些孩子的家庭生活状况不佳，有时我能找到方法和他们建立友谊。我是一个在学校里给予孩子们不同人生观的人。我没有上过大学，也不是老师，但我仍然可以帮助孩子们。
>
> 有时某位老师会过来跟我说："这个孩子和我双方都需要休息一下。她能和你一起度过这段时间吗？"我告诉这个孩子我这一天所做的事情，并说道："来，帮我做这件事。"然后我们一起捡垃圾，或固定储物柜，并相互聊聊。在一个不同的环境里，那些愤怒、自闭或心情不佳的孩子与一个有爱心的成年人待在一起，这有助于这些孩子缓解情绪问题。你是成年人和榜样，如果你经历了糟糕的一天，你必须以积极的方式展示如何处理压力。
>
> ……①

（三）为公平的结果最大化资源

为公平的结果最大化资源是指学校运用人员、经费、技术、时间等资源，最大程度地满足每位学生的独特发展需要。尽管政府配置给学校的资源可能会有差异，但发挥资源的最大化效益，以满足学生的发展需要是学校的职责。要素学校通过实施前述的要素问题、跨学科课程、差异教学、学生中心的教与学等，满足每位学生的独特发展需要。这些与课堂实践基准相关的改革若要真正

---

① HEYDER G. A caring adult in a different setting [EB/OL]. (2003-12-10) [2016-12-27]. http://archive.essentialschools.org/resources/527.html.

推进，有赖于学校最优化和最大化资源的配置。

要素学校联盟同样用早期、发展、变革三阶段，整体描述并判断要素学校的为公平的结果最大化资源体现的程度（见表 5-13）：

表 5-13 "为公平的结果最大化资源"组织实践基准的整体描述框架 [1]

早期阶段	对为公平的结果最大化资源的学习和规划已成为教师的重要任务
发展阶段	为公平的结果最大化资源的实践体现在教师的教学规划和实施中
变革阶段	为公平的结果最大化资源的实践体现在公平的学生学习结果中

二、学校内部的专业支持及其相应的基准

学校内部的专业支持包括持续性学校改进、专业学习共同体、变革型领导。

（一）持续性学校改进

持续性学校改进是一个螺旋上升的学校改进过程，该过程以创建学校发展愿景、收集和分析与学校发展愿景有关的数据、基于愿景规划学校的工作、实施规划中的策略和行动步骤、收集数据以评价学校改进效果等为主要任务。据此，学校能否确定共享的愿景和使命，推进全校性的改进计划，营造合作探究的氛围，制定和实施班级改进计划，实施有意义的对话等是关键。以营造合作探究的氛围为例，一些要素学校通过合作探究学生的作业，营造合作探究氛围。通过合作探究实践，这些学校发现，合作探究学生的作业能发现关于学生成长的无数见解，这些见解既能帮助学校共同体反思学校办学的目标，评估学校改革进展，又能更好地帮助每位学生成长。学生作业合作探究的参与者，不仅指老师，在有些要素学校，也包括学生，如以"检查学生的作业：建构主义方案"为例，学生是主要的合作探究者。该方案由印第安纳州布卢明顿哈莫尼学校和教育中心的丹尼尔·巴龙（Daniel Baron）提出，其内容如下：① 学生们把已完成作业中最好的作业带到班级。作业的科目、形式等由学生自定；

---

[1] CES. Coalition of Essential Schools benchmarks [EB/OL]. [2016-12-27]. http://www.essentialschools.org/pub/ces_docs/schools/benchmarks/benchmarks.html.

②学生们仔细观察自己的作业，并列出一份清单，清单中包括他们认为能帮助自己的作业修改得更好的三至五个特质；③全班同学围绕着这些特质进行头脑风暴，在此基础上归纳出每人都同意的三至五个好作业的特质；④老师给全班学生布置作业，要求学生完成的作业应该包括上述好作业的特质，最后完成的作业需要复印五份；⑤作业完成后，由三至四名学生组成的小组观察彼此的工作，核查作业是否具备前述头脑风暴确定的好作业特质的证据。①

要素学校联盟同样用早期、发展、变革三阶段，整体描述并判断要素学校的持续性学校改进体现的程度（见表5-14）：

表5-14　"持续性学校改进"组织实践基准的整体描述框架②

早期阶段	对持续性学校改进的学习和规划已成为教师的重要任务
发展阶段	持续性学校改进的实践体现在学校的教学规划和实施中
变革阶段	持续性学校改进的实践体现在对挑战不平等的研究数据和变革、进行有意义对话的能力上

（二）专业学习共同体

专业学习共同体既是一种强有力的教师发展方法，又是一种富有潜力的学校变革策略。要素学校联盟认为，专业学习共同体致力于改善学生的学习，由全校教师和管理人员共同组成。在共同体中，每位成员兼具学习者和领导者的角色，且具有共同的愿景、相互探讨并实施课堂教学改革、共同参与决策等。在要素学校中，最常见的专业学习共同体的基本组织有批判性净友小组（critical friends group）；师生学习观摩小组，这类小组类似于我国的教研组，不同在于前者更多的是由不同学科的教师组成，与我国近年来在一线中小学兴起的跨学科研究小组有相似之处；校本研究小组；同伴观察等。如以批判性净友小组为例，旧金山湾（The Bay Area，简称湾区）的要素学校联盟对此做出了探究。

---

① CUSHMAN K. Looking collaboratively at student work: an essential toolkit [EB/OL]. (1997-04-11) [2017-01-28]. http://archive.essentialschools.org/resources/60.html#1.
② CES. Coalition of Essential Schools benchmarks [EB/OL]. [2016-12-28]. http://www.essentialschools.org/pub/ces_docs/schools/benchmarks/benchmarks.html.

朋友之间：探究和分析的规范 [1]

当教师们合作致力于完善学校的发展时，成为批判性诤友并非易事。湾区的要素学校联盟提出了如下规范，旨在帮助其成员有效开展合作探究和分析：

①只描述你所见。不要试图描述你未看见的事物，以问题的形式表述你未见的。

②抵制在得出"解决方案"中的冲动，直到你对数据所表达的感到满意为止。

③把你带来分析的观点和经验形象化。有效的团队将此视作优点。

④在尝试解决之前，尽力理解知觉的差异。过早的共识会抑制分析的深度和广度。倾听每个人。

⑤当你不理解时，提出问题。一起找到答案。

⑥运用直观的假设和数据来挑战他们。积极面对你认为是正确的挑战和支持。

从上述探究看，其所建立的诤友规范是描述取向的，其思想源头和卡利尼等人提出的儿童描述性评论有渊源关系。

要素学校联盟同样用早期、发展、变革三阶段，整体描述并判断要素学校的专业学习共同体体现的程度（见表5-15）：

表5-15 "专业学习共同体"组织实践基准的整体描述框架 [2]

早期阶段	对专业学习共同体的学习和规划已成为教师的重要任务
发展阶段	专业学习共同体的实践体现在教师的教学规划和实施中
变革阶段	专业学习共同体的实践支持学生学习，并以学生学习作为重点

① CUSHMAN K. How Friends can be critical as schools make essential changes [EB/OL]. (1998-12-11) [2017-01-28]. http://archive.essentialschools.org/resources/45.html#1.
② CES. Coalition of Essential Schools benchmarks [EB/OL]. [2016-12-29]. http://www.essentialschools.org/pub/ces_docs/schools/benchmarks/benchmarks.html.

（三）变革型领导

变革型领导是与学校转型为学习共同体相适应的一种组织实践基准，意味着学校领导本质的嬗变。变革型领导指面对教育公平问题时，个人和学校共同体直面智力和社会情感挑战应具有的态度、信念和实践的集合。实践变革型领导的关键在于实施共享领导或分布式领导，从已有研究看，分布式领导尚无明确的定义，但其重点在于超越校长作为领导的传统学校领导模式，强调校长、教师共同领导学校的发展。在要素学校中，实施变革性领导的关键在于反思和批判学校潜在的假设和价值观，形成新的共享的愿景和价值观，实现民主的领导过程等。

尽管变革型领导对学校领导的转型提出了愿景，但其在不同学校中的表现风格是多样化的。以校长领导的转型为例，有的要素学校校长的领导风格完全是民主协商的，有的要素学校校长的领导则是在民主与集中之间谋求特定的动态平衡。如下是芝加哥罗伯逊高中（Chicago's Robeson High School）的校长做决定的过程，呈现了校长领导风格转变的一个侧面。

> 该校校长西蒙斯（Jackie Simmons）捍卫她的决定，即尽管一些教师投票反对，她仍然决定将课堂教学时间延长为原来的两倍。
>
> "孩子们的高中时期只有四年长，你要尽快尽你所能为他们提供最好的（学习经历），"西蒙斯说，"我必须在孩子们的最大兴趣和仅仅注重过程之间做出决定，让教师最终能理解这样的决定。"经过与老师们的多次讨论，西蒙斯改变了她最初的提议，即将课堂时间从起初设定84分钟（对此，教师的合同要求投票决定）修改为原来40分钟课时的两倍（这并不需要审批）。她承认，这是一个冒险的举动，尽管随后的申诉程序维持了这一决定，不过现在，即便是那些起初反对修改课堂教学时间的老师也称赞新的时间表。"对我而言，领导意味着拥有相信自身信念的勇气，"西蒙斯说，"愿意冒一切风险，让老师克服恐惧和毛糙。如果我把这件事彻底交由教师决定，那延长课堂教学时间根本不可能发生。"①

要素学校联盟同样用早期、发展、变革三阶段，整体描述并判断要素学校

---

① CUSHMAN K. The Essential School principal: a changing role in a changing school [EB/OL]. (1993-02-12) [2017-01-29]. http://archive.essentialschools.org/resources/92.html#sidebar1.

的变革型领导体现的程度（见表 5-16 ）：

表 5-16 "变革型领导"组织实践基准的整体描述框架 ①

早期阶段	对变革型领导的学习和规划已成为教师的重要任务
发展阶段	变革型领导的实践体现在教师的教学规划和实施中
变革阶段	变革型领导的实践体现在支持个体成长、挑战课堂和学校中的不公平的能力

三、学校外部的力量及其相应的基准

学校外部的力量主要指家庭和社区等，与此相应的组织实践基准是家庭参与和社区伙伴关系。家庭参与和社区伙伴关系指学校与家庭、社区之间发展和维持的有意义的互动关系。要素学校联盟认为，要素学校可以与如下社区组织和机构建立伙伴关系：学区、信托组织、工商企业、诊所、非营利组织、社会工作组织、有机农场、放学后计划等。学校与家庭、社区建立良好的互动关系，有利于家校联手，学校与社区联手为学生提供丰富多样的学习经历，共同支持和帮助其成长。

如下就是美国教师摩曼（Honor Moorman）试图通过和学区建立伙伴关系，为提升高中生实习课程的学习品质所做的努力。2008 年 8 月起，摩曼出任美国德州国际学校实习课程的协调员。实习课程是国际学校所有学生高中毕业之前需要修习的一门职业探究课程，该课程需要累积修习 120 小时；修习期间，学生进入他们未来可能会从事的专业领域，在真实场景中体验不同的职业领域。作为协调员，摩曼发现，这门课程的价值在于学生可以进入诸如医学、艺术、政治、商业、学校、社区组织等 100 多个不同职业场景，在不同导师的指导下获得不同的职业体验，由此，学生在每个岗位都能获得独特、个性化的学习经历。其挑战在于，由于学生被分散在不同单位实习，学生之间很难对实习经历进行深入交流，相互之间的学习就更无从谈起了。为此，摩曼打算将基于

---

① CES. Coalition of Essential Schools benchmarks [EB/OL]. [2016-12-29]. http://www.essentialschools.org/pub/ces_docs/schools/benchmarks/benchmarks.html.

网络 2.0 技术的社交网站 Ning.com （http：//www.ning.com） 引入到实习课程中。Ning 是一个免费网络平台，允许用户创建自己的社交网站。摩曼在 Ning 中为学生建了一个虚拟教室，这样，学生可以在虚拟空间中讨论实习经历、交流想法、相互支持；同时，也可以通过 Ning 与其他专业共同体建立联系，便于进行交流。

之所以想到将该平台整合到课程中，这与摩曼曾经的工作经历有关。摩曼曾是美国国际学校的英语教师，教九至十二年级学生；此后调任德州东北独立学区的中学素养专家，其主要职责是和学期内的初高中老师分享教学资源和教学策略，类似于我国的学科教研员角色。与此同时，他也成为三一大学和德克萨斯州立大学的兼职教师，在为职前教师授课的过程中，他创建了课程网站，和职前教师分享资源、进行在线讨论。在此过程中，他发现，职前教师只有在修习他的课程时，才能浏览该网站的资源、与其进行在线讨论；职前教师们希望，课程结束后仍能访问课程网站、共享资源。为此，他开始寻求与往届学生分享资源的其他办法。在寻求解决办法的过程中，摩曼老师开通了博客，将网络 2.0 技术整合到博客的撰写中；在运用技术分享网络资源的同时，摩曼发现了社交网站 Ning.com。

把 Ning 引入实习课程的最大挑战之一在于：争取学区支持和启动平台 Ning。[①] 将 Ning 引入实习课程，需要给学生访问权。学区安装了防火墙（internet filter，也称网络过滤器），这样学生就无法访问平台中与实习课程相关的内容。为此，学区首先需要开放与实习课程平台浏览相关的权限，包括浏览虚拟教室、博客、维基等等。当然，解决此问题需要毅力和耐心。

在我国一些省份试点高考改革制度的背景下，上述提到的实习课程对于丰富和优化高中生的学习经历富有启发。该课程如能适当设计和开发，将有助于高中生相对理性地填报大学志愿。但除了上海等地开设了--些职业体验外，其他省区市尚未开始探究。

要素学校联盟同样用早期、发展、变革三个阶段，整体描述并判断要素学校的家庭参与和社区伙伴关系体现的程度（见表 5-17）：

---

① MOORMAN H. Adventures in Web 2.0: introducing social networking into my teaching [EB/OL]. (2009-07-21) [2017-01-30]. http://archive.essentialschools.org/resources/414.html.

表 5-17 "家庭参与和社区伙伴关系"组织实践基准的整体描述框架 [1]

早期阶段	对家庭参与和社区伙伴关系的学习和规划已成为教师的重要任务
发展阶段	家庭参与和社区伙伴关系的实践体现在教师的教学规划和实施中
变革阶段	家庭参与和社区伙伴关系的实践体现了学校、家庭和社区之间建立有意义关系和相互影响的能力

综上所述，要素学校联盟提出的 10 项共同原则，为要素学校的发展提供了办学理念和要素，指引了发展方向；课堂实践基准和组织实践基准，分别为要素学校的课堂教学改革，以及课堂教学改革提供相应支持的组织管理改革提出了实践指引。共同原则、课堂实践基准、组织实践基准之间的关系密切，三者的具体关系如下（表 5-18）。

表 5-18 10 项共同原则、课堂实践基准、组织实践基准三者间的对应关系一览表 [2]

	10 项共同原则	课堂实践基准	组织实践基准
1	学会运用心智	①表现性评价；②要素问题；③心智习性；④跨学科课程；⑤学生中心教与学	机会和中学后准备
2	少即多：精胜于杂	①要素问题；②心智习性；③跨学科课程	
3	学校的目标应适合所有学生	①表现性评价；②文化回应教育学；③差异教学	①机会和中学后准备；②为公平的结果最大化资源
4	个性化教育	①文化回应教育学；②差异教学；③学生中心教与学	①机会和中学后准备；②变革型领导
5	学生即活动者，教师即辅导者	①学生中心教与学；②跨学科课程	
6	展示学习成果	表现性评价	
7	形成礼貌、信任的校园文化	①文化回应教育学；②心智习性	①公平和信任的校园文化；②家庭参与和社区伙伴关系；③变革型领导

---

① CES. Coalition of Essential Schools benchmarks [EB/OL]. [2016-12-30]. http://www.essentialschools.org/pub/ces_docs/schools/benchmarks/benchmarks.html.

② CES. Benchmarks by Common Principle [EB/OL]. [2017-01-30]. http://archive.essentialschools.org/items/11.html.

续　表

10项共同原则	课堂实践基准	组织实践基准
8　致力于学校的整体发展		①公平和信任的校园文化；②持续性学校改进；③家庭参与和社区伙伴关系；④为公平的结果最大化资源；⑤专业学习共同体；⑥变革型领导
9　一切资源为了教与学		①为公平的结果最大化资源；②专业学习共同体；③变革型领导
10　民主与平等	①文化回应教育学；②差异教学	①机会和中学后准备；②持续的学校改进；③公平和信任的校园文化；④变革型领导；⑤专业学习共同体；⑥为公平结果的最大化资源

从上表不难看出，三者之间形成了复杂的多元关系。

第五节　要素学校联盟的评价

要素学校联盟自赛泽创立至今，已有30多年的发展历程。从大学与中小学合作的角度看，要素学校联盟在探究有机合作、学校变革新思路及改革成效等方面做出了卓越的贡献。与此同时，要素学校联盟也有其自身难以突破的局限。

一、要素学校联盟的贡献

在大学与中小学合作领域，要素学校联盟不仅做出了独创性的贡献，而且其改革探索意义深远，主要体现如下：

（一）探究并实践了研究为本的学校变革思路

要素学校联盟倡导的研究为本的学校变革思路包括两个方面：一方面指要素学校联盟指引学校变革的10条共同原则，是基于赛泽和同事的共同研究提出的；另一方面指在学校变革实施过程中，该联盟以研究的方式跟进10条共同原则、课堂实践基准和组织实践基准的实施。后者的研究成果以要素学校联盟的专门网站和在线杂志《贺瑞斯》、博士论文、正式发表在教育杂志上的论文等方式分享之。如以早期加入要素学校联盟的要素学校对该联盟早期的9项共同原则的理解为例，美国西密歇根大学的博士研究生莎丽 A. 彼得斯·基钦（Shari A. Peters Kitchen）曾对此做出了研究，她以问卷调查的方式调查了 9 个学区的要素学校管理者和协调者对 9 项原则的理解，这些学校成为要素学校后经历的结构性变革和教育学变革。研究表明，学校管理者和学校协调员都理解 9 项共同原则的意蕴；9 个地区相继发生了结构性变革，变革内容包括课表时间的安排、教师共同规划教学的时间、为跨年级项目提供更多机会、放弃那些无用的项目；教育学变革包括更多地运用新的评定方式、展示学习成就的多重机会、合作学习活动的运用、专题研究的增加以及更多的体验学习的机会。[①]

研究为本的学校变革思路是一种理性认知学校变革的思维方式，这样的思维方式不仅有助于要素学校更理性地开展学校变革，也有助于后来者基于已有研究理性地思考并决策加入要素学校联盟的可行性。如要素学校联盟创建 8 年后，要素学校联盟的在线杂志《贺瑞斯》发表了一篇题为《什么有用、什么无用：要素学校改革的经验教训》的论文，该文指出：

> 变革的努力需要在一开始就得到所有关键利益相关者的支持；学校致力于变革之前，应该对学校的变革需要达成共识，在此基础上，全校基于关于学校变革的共同理解着手学校变革的各项工作；公开学校的改革争议；人们无法在变革过程中做出太多改变；尽管在个别教室的改革能恢复课堂的活力，但这样的改革无法撬动学校范围的改革；要素学校的变革需要投入比你设想中更多的时间和资源——坚持住；工作坊不可能根本改变学校的实践；在制定标准和记录你的表现中发挥主动性；校中校会引发冲突；当课程内容更严密时，孩子们会投入更多时间学习。[②]

上述研究建议，不论对要素学校深化学校变革还是对后来者是否适合加入要素学校联盟，都提出了深刻的见解和可资考虑的内容维度。

（二）基于概念框架开展的大学与中小学合作

要素学校联盟倡导开展基于概念框架的大学与中小学合作，这迥异于提供处方的大学与中小学合作。前述第二至第四节阐述的 10 项共同原则、课堂实

---

① KITCHEN S A P. School districts that have established membership with the Coalition of Essential Schools [D]. Kalamazoo: Western Michigan University, 1999: 1-81.
② CUSHMAN K. What works, what doesn't: lessons from Essential School reform [J]. Horace. 1992, 9(2): 1-8.

践基准、组织实践基准，就是要素学校联盟实施学校改革的概念框架，这些概念框架不仅为学校改革明晰了改革的价值追求，而且还指引了改革方向。至于这些概念框架如何在各要素学校实施，要素学校联盟不提供操作方案或处方，而是各校基于自身的独特情境、师生的独特性进行合作创造；正因为此，前述的概念框架下引用的不少案例，都是要素学校基于自身情境开展的富有创意的创造。这些创造不仅诠释了概念框架，而且为参与变革学校提供了机会和平台。特别需要指出的是，因 10 项共同原则、课堂实践基准、组织实践基准的实施是灵活而富有弹性的，且每所学校因其自身发展需要的不同，可以有选择地探究共同原则、有侧重点地试行实践基准，因此，要素学校的实践在一定程度上而言是百花齐放的。

要素学校联盟所倡导的基于概念框架开展的大学与中小学合作，从个体意义而言，把每所学校的每位师生都视作平等的合作者和有能力的创造者；从社会意义而言，把包括教师之间、师生之间、学生之间、家校之间、校际之间等视作合作共同体。如以新教师的发展为例，不同学校的新教师组建成学习共同体，在教学中学习，相互研讨，共同发展。①

（三）帮助要素学校取得了卓越的改革成效

要素学校联盟创建了全国性的学校改革网络，在前述共同原则和实践基准的指引下，参加该联盟的不少学校的改革都取得了巨大的成效。如下以"新创办的小规模高中"项目为例，阐明学校改革取得的成效。

2000 年，要素学校联盟开始了一项新的改革试验，即"小规模高中"项目，该项目通过新创办的小规模高中，试验要素学校联盟的共同原则和实践基准，在此基础上评估其办学成效。从已有的内部评估看，小规模高中的办学取得了巨大的成就，具体表现在：① 2004 年新建的德州休斯敦因普蒙特学院预备高中（Empowerment College Preparatory High School）为低收入的非洲裔美国学生提供了更好的教育，该校在所有标准化评估中的成绩都高于该州的平均水平。② 2005 年新建的纽约詹姆斯·鲍尔文高中（James Baldwin High School）招收那些其发展需要在普通高中难以满足的学生，该校已在缩小成就差距方面取得巨大成功。该校有 94% 的毕业率和显著的标准化测试通过率；由外部评价小组开展的纽约市 35 所学校教育质量调查中，该校获得了最高等级的评价；在州组织的评价中，该校学生的成就也远远超过同地区的同类学

---

① RINGWALL C F, ROGERS L. Learning by teaching: the new teachers collaborative [J]. Horace. 2008, 24(1): 1-4.

校。③ 2006 年新建的麦雀·厄雷学院高中（Metro Early College High School）是位于俄亥俄州富兰克林县的一所小规模高中，该校为该县哥伦布区的学生提供了优质的科学、技术、工程和数学课程（science, technology, engineering, and math，简称 STEM 课程）。富兰克林县有 16 所高中，厄雷学院高中以第二名的成绩通过州组织的毕业会考。俄亥俄州有 610 所学校，在该州数学测试中，厄雷学院高中名列第二，该校通过测试的学生中，优秀率高于大多数学校；该州有 12 个学区的学生阅读达到"优秀"水平；在其他科目的测试中，厄雷学院学生在全州 610 所学校中，科学排名第 11，数学排名第 15，社会研究排名第 18，写作排名第 75。①

二、要素学校联盟的挑战

因要素学校联盟倡导的是指向民主的大学与中小学合作，因此，合作过程中大学与中小学的文化冲突问题相对不明显。但与前几章类似，要素学校联盟改革能否得以突破，同样受到合作时间、经费、教师的专业水平等的影响，此外，要素学校联盟面临的最大的挑战是来自政策的挑战，即如何在缩紧的政策空间中谋求进一步的发展。

自从要素学校联盟创建以来，其在和中小学合作探究 10 项原则、实践基准实施的过程中，一直遭遇来自教育政策的各种挑战，这些挑战包括课程和教学、教师资质、教师评价、学生评价、教学管理等方面。之所以会面对各种政策挑战，其主要原因在于要素学校联盟的 10 项共同原则、课堂实践基准、组织实践基准与官方政策的要求不同。要素学校联盟既不想屈从于官方政策，又不想正面与官方政策冲突，为此，该联盟一直积极面对来自政策的挑战，并提出可能的应对办法。如以 1990 年为例，当时为了应对州和学区紧缩的学校改革政策，要素学校联盟列出了一个长长的清单，包括与学校改革相关的 23 项内容及其应对办法，前 17 项内容如下：

> ① 课程要求：确定学校必须开设的课程（应对办法：如果要素学校没有开设官方指定的课程比如美国历史，可以将其整合到跨学科课程中，如整合到十一年级的人文课程中）。
> ② 教科书选择：要求学校使用州或学区选用的教材（应对办法：

① CES. New small schools [EB/OL]. [2017-01-31]. http://archive.essentialschools.org/items/19.html.

要素学校可以将官方选用的教材作为学生探究和解决要素问题的资源之一）。

③ 教师资格证书：要求教师在上岗前持有某一学科的教师资格证书（应对办法：这条规定可能会妨碍要素学校实践跨学科课程及将"教师视作通才"的理念。建议要素学校将以有证书的教师或有特定身份的教师为基础，组建团队）。

④ 州制定的学习结果或绩效目标：明确了在不同学段的在校生需要掌握的知识和技能（应对办法：无须理会；如果绩效目标中包括思维目标的话，要素学校的学生能达到甚至超过这些目标）。

⑤ 州层面的绩效评价：通过大规模的标准化测试评价学生（应对办法：要素学校的学生能达到甚至超过州标准。除测试外，要素学校还会运用档案袋评价等其他评价方法来评定学生的学习结果）。

⑥ 能力测试：通过能力测试判定学生对基本技能的掌握（应对办法：无须理会；要素学校的学生能达到甚至超过能力测试标准；请要素学校注意，要素学校不能过于强调测试，而忽视了学生的思维能力、问题解决能力和交往能力）。

⑦ 毕业要求：高中毕业要求学生完成指定的课程和参加测试（应对办法：尽管要素学校的课程是跨学科课程，但也能满足这些要求。要素学校要求学生完成学业成果展方能毕业）。

⑧ 达到优秀的毕业要求：能圆满完成上述毕业要求（应对办法：要素学校的课程和评价完全能帮助学生达成这些要求）。

⑨ 课程架构：课程大纲要附有建议的教学材料、教师资源清单和／或教学方法（应对办法：如果课程大纲设置得太长或过于具体，会阻碍要素学校学生的主动学习；要素学校将要求免除；支持要素学校学生主动学习的课程架构能促进要素学校的改革努力）。

⑩ 学生升级要求：学生升级与测试分数或其他同水平的州层面的检测挂钩（应对办法：无需理会；要素学校的学生能达到甚至超过这些标准。如果检测强调批判性思维，要素学校可以用学生的档案袋展示之）。

⑪教学时间安排：学校要有明确的时间表（应对办法：要素学校所提供的跨学科课程大致可以计算出课堂时间，以满足时间安排的要求；或可要求豁免）。

⑫师生比例：明确一名教师一天最多应承担职责的学生数（应对办法：要素学校每位教师的学生负荷数应比规定的低；如果团队授课

的学生负荷数超过限制，2位组班的教师可以分别负责其中的一个小组）。

⑬教学管理体系：确定教学方法（应对办法：要素学校需要整合其他的一些教学方法，以促进学生的主动学习）。

⑭州层面的学校分级系统：提供标准的学校分级系统（应对办法：要素学校可以建构自己的学校分级系统；如果要素学校的分级与规定不一致，要素学校可以采用替代性的分级系统）。

⑮教师评价：教师评价清单包括"控班"、时间分配、讲授、教科书使用等等（应对办法：这些评价清单不适合要素学校的教育学，重视自主与合作学习，采取选择性评价方式）。作为必不可少的学校教育学，要素学校优秀使用的学习方式是主动学习和协作学习，因此，教师评价需要其他的评价清单。

⑯工会合同：规定教师要履行的责任（应对办法：这些规定可能妨碍要素学校实施跨学科教学、教师共同规划和学生提出建议；为此，要素学校放弃这些规定，需要得到当地工会领导的合作和支持）。

⑰监督管理：在学生学习需要补救的领域，各地可以根据需要提高标准（应对办法：要素学校的学生能达到甚至超过这些标准）。①

除了上述17项内容外，该清单中还列出了6项在一定程度上有利于要素学校联盟实施改革的内容，如以第18项为例，该条的内容是："教师和学校创新补助金。为提出创新项目或方法建议的教师和学校提供有竞争力的基金（应对方法：可以帮助要素学校实施之，并争取其他费用）。"②进入21世纪后，要素学校联盟一直受到美国紧缩的教育政策的影响，紧缩主要体现在出台的教育政策更加强调联邦对教育的控制权，并通过强化标准化测试和绩效问责实现相应的控制权。

---

① CUSHMAN K. A checklist for school people: how can Essential Schools approach state and district policies [EB/OL]. (1990-06-12) [2017-02-05]. http://essentialschools.org/horace-issues/figure-1a-checklist-for-school-people/.
② CUSHMAN K. A checklist for school people: how can Essential Schools approach state and district policies [EB/OL]. (1990-06-12) [2017-02-05]. http://essentialschools.org/horace-issues/figure-1a-checklist-for-school-people/.

第六章　跃进学校计划

　　与前述的伙伴协作不同，跃进学校计划（Accelerated School Program，简称 ASP）是专门为重建薄弱学校而发起的国家改革计划。美国的薄弱学校一般指校内学生主体属于社会中的处境不利儿童，如家庭收入低下、父母教育程度低、被边缘化的移民群体等，且大多数学生学业成绩不良的中小学校。换言之，跃进学校计划旨在帮助那些处境不利的学生得到应有的发展。1986 年，该计划由时任美国斯坦福大学（Stanford University）教育学院的教育经济学专家、高等教育与经济学教授的亨利·莱文（Henry Levin）发起，莱文现为美国哥伦比亚大学教育学院的经济学、教育学教授，教育福利成本研究中心的联席主任。1986—2000 年间莱文担任了跃进学校计划的主任，其后，跃进学校计划发展为跃进学校加强版（Accelerated Schools Plus），蔡辛（Gene Chasin）出任了加强版的首席执行官。[①] 跃进学校计划因其独特的理念、有效的实践，取得了显著的改革成效。

第一节　跃进学校计划的合作办学理念

　　跃进学校计划从 1986 年的 2 所试点学校，发展到 2001 年涵盖美国 41 个州的 1100 所学校的 60 万名学生，成为美国范围最广、历时最久的学校全面改革计划之一。[②] 到 2012 年，全美已有 1700 多所中小学加入了跃进学校计划。跃进学校计划日益壮大的重要原因在于，该计划有很好的办学理念。

---

① SIEGLE D. The last word: an interview with Gene Chasin, CEO of Accelerated Schools Plus [J]. Journal of Advanced Academics, 2006, 18(1): 146.
② LEVIN H M. Pedagogical challenges for educational futures in industrializing countries [J]. Comparative Education Review, 2001, 45(4): 550—551.

一、跃进学校计划合作办学理念提出的背景

莱文非教育学科班出身，但有趣的是，正是莱文特有的教育背景和从业经历、对教育改革重要议题的批判性思考和研究、改革合力的形成，为跃进学校计划办学理念的提出奠定了基础。

（一）莱文的教育和从业背景

莱文是纽约大学市场营销和经济学学士、罗格斯大学的文学硕士和经济学博士。1968 年前，他在华盛顿布鲁金斯学会（Brookings Institution）担任经济学家；在此期间，莱文担任了一所初中社会研究课的代课教师；此后到 1999 年，他一直在斯坦福大学教育学院工作。在斯坦福大学的前 10 多年，莱文从事的研究领域主要是教育经济学和人力资源，专业工作的主要内容是解决教育财政、教育生产力和工作效率等方面的问题。他尤其对教育生产力和工作效率问题感兴趣，意在通过研究工人参与和组建民主的工作组织来解决这些问题；同时，他也广泛研究教育改革问题，尤其是涉及工作场所变化、学校共同体控制等方面的问题，并发表了多篇论文。从上述看，莱文的教育背景似乎和教育不搭边，但从其从业经历看，尤其是到斯坦福大学工作后的从业经历，其专业领域已从经济学领域转向教育经济学领域；其所感兴趣的工人参与和工作组织的民主问题，为他发起薄弱学校改革，尤其是关切处境不利学生的成长奠定了基础。需要指出的是，尽管莱文自己认为，他担任代课教师期间，"他从未想到过自己会成为课程、教学、教师培训方面的专家"，[①] 但这段经历为他后来关注教育改革奠定了专业实践基础。

（二）莱文对当时教育改革重要议题的批判性思考和研究

上述从业经历引发莱文对美国当时重要的教育改革议题的关注，其中之一就是对 1983 年 4 月发表的《国家在危急中：教育改革势在必行》（*A Nation at Risk: The Imperative For Educational Reform*）的关注，该教育报告由美国国家优质教育委员会（National Commission on Excellence in Education）提出。时任教育部长贝尔（Terrel Bell）于 1981 年 8 月 26 日成立美国国家优质教育委员会，"指示该委员会调查美国的教育质量，并在一年半的时间内向国家，并

---

① LEVIN H M. Accelerated Schools: a decade of evolution [G]//FULLAN M. Fundamental change: international handbook of educational change. Netherlands: Springer, 2005: 138.

向他提出一份报告书"①。该报告认为，美国学生的学业成绩总体不佳，并列举了 13 项标志性的内容，这里简要概括如下：在 10 年前对学生成绩所做的国际比较中，美国学生明显落后，甚至有 7 次是最后一名；学生的 SAT 成绩在下滑，大学需要给学生开设越来越多的补习课；大约 13% 的 17 岁青年属于功能性文盲，少数民族青年中的半文盲者可能高达 40%。面对美国当时的教育困境，优质教育委员会对课程、教学等提出了全方位的教育改革建议，其中之一是：学生的准备、抱负、能力是多样化的，据此，可以对不同能力的学生实施不同进度的教学，对于那些有天赋的学生，需要学习内容丰富、进度快的课程；而对于那些处境不利的学生，则需要学习特殊的学习材料且进度宜慢，如有需要，可以对这些处境不利的学生实施小班教学、个别辅导，以帮助他们掌握所教的内容。

莱文认为，尽管优质教育委员会提出的教育报告内容包罗万象，特别强调高中阶段增加更多的学术课程，甚至还提到上述的如何应对处境不利的学生，但实际上该报告对于处境不利学生为何会陷入不利的处境却知之甚少。为此，莱文决定将研究视角和重点投向处境不利的学生。他深入研究了处境不利学生的界定、群体分布情况，调查了这些学生的教育经历和结果及其对成人生的生活的影响。研究发现：① 几乎关于处境不利学生的所有定义都认为，教育上处境不利的学生数量的上升是因为儿童贫困率的提升、移民数量的增加、生活困难家庭子女多。② 入学时，这些学生不具备学校所需的发展技能和行为；他们在校时间越长，其学业就越落后，且辍学率高。③ 这些学生的教育基础差，导致学习效率低下、就业前景不佳、刑事司法成本和福利成本高，进一步导致下一代弱势群体的产生。②

基于这些研究，莱文于 1984 年完成了两份研究报告《教育上处境不利的学生：全国性的危机》(*The educationally disadvantaged: A national crisis*)、《处境不利学生的教育改革：一场新兴的危机》(*Educational reform for disadvantaged students: An emerging crisis*)。

完成上述研究报告的同时，莱文也很想找到解决处境不利学生困境的办法。为此，1985—1986 学年，莱文查阅了该领域的大量研究文献；跟踪阅读国家传播网络（The National Diffusion Network）的进展，这是一个帮助学校选用示范性改革项目的网络；参观并观察了许多学校及其课堂，访谈了全国各地

---

① 国家教育优异委员会.国家在危急中：教育改革势在必行 [G]// 瞿葆奎.教育学文集·美国教育改革.北京：人民教育出版社，1990：586.

② LEVIN H M. Accelerated Schools: a decade of evolution [G]//FULLAN M. Fundamental change: international handbook of educational change. Netherlands: Springer, 2005: 139.

的学校员工、学生和家长。综合各种研究发现，已有研究文献很少能提供有效解决处境不利学生困境的办法。学校的课程沉闷乏味，学生重复学习和操练最基础的内容，教师的工作负荷大，且经常需要应对与教学无关的事务。国家传播网络上的内容不全，且也无法真正提供处境不利学生方面的改革项目；有些项目看起来前景不错，但细究后发现这些项目充其量只是一些零星的改革，比如侧重于某一主题或教学方法等的改革，而非全校范围内的整体改革。

在上述寻求解决办法的研究中，莱文发现了一个很糟糕的概念：补救（remediation）。[①] 莱文查阅了 1979 年版的《韦氏新大学词典》，该词典认为，补救的含义是"补救（remedy）的行动或过程"，"remedy"则被界定为"减轻或治愈疾病的治疗"或"一些纠正或对抗邪恶的事物"。换言之，在当时的很多研究中，往往将处境不利学生视作教育上的病人或行为不端者，由此，学困生、行为差等标签就自然贴在这些学生身上了。尽管研究者用"补救"的本意可能是好的，即为这些处境不利学生的发展提供更多的教学帮助，但其根源的假设是成问题的，即将这些学生视作无能、有偏差的学习者，认为降低课程难度、重复训练等是适合这些学生的补救教学。补救教学最大的问题在于，严重挫伤了学生的自尊心、自信心和自我认同感，这样的挫伤往往会殃及学生未来的职业生涯。

有鉴于此，莱文认为，解决处境不利学生的办法不是补救教学，而是使这些学生跃进式（accelerate）发展。[②] 莱文走访美国薄弱学校的经历为其提出"跃进"办法提供了进一步的证据。在走访这些学校期间，莱文发现，这些学校的学生总体处境不佳，但学校里有几个被挑选出来并冠以"天才班"的教室里，学生们往往被视作有能力的发展者，学校从这些学生自身的能力出发设计课程和教育活动，高度重视并激励学生不断挑战新的学习可能性，由此，这些学生是通过思考、反思、创造而非重复联系、机械训练来掌握所学内容的。显然，在这样的课堂中，学习才可能真正发生。由此可见，跃进法中的"跃进"是跃进学校计划命名的来源。

基于上述研究，莱文于 1986 年撰写了题为《为了处境不利学生的跃进学校》一文，并于 1987 年发表在《教育领导》杂志上。[③] 在该文中，莱文提出，

① LEVIN H M. Accelerated Schools: a decade of evolution [G]//FULLAN M. Fundamental change: international handbook of educational change. Netherlands: Springer, 2005: 140.
② LEVIN H M. Accelerated Schools: a decade of evolution [G]//FULLAN M. Fundamental change: international handbook of educational change. Netherlands: Springer, 2005: 140.
③ LEVIN H M. Accelerated Schools for disadvantaged students [J]. Educational Leadership, 1987, 44(6): 19–21.

跃进学校是一所旨在基于每位学生自身的优势促进所有学生发展的学校。显然,莱文对跃进学校内涵的厘定至少有两个突出之处,其一,跃进学校有全新的学生观,即每位学生都是有能力的学习者,为此,跃进学校旨在促进每位学生的发展,而非仅仅促进那些被挑选出来的学生的发展;其二,基于每位学生自身的优势开展教学,而非通过补救教学,是跃进学校促进处境不利学生发展的应有之义。

(三)改革合力的形成

莱文自身曾经的研究经历、同事和研究同仁、研究生小组等构成了莱文创建跃进学校计划的改革合力。对处境不利学生的成长之道有了明确构思后,莱文想在学校中试验其构想的可行性。为此,他寻求其同事库班(Larry Cuban)的帮忙,请库班帮忙在旧金山湾区寻找2所处境不利学生集中的学校。尽管莱文想试验自己提出的构想,但当时并没有很深入地思考过变革过程的问题,即如何让学校从传统的实践转向跃进式的实践。关于跃进学校的变革过程的思考和试验的动力,至少来自如下三方面:其一,莱文对工人参与和工作组织的民主等问题的研究给了他很多启迪,尤其是对工人间的合作和民主、工人如何管理组织等的研究让莱文发现,民主能创造更高效的工作组织,且这些观点可以应用到学校变革过程中。其二,莱文同事库班和学者富兰的著作。库班在其研究中指出,学校变革的历史表明,学校改革中不变远大于变革;富兰认为,学校变革并非一帆风顺。其三,偶然中获知莱文的改革想法并想参与其中的一个研究生小组。该研究生小组由一名学区的前主管、一名前小学校长、一名前小学教师及一群没有教育背景但对莱文的构想非常感兴趣的研究生组成;此外,莱文的妻子索勒(Pilar Soler)也参加了莱文的计划,索勒曾是斯坦福大学的西班牙语和葡萄牙语的讲师,后来曾在跃进学校计划的2所试点学校中的一所工作过。

二、跃进学校计划合作办学理念的内容

莱文认为:"跃进学校计划的办学理念包括一个总体目标、三项原则、一套价值观和一种高效学习(powerful learning)的理论。"[1] 如下分述之。

---

[1] LEVIN H M. Pedagogical challenges for educational futures in industrializing countries [J]. Comparative Education Review, 2001, 45(4): 552.

(一)总体目标

跃进学校计划的总体目标是创建一个支持高效学习的环境，帮助每位学生实现高学术成就，使薄弱学校转变为跃进学校。高效学习环境是一种每位学生都有强烈的自我价值感和教育成就的环境。在这样的环境中，每位学生都对自己抱有高期望，认可自己有能力学得更好，且能缩小学生之间的成就差距，减少辍学、药物滥用、少女怀孕等问题。一所薄弱学校转变为跃进学校，其主要特征是：赋权教师；需要家长的大量参与；利用企业、老年人和其他社区资源的服务。[①] 对于一所小学如何转变为跃进学校，莱文在上述 3 条特征的基础上，将主要特征扩展为 6 条，具体如下：① 改变学校的整个结构，而非只是简单地将补救教学移植到学校的日常安排中；② 赋予教师规划学校教育计划的权利；③ 需要父母的大量参与（希望父母能签署一项协议，将他们对孩子应尽的义务具体化）；④ 利用企业、大学生、老年人和其他社会资源的服务；⑤ 使用一个拓展的日计划，强调语言和问题解决能力的发展；⑥ 强调跃进而非补救，完成小学六年级的学业时，学生应达到该年级应有的水平。

(二)三项原则

为了实现上述总目标，莱文在跃进学校计划早期试点的 2 所学校的试验过程中，于 1987 年提出了三项原则：目标一致（Unity of Purpose）、权责挂钩（Empowerment with Responsibility）、倚重优势（Building on Strengths）。[②] 如下分述之。

1. 目标一致

目标一致指家长、教师、学生、学校后勤人员、学校管理者和当地社区成员，为制定并实现学校的共同目标而主动协作。目标一致首先意味着学校要通过改革转变成名副其实的跃进学校，以便真正帮助学生在基础教育早期阶段实现学业成功，为其后续的学习及其成人后的就业等奠定基础。跃进学校的目标不是由地方或学校部分人员制定的，而是依据全体学生和学校共同体全体成员形成一致的目标，该目标本质上是学校发展的鲜活愿景和工作文化。如以跃进学校计划最初的 2 所试点学校为例，包括莱文在内的斯坦福大学团队的成员分别和 2 所学校的全体员工、家长代表等一起，围绕着理想中的学校是怎样的、

---

① LEVIN H M. Accelerated Schools: a new strategy for at-risk students [J]. Policy Bulletin, 1989(6): 1.

② LEVIN H M. Pedagogical challenges for educational futures in industrializing countries [J]. Comparative Education Review, 2001, 45(4): 552–553.

这样的学校如何运行等问题展开深入讨论，形成学校发展的一致目标。在此基础上，斯坦福大学团队的成员分别进一步和2所学校共同体的成员讨论：为了实现学校发展的一致目标，哪些任务是特别重要且需要优先考虑的？学校在哪些方面需要做出改革？基于这些讨论，学校进一步创立相关的支持机构，负责监督和落实改革进程。由此可见，学校共同体的一致目标不是口号，而是体现在共同体成员的日常实践中，通过这样的实践，每位儿童能对自己形成高期望。显然，跃进学校的目标制定思路与一些国家的国定办学方向或地方制定办学方向的思路是不同的。需要指出的是，尽管这2所试点学校发展的一致目标是由大学团队和试点学校一起讨论确定的，但确定目标的方式、过程等是因校而异的。

2. 权责挂钩

权责挂钩指跃进学校共同体的所有成员，包括员工、家长、学生和社区成员共同负责做出明智的决策，并为决策后果承担责任。这一原则针对美国当时学校发展过程中一种司空见惯的现象而提出：面对学生的学业不良问题，学校领导、员工、家长等之间相互指责，或将学业不良问题归结为不可控的外部因素，比如学区和州的不良政策。除非学校共同体的所有成员都能被赋权，共同制定并实现目标，否则，这种相互指责的现象很难被改善。权责挂钩落实的关键在于建立与之相配套的三种制度：其一是激励制度，该制度能有效地鼓动学校共同体所有成员参与决策；其二是信息收集制度，因为好的决策必然建立于证据之上，因此，学校必须以良好的信息采集基础为据，采用一种能提供合理决策和应对挑战的问题解决办法；其三是评价制度，跃进学校需要有对决策的后果与影响做出科学判断的评价体系；对于评价制度的实施，学校应简化程序，将评价过程变成一个简洁、高效、系统的问题解决和共同治理的过程，且要确保学生、员工、家长代表等的参与。

3. 倚重优势

倚重优势至少包括两层含义：其一，指充分依靠全体学生、家长、学校所有工作人员、社区成员各自的力量，并充分利用各方能带进学校的所有学习资源。其二，指跃进学校看重、信任并建基于每位学生的优势，同时，也看重、找出并建基于全体教师和家长的优势。学生优势不仅指每位学生的天赋和多元智力，而且也指学生的兴趣、经验和文化渊源；特别是文化渊源，跃进学校非常看重不同文化、种族学生各自的优势，只有这样，才有可能真正建立在每位学生自身特有的优势之上。学校的教育计划、活动设计、课程和教学、学生特殊需要的满足等都建立于这些优势之上；同时，在实施学校的改革计划过程中，同样充分考虑教师和家长各自的优势。下文将提到的高效学习是发展学生各自优势的重要策略。

综上所述，跃进学校计划的三项原则实际上既分别阐明了学校的发展愿景、校本管理、具体任务，又是实现学校发展愿景的行动指南。

（三）价值观

尽管关于跃进学校计划的研究文献在论述价值观时，其表述略有不同，但总体而言，跃进学校计划倡导的价值观如下：

> 平等。所有学生都有学习和平等接受高质量教育的权利。所有利益相关者都应为改善学生的学习结果尽一份力。
>
> 参与。学生参与学习；教师、家长、社区共同参与学校的决策。
>
> 交往/共同体。学生更积极地参与小组学习。学校员工和共同体成员通过会议、交流、相互学习来达成共享的目标。
>
> 反思。孩子们参与问题解决的实践。教师和其他成人持续分析学校环境，应对学校改善的挑战。
>
> 实验。学生参与探究实践。教师实施实验计划，作为沟通和反思学校挑战的结果。
>
> 信任。学校共同体的所有成员必须相互信任，关注彼此的长处。
>
> 冒险。所有利益相关者必须努力创业。虽然一些新的计划可能会失败，但成功的关键在于持续的学校改进。
>
> 学校作为专业中心。学校是共同体的中心，其成员都是专家，知道如何应对挑战并为学生创造最好的学习环境。[1]

细究这些价值观，不难发现这些价值观的思想渊源大多来自杜威当年的研究。

（四）高效学习

高效学习是一种将学校的课程、教学、组织管理和文化有效整合的理念和策略。作为一种理念，跃进学校的全体成员应理解，适合天才学生的学习理念

---

① IGNATZ M, BAUMAN G, BYRD N. Longitudinal study of the Accelerated Schools Project in Northwest Florida, 1993—2001: a school-college partnership between schools in Gadsden and Leon school districts and Florida A & M University [R]. Tallahassee: Florida A & M University, 2003: 2.参阅: BLOOM H S, HAM S, MELTON L, et al. Evaluating the Accelerated Schools approach: a look at early implement and impacts on student achievement in eight elementary schools [R]. New York: Manpower Demonstration Research Corp. , 2001: 11.

和策略同样适合处境不利学生，据此，每所学校都应创造条件，为每位学生提供最高效的学习。作为一种策略，高效学习是指以每位学生已有的知识和经验为基础，积极主动、富有挑战性地学习，并将所学内容和校外的生活实际相联系并融会贯通的学习取向。由此不难看出，高效学习的理论基础是建构主义理论。莱文认为："跃进学校的全体成员共同创造高效的学习经验，从而为所有学生提供发展其天赋和潜能的各种机会，且学生能把自己的天赋和潜能创造性地用于解决问题和做出决策，而这正是信息经济职场中最关键的两种要素。"[①]据此，高效学习强调高级思维、复杂推理和相互联系。

第二节 跃进学校计划合作办学的治理结构

治理结构（governance structure）指为了有序开展跃进学校计划的合作办学需要而创建的组织部门，包括跃进学校计划层面的治理结构和跃进学校层面的治理结构。跃进学校计划运用治理结构的概念，意在阐明其在改革中所秉持的民主的合作思想和行动指引。

一、跃进学校计划层面的治理结构

跃进学校计划层面的治理结构包括国家中心（the National Center）和地方卫星中心。

（一）跃进学校计划国家中心

创立之初，跃进学校计划的国家中心在斯坦福大学。2000 年，移至康涅狄格大学（University of Connecticut，简称 UCONN），这是美国一所著名的公立研究型大学，被众多学者誉为"公立常春藤"。国家中心的主要职责是：

1. 开展跃进学校计划推进的理论和实践研究，发行跃进学校计划国家中心时事通讯

跃进学校计划的合作办学理念的具体内容、跃进学校的变革过程、高效学习策略等，以及其各具体内容的与时俱进与实践研究，均是国家中心的主要研究内容。这些研究成果一方面提供给地方卫星中心、跃进学校计划的试点学

---

① LEVIN H M. Pedagogical challenges for educational futures in industrializing countries [J]. Comparative Education Review, 2001, 45(4): 554.

校，另一方面登载在国家中心的时事通讯上，并在时机成熟时公开发表这些研究成果。

2. 全面指导早期的试点学校开展试点实践

旧金山湾区的 2 所学校试点之初，每所学校加入一个由 3—4 位斯坦福大学的研究者组成的团队，包括莱文自己；每位研究者每周有 1—2 天时间待在试点学校，观察课堂和学校活动，访谈教师后勤人员、家长和学生。[1] 研究团队到学校几周后，学校教师就将团队成员视作学校的一员，主动邀请他们观察课堂。除了定期提供专业支持外，团队成员还为 2 所试点学校提供跃进学校计划的研究文献、组织或参加各种会议、培训学校教师、帮助学校解决问题等。正是在支持试点学校发展过程中，团队成员明确了大学与学校之间的关系，即促进者和主角的关系。

3. 为地方卫星中心培训工作人员，通过地方卫星中心实施跃进学校计划

为地方卫星中心实施的培训的重点是，提升地方卫星中心工作人员对跃进学校的专业支持能力。这些工作人员经常被称作指导教师（coach）。如以佛罗里达农业机械大学（Florida Agricultural and Mechanical University，简称 FAMU）卫星中心为例，该地方中心于 1993 年加入跃进学校计划国家中心，地方卫星中心创立之初，有 2 所学校成为跃进学校计划的试点学校，分别是列昂郡的邦德小学（Bond Elementary School）、加兹登郡的圣约翰小学（St. John Elementary School）。为了推进 FAMU 地方卫星中心的工作，国家中心为其培训了三位指导教师，这三位教师分别是，FAMU 的员工伊格纳兹（Mila Ignatz）博士和鲍曼（Gail Bauman）博士、列昂郡学校董事会的课程专家道森（Joel Dawson）博士，其中，伊格纳兹出任该中心的主任。三位指导教师同时指导邦德小学，此外，伊格纳兹和鲍曼还负责圣约翰小学的指导工作。[2] 由此可见，国家中心通过为地方卫星中心培训工作人员来实施跃进学校计划。此外，国家中心也通过地方卫星中心实现学校改革事务的沟通，为地方卫星中心提供资源。

4. 为后来加入跃进学校计划的学校提供各种资源

这些资源包括研究文献、视频、跃进学校参观的机会等。

---

① LEVIN H M. Accelerated Schools: a decade of evolution [G]//FULLAN M. Fundamental change: international handbook of educational change. Netherlands: Springer, 2005: 142.

② IGNATZ M, BAUMAN G, BYRD N. Longitudinal study of the Accelerated Schools Project in Northwest Florida, 1993-2001: a school-college partnership between schools in Gadsden and Leon school districts and Florida A & M University [R]. Tallahassee: Florida A & M University, 2003: 4.

5. 组建地方卫星中心联盟，发展指导教师团队

为了促进不同地方卫星中心之间的交流沟通、成果共享，国家中心以按需原则在不同的地方卫星中心之间建立联盟。同时，将不同地方卫星中心的指导教师组建成指导教师团队。

（二）地方卫星中心

跃进学校计划因其早期 2 所试点学校的改革成效不错而得以迅速扩展，尤其是在提升处境不利学生学业成就方面成绩显著。学校花费在改革上的费用比较低，因此，到 1990 年秋季，加入跃进学校计划的学校已经扩展到 50 多所，其中，有一所初中加入了跃进学校计划，这是加入该计划的第一所初中。在加入跃进学校计划的学校数目日益扩大之际，雪佛兰公司（the Chevron corporation）表示愿意资助跃进学校计划建立地方卫星中心，这样，首批 4 个地方卫星中心分别在旧金山州立大学、新奥尔良大学、加州州立大学洛杉矶分校、德州农工大学（Texas A & M University）建成。

如前所述，地方中心正式开始运作之前，所有成员都在斯坦福大学跃进学校计划国家中心接受严格、系统的专业培训。到 2004 年底，全美已有 1600 多所中小学加入跃进学校计划，与此相应，在原有 4 个地方卫星中心的基础上，另外还有 12 个新的地方卫星中心被建立，包括波特兰大学州立大学（Portland State University）教育学院、哥伦比亚大学教育学院、内华达大学（University of Nevada）课程与教学系等，此外，还与美国国家天才儿童研究中心（the National Research Center on the Gifted and Talented）建立了合作伙伴关系。

地方卫星中心是促进和实施跃进学校理念和变革过程的合作伙伴，其主要职责是：① 推选出地方的跃进学校，并提供专业支持，之所以要推选学校，是因为跃进学校计划希望符合薄弱学校条件的学校加入该计划；② 筛选和培训跃进学校的指导教师；③ 传播研究成果，发行地方卫星中心的时事通讯；④ 与其他地方卫星中心建立联盟关系，与地方学区等建立伙伴关系，参与地区的改革活动；⑤ 地方卫星中心自身的成长和制度化，募集地方中心运作所需的资金。地方卫星中心的主要职责大致相同，但其具体职责因地方而异。

附属于大学的地方卫星中心能否成长壮大，关键在于如下因素：① 大学的使命；② 大学对专业进步的要求；③ 参与地方卫星中心教师在大学制度层级中的地位；④ 院长和资深的高级教师对中心团队的支持；⑤ 中心团队募集资金的能力；⑥ 在大学里创建一个相对独立中心的承诺，该中心团队有自己

的全职员工，这些员工的工资由地方中心支付。[1]

二、跃进学校层面的治理结构

跃进学校计划能否在学校层面顺利实施，其关键之一是学校能否形成新的治理结构。跃进学校层面的治理结构包括工作委员会（cadres，或称作 work groups）、指导委员会（the steering committee）、学校整体（School-As-A-Whole），这是一个三层面的治理结构。由此可见，形成新的治理结构的目的在于实现学校的民主决策。

（一）三层面治理结构的内容

工作委员会是跃进学校治理结构发挥作用的关键，其主要职责是负责评估学校发展优先领域，制定解决学校发展问题的行动计划。为此，工作委员会聚焦于学校发展的具体问题或需要优先考虑的领域，如教学或学校设施的改进；定期会面商讨工作进展。学校发展需要优先考虑的领域，一般根据学校自身的发展需要决定。比如，在加入跃进学校计划之初，很多学校的工作委员会将课程、学生成就、纪律、学校文化、家长与社区参与等作为优先考虑的领域；推进一段时间后，需要优先考虑的领域会随着学校工作重点的变化而发生变化。改革之初，工作委员会成员会面比较密集，比如一周一次；进入正轨后，一般两周会面一次。工作委员会一般由教师、后勤人员、家长等组成。

指导委员会是跃进学校的领导小组，负责协调工作委员会的工作和召开全校性会议，为工作委员会提出建议。该委员会由学校的管理者、工作委员会的促进者、学生代表、家长代表和社区代表组成。指导委员会一般一个月会面一次。

学校整体是一个由所有学校共同体成员组成的团体，包括学生、教师、职员、家长和社区代表。与指导委员会类似，一般每月召开一次学校共同体全体成员的会议。

（二）三层面治理结构的运行过程

跃进学校的治理过程是，学校改革工作由工作委员会具体制定，指导委员

---

[1] BRUNNER I. The Accelerated Schools movement: expansion and support through Accelerated Schools centers [A]. Paper presented at the Annual Meeting of American Educational Research Association. San Francisco, California, 1995: 28.

会进行沟通或审查，最终决定由学校全体成员批准通过。[①] 以制定学校行动计划为例，工作委员会制定行动计划，指导委员会审查该计划；如果行动计划能通过指导委员会的审查，那么，工作委员会将行动计划递交给学校整体召开的会议，最后由学校全体成员决定是否表决通过。

第三节 合作过程中跃进学校的实施重点

不论是前述的跃进学校计划的理念还是治理结构，其能否落实的关键在于实施。与我国不少学校一开始就推行某项改革举措不同，跃进学校计划的实施重点主要包括启动阶段必经的实施过程和高效学习的实施。启动阶段的实施过程有助于学校共同体的所有成员通过自己的参与，体验到如何凭借自身的力量建立一致的目标、做出负责任的决定、发现学校自身的优势。该阶段如能顺利推进，就能为后续的课程与教学的实施奠定基础。大小齿轮的互动是跃进学校改革全面实施的保障。

一、启动阶段跃进学校经历的实施过程

一般认为，一所学校从薄弱学校转变为跃进学校大概需要 5 年时间，启动阶段一般指第 1 年，各校经历该阶段所需的持续时间不同，一般学校用 3—5 个月完成该阶段，也有一些学校会用相对较长的时间，但不管如何，一般在第 1 年内经历全过程。该阶段需要经历如下五个相互联系的实施过程：[②]

（一）了解现状

了解现状（taking stock）主要指查清学校的基本情况，并确定学校改革的可能起点。该过程大致完成如下两项任务：① 学校共同体全体成员收集或提供学校发展现状的各种信息。这些信息既可以是定性的，也可以是定量的，大致包括：学校历史、学校的独特优势，学生、教师和学校设施的基本数据，课程与教学实践的描述，学生的出勤率、分类测验成绩及其他表现，学生与家长

---

① LEVIN H M. Accelerated Schools: a decade of evolution [G]//FULLAN M. Fundamental change: international handbook of educational change. Netherlands: Springer, 2005: 147.

② BLOOM H S, HAM S, MELTON L, et al. Evaluating the Accelerated Schools approach: a look at early implement and impacts on student achievement in eight elementary schools [R]. New York: Manpower Demonstration Research Corp, 2001: 9-10.

所在的社区和文化，社区资源等；② 学校共同体全体成员分析和讨论上述信息，据此明确定位学校变革之初的总体状况，该定位也是衡量学校后续改革是否有所进展的指标。该过程之所以要求学校共同体全体成员参与，是因为通过此过程，全体成员能对学校现有"家底"形成清晰的认知，这既有助于后续发展愿景和改革目标的确定，又能让每位成员体验到真正的校本变革是人人参与决策的过程。

（二）发展愿景

发展愿景（development of a collective school vision），具体而言，即学校集体愿景的发展。发展愿景就是学校共同体全体成员集体参与构想学校发展的理想图景的过程，这一图景将成为学校变革的焦点。其过程大致如下：① 先由学校共同体的全体成员依据自身的角色提出可能的构想，如学校教职工、家长等可以构想并提出帮助自己孩子学得最好的学校是怎样的，学生构想并描绘自己心目中理想的学校是怎样的；② 在各方充分参与构想的基础上集思广益，最终确立一种足以代表学校共同体全体成员共同抱负和愿望的愿景。全体参与学校愿景的发展，既有利于全体成员体验到主人翁的感觉，又有利于后续将愿景付诸于实践的行动。发展愿景是一个集体创造的过程，最终形成的是一个与全体成员密切相关的、有温度的文本，而非只是一些辞藻的堆砌和合成。

（三）确定学校优先发展的领域

通过比较前述的学校发展现状和愿景，确定学校优先发展的领域。在比较过程中，不同学校会确定不同的需要优先发展的领域，而需要优先发展领域的数目也会因学校而异；即便学校需要优先发展的领域很多，但开始阶段不宜确定太多的发展领域，一般而言，学校可以确定 3—5 个优先发展的领域。

（四）实施跃进学校的治理结构

如第二节所述，跃进学校的治理结构包括工作委员会、指导委员会、学校整体三层面的治理结构。启动阶段关键要组建学校的工作委员会和指导委员会，这两个委员会的确定，有助于学校改革工作尽快启动民主决策过程。工作委员会由不同的工作小组组成，工作小组的数目由前述学校确定的优先发展的数目确定，但一般而言，一所学校由 3—5 个工作小组组成工作委员会。工作小组组建过程如下：根据前述确定的学校发展的优先领域，全体教职工、学生、家长从中选择一个优先发展领域作为自己的份内工作，据此形成按优先领域划分的各个工作小组，各工作小组主要解决本领域所面临的具体问题。指导委员会由选出的各工作小组代表（可能包括教师代表、学生代表、家长代表等）、学校行政人员、各职能部门的代表、社区代表等组成。

（五）实施探究过程

探究过程是一个问题解决过程，包括确定问题、提出解决方案、选定解决方案并制定行动计划、试行行动计划、评价等环节。尽管从文本呈现顺序看，实施探究过程是启动阶段的最后一个实施过程，但实际上探究过程的所有环节或部分环节都渗透在上述所有过程中。由于学校共同体的所有成员都会在学校改革过程中用到探究过程，下面举例简要说明之。

以某校的家庭参与工作小组的探究过程为例，家庭参与工作小组的职责在于发动家长积极参与学校改革。下面依据上述探究过程的五个环节简述之：

1. 确定问题

该小组鼓励小组成员提出家庭参与方面可能存在的问题，假定小组成员讨论后认为"家长为什么不愿意积极参与学校事务"是有待解决的重要问题；进而提出，语言和信任问题可能是导致家庭参与度低的主要原因。在此基础上，工作小组主持多个由多样化背景的家庭参与的焦点团体小组，各焦点团体小组中充分讨论家长对参与学校事务的想法。通过工作小组内的讨论和家庭参与的焦点团体小组的讨论，工作小组最终确定问题。

2. 提出解决方案

工作小组以头脑风暴的方式，初步提出尽可能多的解决方案。在此过程中，工作小组进一步和校内有关人员沟通、充分考虑上述家长焦点团体小组的想法、查询文献，以便更多元、更周全地提出各种解决方案。

3. 选定解决方案并制定行动计划

在此基础上，工作小组在充分审议的基础上，选定基于学校自身优势、符合学校发展需要的可行性方案；并制定具体的行动计划，计划中除了规定具体的时间、人员、任务、资源等外，还包括创建一个家长工作室、一份家长时事通讯。

4. 试行行动计划

行动计划通过指导委员会的审查、学校共同体全体成员的表决后，开始试行。试行之前，工作小组和指导委员会一起制定试行计划推进的时间表，就行动计划实施、记录和评估做好分工。在计划试行过程中，工作小组发现家长工作室运行不佳，为此，工作小组考虑如何引导更多的家长积极参与到家长工作室中；有趣的是，时事通讯实施良好，并据此吸引更多的家庭参与学校事务。

5.评价

在此环节，工作小组以环节一确定的问题、实施过程中收集的资料，判断行动计划的试行成功与否。如果成功，接下来将全面实施行动计划；如果不成功，相应地修改行动计划；如果行动计划不可行，则放弃。通过评价，工作小组决定进一步修改鼓励家庭参与家长工作室的策略，并决定时事通讯设定固定的栏目，定期发行。

二、课程和教学的实施

跃进学校课程和教学的实施以课程、教学和组织实践的全面整合为基础，以高效学习的实施为重点，以成立研究和创造中心为发展趋势。

（一）课程和教学实施的基础

美国当时的学校改革有不少是局部或片段的改革，跃进学校计划认为，学校改革本身是一个整体，据此，课程、教学和组织实践的全面整合（如图 6-1 所示[①]）是跃进学校课程和教学实施的基础。所谓课程、教学和组织实践的整合是指，跃进学校的课程与教学改革的实施需要学校组织结构的相应改革，三者的关系就像三角形的三条边，对于三角形整体功能的实施，三条边缺一不可。

① HOPFENBERG W S, LEVIN H M, MEISTER G, et al. Accelerated Schools [R]. Palo Alto: Stanford University , 1990: 9.

课程

跨学科的语言学习
与生活经验相联系的
高级思维能力的学习
共同的课程目标
跨学科 / 主题式课程
平等的课程内容覆盖
全方位的选修课程
探究性的课程作业

教学

主动学习
充分的资源
各种项目
同伴互学
合作学习
教育技术
选择性的评价
异质分组

跃 进 学 校

组织

合作做出决策
家长作为伙伴
灵活的时间安排
与学区办公室的合作
校长作为促进者
和学校其他的员工合作
与其他教育水平的衔接

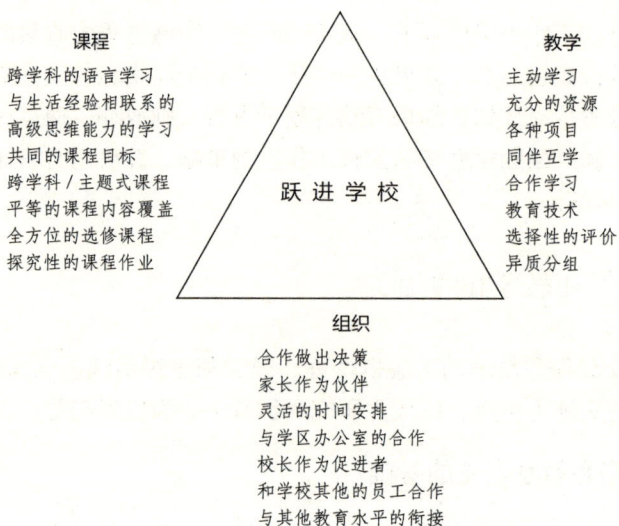

图 6-1 课程、教学和组织实践的全面整合

图 6-1 中，跨学科的语言学习是针对跃进学校学生的多种族、多语言背景而提出的，并不只是把语言视作单独的一门课程，而是渗透在所有课程的学习中，特别强调听说读写等各种形式的语言运用，并贯穿在所有课程学习的全过程中。课程实施重点将放在分析、问题解决、概念的应用上，即便是小学低年级亦如此。总体而言，跃进学校课程是跃进式的，而非补救式的。跃进式课程的主要特征是，丰富、平等、民主、高期望，即每位学生有能力学习丰富的课程内容，达成共同的课程目标。跃进学校采用全方位的选修课制度，实现每位学生的高学习成就，旨在促进主动的学习经验的发展，与此相应，学生是主动学习者，教师是促进者而非讲授者。

（二）高效学习的实施

课程、教学和组织实践的全面整合最终通过高效学习的实施得以落实。早期加入跃进学校计划的学校，对高效学习及其实施存有诸多困惑，并做出了探究。在跃进学校探究的基础上，莱文后来提出了高效学习的要素。

1.跃进学校对高效学习实施的困惑和探究

尽管高效学习被认为是跃进学校计划实施的关键之一，但在该计划实施的早期，不少试点学校对高效学习到底指什么、包括哪些要素、到底该如何实施等基本问题并不明确。如前述第一节中作为办学理念的组成部分，莱文对高效学习的理解也是后来提出的。又如布鲁纳（Ilse Brunner）和豪珀芬伯格（Wendy Hopfenberg）曾提出，高效学习的实施大致包括如下三个基本维度：学什么，即内容或课程问题；怎么学，即策略问题；如何达成，即怎样充分利用所有资源、优化组织结构，确保高效学习的实现。[①] 这三个维度与图 6-1 的整合框架的三边内容是相对应的。

布卢姆（Howard S. Bloom）等人研究了早期参加跃进学校计划的 8 所小学的实施成效，在收集数据过程中发现，不少小学对于高效学习及其实施存在诸多不解：

> 如一所学校的老师指出："实施高效学习的困难在于弄清楚它是什么以及如何学着去实施……"由于老师们对高效学习的理解含糊不清，该校要求一位来自斯坦福大学国家中心的教师开一个关于高效学习的专题工作坊。国家中心的教师离开后，该校的老师认为，他们仍没有真正理解高效学习是什么……并继续质疑自己对术语的理解及其如何在课堂上实施。[②]

早期加入跃进学校计划的学校教师和校长也存有类似的困惑。面对实施高效学习存在的诸多困惑，有些跃进学校在地方卫星中心的指引下开始探究。从已有探究看，高效学习本身的理解是高度开放和多元的，且高效学习的实施具有地方性和校本性。如下以佛罗里达农业机械大学地方卫星中心与其所指导的跃进学校的探究为例阐明之：

佛罗里达农业机械大学地方卫星中心为学校提供资金，为教师创造每年两次与专业教师会面的机会，据此开发符合阳光州标准（Sunshine State Standards）的整合课程单元。该过程包括如下环节：① 确定"基本问题"或期望学生在学完某个单元时应达到的理解；② 确定与本单元关联的阳光州标准的基准；③ 决定用哪种教学策略来介绍单元概念，运用高级思维能力和各种测量方式来确定学生的理解程度；④ 设计整合了不同学科领域的教学活动纲要；⑤ 选择完成单元学习时能表明学生的知识和理解程度的表现任务，如

---

① BRUNNER I, HOPFENBERG W. Growth and learning in Accelerated Schools: big wheels and little wheels interacting [A]. Paper presented at the Annual Meeting of American Educational Research Association, San Francisco, California, 1991: 5.

② BLOOM H S, HAM S, MELTON L, et al. Evaluating the Accelerated Schools approach: a look at early implement and impacts on student achievement in eight elementary schools [R]. New York: Manpower Demonstration Research Corp., 2001: 38.

科学博览会或学生的项目和作品的分享会；⑥ 开展头脑风暴，确定评估学生表现的标准和评分规则；⑦ 选择整合后的单元实施所需的资源。

> 整合后的课程增加了家庭贫困学生的语言学习体验，帮助学生将他们在课堂上所学的内容与真实生活情境相联系。教师通过合作学习具体化，促进学生参与和学生之间合作的活动。单元实施倡导探究和发现。与此相应，重在培训并鼓励教师使用不同的评估策略，如通过项目分享、展示、小组讨论、辩论和科学调查，促进学生高级思维能力的发展。
>
> 多年来，学校开发了很多高效学习的单元。全校共享理念和所开发的单元。一些单元在次年完善之。……
>
> 通常，教师以年级团队为单位，每月开会两次，讨论学生发展需要和课堂改革需要，分析测试成绩和学生进步程度，并规划教学策略以应对挑战。[1]

该案例至少表明两点：其一，佛罗里达农业机械大学地方卫星中心与其所指导的跃进学校通过对高效学习的探究，已形成了关于高效学习的地方性和校本性理解，并开发了适合该地学校实施高效学习的课程、教学、组织实践的连续体。其二，跃进学校计划将高效学习视作一种理念和策略，这表明了课堂改革的方向；至于具体如何实施，关键在于地方中心和学校能否联手，共同基于本地情境做出具体的探究，并形成相应的理解、实施过程和策略等。

2. 高效学习的要素

莱文认为，高效学习大致包括如下五个要素：真实性、连续性、儿童为本、全纳性、互动性。[2] 真实性是针对学习情境而言的，指高效学习情境与学生的经验和生活实际密切相连，且学生从中获得的体验也是真实的。连续性是针对学习内容而言的，即不论是跨学科课程、主题式课程还是跨学科语言学习等，其学习内容本身都是一个纵横交错、相互联系的网络。儿童为本是针对学习哲学而言的，即不论是高效学习内容、学习情境、学习过程等都要充分以每

---

① IGNATZ M, BAUMAN G, BYRD N. Longitudinal study of the Accelerated Schools Project in Northwest Florida, 1993-2001: a school-college partnership between schools in Gadsden and Leon school districts and Florida A & M University [R]. Tallahassee: Florida A & M University, 2003: 11.

② LEVIN H M. Pedagogical challenges for educational futures in industrializing countries [J]. Comparative Education Review, 2001, 45(4): 554.

位儿童的成长为据，引导每位儿童积极、主动的学习，并为自身的学习成效承担相应的职责。全纳性是针对学习对象的平等性而言的，即学校共同体的全体成员应对每位学生抱有高期望和平等的要求，并为他们的成长提供均等的机会和高效的方法。互动性是针对学习过程而言的，即通过各种项目、同伴互学、合作学习等，鼓励学生之间有效合作、密切互动。

需要指出的是，高效学习不仅发生在课堂中，而且还发生在学生学习的任何场所。

（三）建立研究和创造中心

莱文认为，随着全球化、技术进步、产业结构升级等，未来人才愈发需要具备研究能力和创造能力，这是学校改革面临的新的挑战。迎接新挑战有很多方法，方法之一是在"跃进学校建立研究和创造中心（Research and Creativity Centers，简称 RCC）"[①]。

研究和创造中心旨在提升每位学生的研究能力和创造能力，其重点在于引导所有学生开展表演艺术、体育活动、社区参与等方面的研究。学生的选题既可以自己确定，也可以由学校提出；不管哪种选题，都尽可能与学生的兴趣和年龄相适应。学生在 RCC 开展的研究不仅仅只是满足好奇心，而是能基于特定的主题开展类似专业的研究。

为了配合学生们的研究需要，RCC 应配备经过培训的专业工作人员，配置相应的网络设施和技术设备、书籍、文献，便于学生开展研究。如学生开展某一课题研究时，可通过网络向该领域的国内外专家请教。

学生们在中心开展的研究与课堂教学不矛盾，不论是学生自选的还是学校指定的课堂，都可以源自课堂，这样，中心的专业人员和教师可以联合指导学生开展研究。这样的研究不是高年级学生的专利，学生从小学一年级就可以开展相应的具体研究，随着年龄的增长、兴趣的拓展、视野的宽阔，可以进一步开展更为复杂、抽象的研究，直至高中毕业。

莱文是在 21 世纪初提出上述设想的，这些设想已在美国的不少中小学得以实现，如开展持续的课题研究或项目研究，由此可见，莱文当时的设想具有前瞻性。

---

① LEVIN H M. Pedagogical challenges for educational futures in industrializing countries [J]. Comparative Education Review, 2001, 45(4): 558.

三、大小齿轮的互动是实施的保障

通过早期 5 年（1986—1991）的探究，布鲁纳和豪珀芬伯格认为，大齿轮和小齿轮的互动推动了学校变革。[①] 换言之，大小齿轮的互动是跃进学校计划的办学理念、组织架构、变革过程、课程与教学等得以顺利实施的保障。

（一）大小齿轮互动的多元性

大齿轮是跃进学校计划正式的、外显的内容，包括办学理念、实施过程等，即前述第一节中的一个总体目标、三项原则、一套价值观、一种高效学习的理论及本节五个相互联系的实施过程。大齿轮指引整个跃进学校计划的发展方向，大齿轮的力量来自学校共同体全体成员的齐心协力。

小齿轮指由教师、家长、学生、支持人员和管理者发起的创造性实验。[②] 换言之，小齿轮指的是学校共同体每位成员发挥的具体作用。当跃进学校共同体的全体成员接纳并实践大齿轮时，每个成员在学校中的实践也随之改变，如学校共同体成员参与学校愿景构想时，有位老师开始重新审视自己过去常用的补救教学法及那些常被他称作需要补救教学的学生（remedial students），并决定在补救班里运用他过去只在天赋班运用的激励办法和先进的教学方法。几周后，他在一次学校全体会议上报告了实验的卓越成果和自身的个人成长。在该例子中，正因为这位教师所在学校的大齿轮发生了变化，带动了这位教师个人行动的小齿轮的变化。

当然大小齿轮的关系并非只是大齿轮带动小齿轮的变化，很多时候，小齿轮的创新才能真正推动大齿轮的运作，具体如下：① 跃进学校办学理念、实施过程的推进需要时间，而非一蹴而就，相对而言，小齿轮的创新可以在短期内看到变化，这些变化有助于与变化相关的人员如学生、同事、家长等做出改变。如果这样的改变能持续，那么，小齿轮引发的改变能带动大齿轮所运作的办学理念等的实现；② 小齿轮创新给学校共同体的每位成员提供了做出日常实践改变的机会，换言之，只要愿意尝试，每位成员都能找到自我成长的机

---

① BRUNNER I, HOPFENBERG W. Growth and learning in Accelerated Schools: big wheels and little wheels interacting [A]. Paper presented at the Annual Meeting of American Educational Research Association, San Francisco, California, 1991: 10.
② BRUNNER I, HOPFENBERG W. Growth and learning in Accelerated Schools: big wheels and little wheels interacting [A]. Paper presented at the Annual Meeting of American Educational Research Association, San Francisco, California, 1991: 11.

会；如果学校共同体的每位成员都能做出一些改变，那么，学校的办学理念等自然就逐渐实现了；③ 有时，学校某些具体的方面需要立即采取行动做出改变，这些改变只有小齿轮才可能真正做到。由此可见，有时小齿轮的活动是如此有效和强大，能影响大齿轮的运作。

综上所述，大小齿轮的关系并非简单的线性关系，而是复杂、多元的关系，其关系的具体表现由学校共同体的每个成员决定。

（二）大小齿轮多元互动的案例

大小齿轮互动所呈现出的复杂、多元的关系有赖于学校情境和具体的人员，下面仍以本节前面提到的家庭参与工作小组的探究过程为例，阐明大小齿轮之间的互动关系。在探究开始前，该工作小组的名称是家长与共同体工作小组，小组第一次会议后，与会人员认为，焦点应放在家长对孩子的支持上，因为当时很多处境不利学生的教养不是父母在尽责，而是叔叔阿姨、爷爷奶奶代替父母承担职责，有鉴于此，该小组将名称改为家庭参与工作小组。

工作小组首先试图界定理想的家庭参与模式。其间，工作小组召开了多次会议，讨论了家庭参与的概念界定、面临的挑战等，与会教师、学生、家长、后勤人员、管理者都从自身角度谈了为何家长参与是学校发展的一大挑战，学生们还结合自身经历发自肺腑地谈了关于家长参与的感受。几次会议后，工作小组认为，家庭参与的目的是在学校和家里给予学生正向、主动的支持。为了全面看待家庭参与问题，每两次会议期间，家庭参与工作小组的每位成员就家长参与问题，至少非正式访谈五位父母、教师、后勤人员、管理者、学生，有一位家庭参与工作小组的家长成员就电话访谈了 15 位讲西班牙语的家长。这种非正式访谈有助于提出最有代表性的假设，例如，有位家长认为自己在学校是二等公民，这一假设就来源于工作小组成员对家长的非正式访谈。

通过多次会议和持续的非正式访谈，家庭参与工作小组最后提出了 25 个假设，如下列举了其中的 12 个假设：

> 有些家长对学区有负面情绪。该学区承诺，他们的孩子可以选修他们感兴趣的课程如音乐、电脑等。然而，当他们填写了预定配额表后，孩子们却因种族问题被拒绝。
> 家长工作时间与学校活动相冲突。
> 家庭问题，如父母坐牢或有虐待行为。
> 一些孩子住在寄养家庭。
> 父母不信任学校或老师。

有些父母不会讲英语，不敢尝试交流。

那些没有接受过正规教育的父母将学校视作"神圣"的地方，害怕进学校。他们感到局促不安、尴尬和格格不入。

父母认为家、校不一样。他们认为，他们对孩子的教育不像老师那么重要。

缺乏一种亲密、团结的感觉，可能是种族隔离之故。

家长收到的多数学校来信都是否定孩子课业成绩的。

当孩子上中学时，父母可能会"精疲力尽"。在小学，他们只需要应对一个老师，而在中学，他们必须应对多个老师。

学校没有邀请父母，他们感觉自己不受欢迎。

……①

上述是家庭参与工作小组案例的一部分，从该部分内容看，大齿轮指的是家庭参与工作小组实施探究过程中的环节——"确定问题、提出假设"，在该环节中，无论是会议还是非正式访谈，都是该工作小组每位成员付出的一次次具体的努力。每位成员付出的每个具体的努力及其访谈对象的回应等，就是本案例中的小齿轮。大齿轮指引着"确定问题、提出假设"这一大方向，小齿轮中的任何一个具体的努力都会改变大齿轮的具体内容，即不断改变该小组确定的问题和提出的假设。诚如前文所述，即便是小组的名称，也因为小组成员的深入讨论而得以修改，且修改后更加契合该小组面临的挑战和拟解决的问题。上述非正式的访谈是很多假设提出的来源，如上述那位认为"自己在学校是二等公民"的家长的想法，就是后续假设的来源之一。由此可见，在该案例中，大齿轮引领着方向，小齿轮的任何一点创新或改变都会影响大齿轮的具体内容。

该案例最终的落实则是大小齿轮共同作用的结果，由此可见，不论是跃进学校计划的办学理念、探究过程的实施、课程与教学的实施等，都有赖于大小齿轮的多元互动。此外，从该案例中也可发现，工作委员会本质上是一个探究共同体。

---

① BRUNNER I, HOPFENBERG W. Growth and learning in Accelerated Schools: big wheels and little wheels interacting [A]. Paper presented at the Annual Meeting of American Educational Research Association, San Francisco, California, 1991: 16.

第四节 跃进学校计划的指导模式

跃进学校计划创立之初，包括莱文在内的斯坦福大学团队的成员为试点学校提供指导；到 1995 年，加入跃进学校计划的学校遍布美国 35 个州的 700 多所学校，仅凭斯坦福大学的指导力量显然不能解决全国各地学校的指导需求。面对新挑战，20 世纪 90 年代初，跃进学校计划形成了早期的指导模式（the Coaching Model），在后续发展过程中，一些地方卫星中心提出了新的指导模式。这些指导模式既是跃进学校计划的办学理念、实施过程等得以传播的有效途径，又是跃进学校计划取得成功的关键。

一、跃进学校计划早期的指导模式

跃进学校计划早期指导模式的形成，大致经历了从国家中心提供指导和国家中心与地方卫星中心有分工地进行指导两个阶段。

（一）国家中心提供指导

这种指导模式主要存在于跃进学校计划发动后的试点阶段。如前文所述，在旧金山湾区的 2 所学校试点期间，由斯坦福大学国家中心的研究人员为学校提供全方位的指导，指导内容包括跃进学校计划办学理念的试验、探究过程的实施等（具体内容第二节已论及，这里不再赘述），以每周到校、持续跟进的方式进行指导。跃进学校计划创立 2 年后，加入跃进学校计划的学校数量增加。于是，国家中心采取了新的指导方式，即由国家中心为新加入的跃进学校团队做培训，学校团队一般由校长、2—3 名教师、家长代表和学区代表组成；培训结束后，这些团队回到各自学校，培训学校共同体的全体成员。[①] 由于在后续改革过程中，这些学校未能得到跃进学校计划国家中心的跟进指导，改革进程异常艰辛。

（二）国家中心与地方卫星中心有分工地进行指导

面对上述问题，跃进学校计划国家中心提出了新的拓展计划，建立了依托

---

① BRUNNER I, HOPFENBERG W. The dissemination of educational innovations: new insightsinto the coaching model [A]. Paper presented at the Annual Meeting of the American Educational Research Association. San Diego, CA, 1998: 6.

于高校的地方卫星中心，通过地方中心为跃进学校提供持续的支持。地方卫星中心的创建很大程度上得益于雪佛兰公司的资助。在资助跃进学校计划之前，美国雪佛兰公司的总裁普瑞斯（Will Price），要求公司共同体事务部的工作人员研究了美国当时的250多个计划，研究过程如下：① 洞察美国教育系统存在的关键问题；② 确定哪些问题是公司可以致力解决的；③ 确定值得雪佛兰公司提供支持的教育更新计划。① 研究后，雪佛兰公司选择资助跃进学校计划。第一批地方卫星中心由跃进学校计划国家中心和雪佛兰公司共同选定并成立。

依托于高校的地方卫星中心成立后，国家中心和地方卫星中心有分工地指导跃进学校计划的推进。国家中心的职责随着地方卫星中心的增加有所改变，早期，国家中心主要负责培训地方卫星中心的工作人员，帮助他们真正理解跃进学校计划的办学理念和实施过程等；随着地方卫星中心数量的增加，国家中心除了负责培训人员外，还组建了地方卫星中心联盟、指导教师团队等。国家中心对地方卫星中心工作人员的培训，包括最初的8天培训、召开会议、国家中心工作人员每年两次访问各个地方中心、每学年末召开为期两天的务虚会（retreat）。

国家中心设定的地方卫星中心的主要职责是：推选所在地区的跃进学校，为这些学校提供后续的支持；与所在地区的教育主管部门合作，为这些学校的教师和管理者试验跃进学校计划提供支持和帮助；通过实践、研究和评估，加深对跃进学校的理解，共同形成跃进学校地方中心联盟。② 尽管国家中心为地方卫星中心明确了职责，但布鲁纳和戴维森（Betty M. Davidson）认为，对跃进学校的推进而言，起关键作用的是地方卫星中心的"一批训练有素的指导教师"③。

二、地方卫星中心开发的新指导模式

关于地方卫星中心开发的新指导模式，本部分以第一批地方卫星中心之

---

① BRUNNER I. The Accelerated Schools movement: expansion and support through Accelerated Schools centers [A]. Paper presented at the Annual Meeting of American Educational Research Association. San Francisco, CA, 1995: 3.

② BRUNNER I. The Accelerated Schools movement: expansion and support through Accelerated Schools centers [A]. Paper presented at the Annual Meeting of American Educational Research Association. San Francisco, CA, 1995: 3.

③ BRUNNER I, DAVIDSON B M. The dissemination of educational innovations: new insightsinto the coaching model [A]. Paper presented at the Annual Meeting of the American Educational Research Association. San Diego, CA, 1998: 3.

一的新奥尔良大学地方卫星中心（University of New Orleans，简称 UNO 中心）为例，阐明其新指导模式开发的过程。

（一）UNO 中心的发展概况

在雪佛兰公司的资助下，UNO 中心成立于 1990 年。成立之初，该中心由 1 名全职客座教授、1 名全职研究生助理和兼职员工组成。中心工作人员到国家中心培训后，推选了新奥尔良市中心的一所学校作为试点学校，并承担起指导任务；与此同时，中心也指导了一所新奥尔良的公立学校，但一年后该公立学校退出了跃进学校计划。

1991 年，UNO 中心向路易斯安那州的中小学教育委员会（Board of Elementary and Secondary Education，简称 BESE）递交了一份拨款建议，希望 BESE 资助 20 万美金，新推选出 8 所学校加入跃进学校计划。由此，共有 9 所学校下属 UNO 中心。与此相应，中心增加了 2 名研究人员、2 名全职研究生和 1 名 75% 的时间都在中心工作的研究生助理。以此思路推进，到 1995 年，UNO 中心下属的学校有 28 所，这些学校来自路易斯安那州的 19 个学区。

1990—1995 年，UNO 中心运作的经费来源如下表 6-1 所示。

表 6-1 经费来源：1990—1995[1]

资助机构	资助金额（单位：美元）
雪佛兰公司	225,000
中小学教育委员会	1,460,000 （资助金额是依据第一年每所学校 资助 12,500 美元计算得出）
圣查尔斯教区学校董事会	19,000
奥尔良教区学校董事会	18,000
拉皮德县学校董事会	12,500
贝尔南方公司基金会	100,000
合计	1,834,500

---

① BRUNNER I. The Accelerated Schools movement: expansion and support through Accelerated Schools centers [A]. Paper presented at the Annual Meeting of American Educational Research Association. San Francisco, CA, 1995: 12.

（二）UNO 中心早期的指导模式

在最初四年中，UNO 中心早期的指导模式是直接服务培训模式[①]，即直接指导模式。这种模式的特点是，地方卫星中心的工作人员直接指导跃进学校，每位指导教师最多指导 4 所学校。跃进学校加入之初，UNO 中心对跃进学校的培训与国家中心对地方中心工作人员的培训类似，大致包括最初的若干天培训，内容为跃进学校计划的办学理念、实施过程等；召开工作会议；学年末召开务虚会等。当时，UNO 中心共有 21 名工作人员，这些工作人员奔波于路易斯安那州之间，定期访问当地的跃进学校并为学校提供所需的培训，并在该中心下属的学校之间建立了联盟。

（三）UNO 中心新开发的指导模式

与 UNO 中心早期的指导模式不同，新开发的指导模式可以被称为间接指导模式。其主要特点是，UNO 中心指导的重点是提升不同学区及跃进学校自身的指导能力，换言之，从学区和学校内部产生一批指导教师。与此相应，UNO 中心的工作人员成为这些指导教师的导师。[②] 该模式产生于 1994—1995 学年，在国家中心的提议下形成；当时培训了来自 11 个学区的 2 名指导教师和 12 所学校的校长，这批早期的受训者都成为当地跃进学校的指导教师。

间接指导模式实施的关键在于能否招募到一批训练有素的指导教师。跃进学校计划认为，指导教师指"那些有助于引导、支持、促进、鼓励、推动中小学采用跃进学校理念和过程、变革学校自身的人员"[③]。由此可见，指导教师首先需要深谙跃进学校计划的办学理念和实施过程，擅长发展性的指导策略。指导教师的主要职责是，帮助所指导的学校探究跃进学校办学理念；为其实施跃进学校过程提供支持策略；培育其实施跃进学校理念和过程的可能条件；从学校共同体成员的最大利益出发，为其持续实施跃进学校的理念和过程提升全体成员的能力。如下以迈阿密东北小学的指导教师爱丽佛瑞兹（Kerry Elifritz）

---

① BRUNNER I. The Accelerated Schools movement: expansion and support through Accelerated Schools centers [A]. Paper presented at the Annual Meeting of American Educational Research Association. San Francisco, CA, 1995: 11.

② BRUNNER I. The Accelerated Schools movement: expansion and support through Accelerated Schools centers [A]. Paper presented at the Annual Meeting of American Educational Research Association. San Francisco, CA, 1995: 11.

③ BRUNNER I, DAVIDSON B M. The dissemination of educational innovations: new insights into the coaching model [A]. Paper presented at the Annual Meeting of the American Educational Research Association. San Diego, CA, 1998: 4.

为例，进一步阐明指导教师实际体验到的角色和职责比预设更为丰富和鲜活：

> 指导教师具有深刻的承诺，即创建能促进每位孩子全面发展的学校；具有学校文化方面的经验和知识；真正感受到待在学校现场很享受；有很强的沟通和人际关系技巧；运用创造性的培训策略；是一个积极的倾听者、反思性的提问者、有效的促进者、视野远大的人；善于激励和鼓励他人；具有团队精神；具有灵活性；适应变化、模糊和冲突。[①]

对于指导教师的招募，国家中心选定地方卫星中心后，可以直接招募工作人员；然而，如表 6-1 所示，UNO 中心受到 BESE 的资助，且资助金额是根据当地能成为跃进学校的学校数目决定的，据此，该中心不能像国家中心那样，直接向所有学校招募指导教师人选。UNO 中心为新加入的跃进学校招募校外指导教师的程序大概有两种：① 对于那些早前已有学校成为跃进学校的学区，地方卫星中心请学区推荐指导教师人选；② 对于那些早前没有跃进学校的学区，则请邻区的学校推荐指导教师。需要指出的是，指导教师实际招募过程和来源比上述的两种程序更为复杂。如用上述程序招募指导老师时，UNO 中心招募的指导教师人数不足，最后，中心工作人员在新加入的 4 所学校挑选了 5 名校内教师作为指导教师；有 3 所学校找不到校内指导教师，只好请校长担任指导教师。[②] 下面以 1994—1995 学年新加入跃进学校计划的学校为例，呈现指导教师的来源、指导变动及指导教师本身参与培训的情况等。

[①] POETTER T S. Mapping school change in an Accelerated School: the case study of Miami East North Elementary School [R]. Columbus: Ohio State Dept. of Education, 1999: 69.
[②] BRUNNER I, DAVIDSON B M. The dissemination of educational innovations: new insightsinto the coaching model [A]. Paper presented at the Annual Meeting of the American Educational Research Association. San Diego, CA, 1998: 8.

表 6-2   1994—1995 学年新加入跃进学校计划的学校指导教师情况一览表 [①]

学校名称	指导教师来源	说明
巴特勒小学	UNO 中心办公室	没有参加 1994 年夏季工作坊的培训。指导一年，1995—1996 学年由其他指导教师接替
	其他学校的一位教师	没有参加 1994 年夏季工作坊的培训。指导一年，1995—1996 学年由其他指导教师接替
	其他跃进学校的一位教师	没有参加 1995 年夏季工作坊的培训。指导一年，1996—1997 学年由其他指导教师接替
	巴特勒小学教师	没有参加 1996 年夏季工作坊的培训。一直担任学校的指导教师
卡佛小学	其他跃进学校的一位教师	参加了 1991 年夏季工作坊的培训。指导一年，1996—1997 学年由其他指导教师接替
	卡佛小学校长	参加了 1995 年夏季工作坊的培训。同时担任校长和指导教师一年，1996—1997 学年只担任校长，未兼任指导教师一职
	卡佛小学教师	参加了 1996 年夏季工作坊的培训。一直担任学校的指导教师
	卡佛小学教师	没有参加 1996 年夏季工作坊的培训。担任学校指导教师 2 年，1997 年退休
	卡佛小学教师	参加了 1997 年夏季工作坊的培训。一直担任学校的指导教师
福里斯特小学	UNO 中心办公室	参加了 1994 年夏季工作坊的培训。一直担任学校的指导教师
	UNO 中心办公室	参加了 1994 年夏季工作坊的培训。指导一年，1995—1996 学年由其他指导教师接替
	UNO 中心办公室	没有参加 1996 年夏季工作坊的培训。一直担任学校的指导教师 1997—1998 学年，挑选了 2 位福里斯特小学的教师担任指导教师
	福里斯特小学教师	参加了 1997 年夏季工作坊的培训
	福里斯特小学教师	参加了 1997 年夏季工作坊的培训
李将军小学	校长	没有参加 1994 年夏季工作坊的培训，没有继续担任指导教师。一位 UNO 中心的导师指导学校，并一直续任

---

① BRUNNER I, DAVIDSON B M. The dissemination of educational innovations: new insights into the coaching model [A]. Paper presented at the Annual Meeting of the American Educational Research Association. San Diego, CA, 1998: 22.

续　表

学校名称	指导教师来源	说明
希尔斯伯勒小学	校长	参加了1994年夏季工作坊的培训，没有继续担任指导教师。一位UNO中心的导师指导学校，并一直续任
劳伦斯小学	劳伦斯小学教师	参加了1994年夏季工作坊的培训，一直担任学校的指导教师
	劳伦斯小学教师	参加了1994年夏季工作坊的培训，一直担任学校的指导教师
梅普尔·格罗夫小学	梅普尔·格罗夫小学教师	参加了1994年夏季工作坊的培训，一直担任学校的指导教
	UNO中心办公室	参加了1994年夏季工作坊的培训，指导一年，1995—1996学年由其他指导教师接替
	梅普尔·格罗夫小学教师	参加了1995年夏季工作坊的培训，一直担任学校的指导教师
皮克特小学	其他跃进学校的一位教师	参加了1991年夏季工作坊的培训，指导一年，此后，皮克特小学退出跃进学校计划
	其他跃进学校的一位教师	参加了1991年夏季工作坊的培训，指导一年，此后，皮克特小学退出跃进学校计划
罗斯兰小学	UNO中心办公室	没有参加1994年夏季工作坊的培训，一直担任学校的指导教师
	罗斯兰小学教师	没有参加1994年夏季工作坊的培训，一直担任学校的指导教师
斯普瑞·希尔小学	斯普瑞·希尔小学教师	参加了1994年夏季工作坊的培训，一直担任学校的指导教师
	斯普瑞·希尔小学教师	参加了1994年夏季工作坊的培训，一直担任学校的指导教师
桑顿小学	桑顿小学教师	参加了1994年夏季工作坊的培训，一直担任学校的指导教师
	桑顿小学教师	参加了1994年夏季工作坊的培训，一直担任学校的指导教师
威路·克里克小学	UNO中心办公室	没有参加1994年夏季工作坊的培训，指导一年，1995—1996学年由其他指导教师接替
	其他学校的一位教师	参加了1994年夏季工作坊的培训，指导一年，1995—1996学年由其他指导教师接替
	威路·克里克小学教师	参加了1995年夏季工作坊的培训，指导两年，1997—1998学年由其他指导教师接替
	语言治疗师，威路·克里克小学兼职教师	参加了1997年夏季工作坊的培训，一直担任学校的指导教师

从上表 6-2 可以看出，1994—1995 学年有 12 所小学成为 UNO 中心的跃进学校。如果依据间接指导模式指导教师招募的程序，新加入学校的指导教师一般来自校外，且由非 UNO 中心的成员出任指导教师。但从实际情况看，上述 12 所小学在 1994—1998 年期间，有 5 所小学的部分指导教师来自 UNO 中心；有 3 所小学的指导教师全由校内教师担任，有 6 所小学的部分指导教师由校内教师担任，有 2 所小学试图由学校校长担任指导教师，但后来仍然请 UNO 中心工作人员担任；除了上表中所列的指导教师来源外，学区内部分能胜任指导教师职责的工作人员，也在特定时期兼任指导教师。由此可见，在实际实施过程中，间接指导模式的运行远比设想的复杂得多；同时，设定单人导师角色的 UNO 中心工作人员，不仅要担任导师，而且还要随时根据学校发展的需要顶替学校指导教师一职。需要指出的是，新加入的 12 所小学中，只有皮克特小学在试点一年后推出了跃进学校计划。

对于指导教师的培训，大致包括：① 为期 5 天的夏季工作坊（表 6-2 中有提及），培训内容主要包括跃进学校的办学理念和实施过程及培训指导学校所需的培训单元的设计；② 学年中间开展为期 2 天的额外培训；③ 参与新加入的跃进学校现场开展的最初培训；④ 参加每年 3 次的跃进学校联盟会议，在每次会议中，这些指导教师有机会与成功实施跃进学校理念和过程的学校教师和校长交流；⑤ 学年末的务虚会，该会议主要交流学年改革进展，制定下一学年的计划。此外，整个学年，指导教师都得到了 UNO 中心导师的全程指引。考虑到指导质量，UNO 中心规定，指导教师第一年只指导 1 所新加入的跃进学校；如果该学校指导质量良好，后续可以增加指导学校的数目。

指导教师的指导能力不可能仅凭 1 次工作坊或 1 次培训或 1 本工作手册就能速成，其指导能力的提升很大程度上依赖指导教师能否将指导过程视作一个反思性实践的过程，在此过程中，指导教师要善于反思和提升自身的指导知识和能力。

三、指导模式之外的其他支持

除了上述指导模式中提到的指导力量外，跃进学校的变革离不开校长的支持、家长的参与和社区的支持。在这些支持中，家长参与和社区支持遭遇了一些类似的问题，对于这些问题的应对方法，一并在社区支持部分论及。

（一）校长的支持

跃进学校的指导模式、办学理念、实施过程、校本治理等的有效探究和实施，离不开校长的支持。柯尔比（Peggy C. Kirby）和小梅扎（James Meza, Jr.）等研究发现，校长支持与否直接决定跃进学校计划的指导模式能否起作用。他们认为："校长的支持对于外部指导教师和学校员工建立联系是必不可少的。需要指出的是，假如指导教师是该校的一名员工，校长则有能力干预指导教师和大学促进者之间的关系。"[1]

新奥尔良大学的戴维森和圣约翰（Edward P. St. John）研究了校长角色和跃进学校计划之间的关系，研究发现："① 学校重建过程中，校长的领导风格和学校成功之间存在关联；② 校长角色是学校重建过程中的关键。"[2] 在这项研究中，戴维斯和圣约翰选取了 4 所跃进学校，其中 3 所学校已完成第一年办学理念的探究，进入实施阶段，另 1 所学校已加入跃进学校 2 年。加入跃进学校计划之前，3 所学校中的 2 所学校新任命了校长，另 1 所学校和加入 2 年的学校校长则在所在学校任职多年。他们以案例研究法作为主要研究方法，通过访谈、问卷、观察、田野笔记、学校文本收集等方式收集了研究数据，其中学校文本收集包括考试成绩、考勤记录、行政文件、资金申请、愿景陈述、调查、头脑风暴法论文、家长参与等。

在上述研究中，关于校长的领导风格和学校成功之间的关系，在跃进学校计划引入前后有不同的表现：① 4 所学校加入跃进学校之前。成为跃进学校 1 年后的 3 所学校中，学校原校长的共性是都展现了专制独裁的领导风格，区别在于其中有 2 所学校的教师对校长的专制独裁领导风格表示不满，由此导致教师参与改革的士气低迷，而第 3 所学校的教师则习惯于原校长的专制独裁领导风格。成为跃进学校 2 年后的学校原校长则展示了中性的领导风格。② 加入跃进学校计划后。4 所学校中，除了有新上任的校长的 1 所学校外，其他 3 所学校的研究都表明，校长的领导风格和学校顺利推进跃进学校计划之间存在正相关，尤其是新任命校长的那所学校，教师们明显感到，新校长和老校长有截然不同的领导风格。新校长不仅将跃进学校计划引入学校，而且和老师们一起探讨如何实施，并为老师的试验提供支持条件。与此类似，加入跃进学校计划 2 年的那所学校，老师们明显感觉到校长的领导风格发生了很大变化，他们认为，自从加入跃进学校计划后，校长更加愿意支持老师们开展新的试验。由此

[1] KIRBY P C, MEZA J JR. Coaching versus direct service models for university training to Accelerated Schools [A]. Paper presented at the Annual Meeting of the American Educational Research Association. San Francisco, CA, 1995: 13.

[2] DAVIDSON B M, ST. JOHN E P. School Restructuring: A study of the role of the principal in selected Accelerated Schools [A]. Paper presented at the Annual Meeting of the Southwest Educational Research Association. Austin, TX, 1993: 31.

可见，跃进学校计划的理念对校长领导风格的转变起到了积极的引导作用，而校长领导风格的转变又促进了学校改革计划的实施。

通过上述研究，戴维斯和圣约翰提出，在实施新的改革计划过程中，最重要的是校长角色的转变，与跃进学校办学理念相适应的校长角色是"促进者"①。换言之，校长亟待从管理者转变为学校改革的促进者。他们在研究过程中也发现，有多个因素影响校长角色的转变，其中比较关键的因素是学区的政策及对学校改革的支持程度，其他因素还包括家长的参与、教师的合作、大学等外部专业人士的支持等。

由此可见，跃进学校计划实施过程中，校长的领导风格、角色定位等是决定校长能否对学校改革起支持作用的关键。与其他各种改革计划类似，跃进学校计划能否有效实施，还涉及改革过程中校长任职的连续性等问题。如前文所述，如果学校原有校长的领导风格是专制独裁的，那么，更换一位有发展愿景和支持改革的校长，则可能会促进学校的改革；但更多的校长换届远比上述案例中复杂，据此，如果学校校长换届，不同校长之间能否保持改革的连续性，始终是一个突出的问题。

（二）家长的参与

早在 1987 年，莱文就提出，改变处境不利孩子的跃进学校的要素之一就是家长参与和培训，他在借鉴爱泼斯坦（Joyce L. Epstein）、凯利（Deirdre Kelly）、斯姆雷卡尔（Claire Smrekar）等人关于家长参与的相关研究的基础上，提出了家长参与和培训的设想：

> 家长将以两种方式深入参与。首先，要求所有家长或监护人签订一份协议，协议内容包括跃进学校的目标及家长、学生和学校员工各自应尽的义务。如有必要，可以向家长解释和翻译该协议。家长的义务包括确保孩子在合理的时间范围内上床睡觉、按时上学。家长应对孩子抱有高的教育期望，定期与他们谈论学校教育的重要性，并对孩子的活动及带回家的材料感兴趣。
>
> 要求家长鼓励孩子每天阅读，并确保独立完成作业。期望家长回应学校的询问。通过与家长郑重地签订书面协议，强调家长角色的重要性。学生和学校员工也有与其角色相应的义务，如果三方一起工

---

① DAVIDSON B M, ST. JOHN E P. School Restructuring: A study of the role of the principal in selected Accelerated Schools [A]. Paper presented at the Annual Meeting of the Southwest Educational Research Association. Austin, TX, 1993: 9.

作、相互理解，那么跃进学校的办学将会取得成功。

其次，为了给孩子提供积极的帮助，家长将有机会参与学校互动教育计划、接受学校的培训。这些培训不仅包括与孩子一起工作的技巧，还包括很多理解孩子所需要的必不可少的学术技能。关于学术技能的培训，有可能需要与提供成人基础教育的机构紧密合作。家长的参与能提高孩子的学习能力和努力程度，增加孩子致力于学术学习的时间，并在家里提供额外的教学资源。[①]

莱文提出的关于家长参与的两方面，实际上阐明了家长参与的内容及如何确保家长有能力参与的策略。在跃进学校计划推进过程中，很多跃进学校都证明，家长的有效参与有助于学校的变革。除了上述具体内容外，家长还参与了跃进学校办学理念、实施过程等的探究及学校实施变革的各种具体活动。这些参与既促进学校的变革，又密切了家校关系。如下以迈阿密东北小学的校长和一位家长的观点，阐明家长参与跃进学校变革的价值。该校校长盖（Jim Gay）指出：

> 我们在学校举办了家长和员工参与的聚会活动，活动中我们谈论了学校即将要着手的改革。那次活动非常成功。那是在那年的八月份举行的。在"了解现状"的过程中，家长和员工都有很多参与。在加入跃进学校第一年的愿景发展过程中，家长和员工同样有很多参与。真的，这些都是关键因素。[②]

该校的很多家长从多个角度谈到了家长参与的价值，包括学校尊重家长的参与、学校改革活动重视家长参与、为家长提供帮助等，如以前述莱文指出的如何确保家长有效参与为例，其中一位家长指出：

> 当时我儿子三年级，教师提供了家庭数学之夜。由于有些家长完全不懂孩子的作业，因此，学校员工在晚上开放了学校，这真的帮助了很多家长。参加数学家庭的家长们不再害怕走到另一个家长面前说："我有问题，你能帮我解决吗？"这就是东北小学的独特之处。

---

① LEVIN H M. New schools for the disadvantaged [R]. Aurora, CO: Mid-Continent Regional Educational Lab, 1987: 11.
② POETTER T S. Mapping school change in an Accelerated School: the case study of Miami East North Elementary School [R]. Columbus: Ohio State Dept. of Education, 1999: 21.

这就像一个关系密切的家庭。①

（三）社区的支持

关于社区支持，莱文提出：

> 跃进学校必须利用所有资源来完成他们的使命。其中，成人导师可以与个别学生一起工作、为教师提供帮助。能担任这类成人导师的一个特别丰富的来源是老年人，多数这些老年人以前曾是教师，他们退休后寻求继续参与创造性活动和社会交往。此外，当地企业也能为跃进学校提供人力和资源。社会服务机构能为家庭提供包括保健、营养、咨询方面的基本需求，青年机构如美国男童子军和女童子军，或名为大哥哥大姐姐的机构能为学生放学后、周末和暑假期间提供丰富的计划。②

从莱文的设想看，社区能为学校提供指导力量、资源和各种服务。从跃进学校推进的进程看，社区的确在上述方面起着不可替代的作用。如以前述的迈阿密东北小学为例，在加入跃进学校计划之前，该校基本拒绝社区参与学校事务；加入跃进学校计划后，该校主动邀请当地教会成员到学校担任志愿者，由此，学校里经常可以看到社区志愿者的身影。社区对学校的支持，以如下两种方式体现之："常态邀请社区成员参与学校事务，社区常态邀请学校参与社区活动。"③

在家长和社区参与学校活动过程中，也遇到了一些挑战，挑战之一是面对家长和社区的参与，学校需要转变文化，尤其是学校员工需要转变对家长、社区成员的看法，即家长、社区成员不再只是被动的参与者，而是学校发展的主动参与者。此外，家长和社区成员因都有各自的事务，经常无法按照学校设定的时间参与学校事务。对此，迈阿密东北小学大致从如下几方面尝试解决之：提前向家长、社区公布学校活动计划；发布关于学校事务、活动、学生学习进

① POETTER T S. Mapping school change in an Accelerated School: the case study of Miami East North Elementary School [R]. Columbus: Ohio State Dept. of Education, 1999: 43.

② LEVIN H M. New schools for the disadvantaged [R]. Aurora, CO: Mid-Continent Regional Educational Lab, 1987: 11.

③ POETTER T S. Mapping school change in an Accelerated School: the case study of Miami East North Elementary School [R]. Columbus: Ohio State Dept. of Education, 1999: 43.

展等方面的每周时事通讯；加强多方之间的沟通和交流。该校的努力实际上构建了一个促进学校、家庭、社区有效沟通的网络，该网络除了理顺多方之间的沟通障碍外，更重要的是为学校发展获取了更多的支持。

第五节 跃进学校计划的评价

综上所述，跃进学校计划因有清晰的大学与中小学合作办学理念、治理结构、实施思路、成熟的指导模式等，在帮助薄弱学校改革，带动处境不利学生的成长方面取得了卓越的成效。

一、跃进学校计划的成效

跃进学校计划的成效主要如下：

(一)大学与中小学合力促进薄弱学校实现跃进式发展

跃进学校计划试验早期就取得了较好的成效，其成效主要体现在早期在旧金山试点的 2 所薄弱小学中。莱文在回顾跃进学校计划发展的前 10 年历程中指出：在校长的支持下，两所学校的家长积极参与学校发展事务，教师不再紧盯着学生的纪律问题，而是开始寻求每位学生的发展优势，教师之间开始分享各自在改革中的成功之道，学生的出席率增加，作业质量提高；作为改革的副产品，学生成绩也得以提高，根据学区的测验分数，其中有一所学校在全区 65 所小学中从过去的垫底一跃到了全区前三名。[①]

2001 年，由美国福特基金会资助的一个独立小组对跃进学校计划的改革成效进行了评估。当时美国有 1000 多所跃进学校，该小组在 1000 多所学校中选取了 8 所小学进行评估，选取的依据有二：其一，这些小学中处境不利学生的比例很高；其二，在改革过程中采用并实施了跃进学校计划的办学理念、治理结构、实施过程等，且改革期间没有采用其他的改革思路。如前文所述，跃进学校计划旨在：① 努力创造一种崭新的、支持性的学校文化，这样的学校文化让每位教师和学生都对自己的未来抱有高期望；② 建立具有如下特点的治理结构，即教职员工广泛参与决策，通过评估学校的优势和问题形成解决方

---

① LEVIN H M. Accelerated Schools: a decade of evolution [G]//FULLAN M. Fundamental change: international handbook of educational change. Netherlands: Springer, 2005: 143.

案；③ 在课程与教学中引入高效学习，这是一种使学生面对的课程更具有挑战性、交互性，项目为本，与其学习高度关联的方法。评估结果表明，跃进学校计划大规模提高了处境不利学生小学三年级时的学业成绩，之所以跟踪研究三年级时的学业成绩，是因为三年级是反映小学生的基础阅读和数学能力的关键点；小学生学业成绩的提升的具体结果如下：① 实施前三年，跃进学校聚焦于学校治理结构和文化的改革，从第三或第四年开始转向课程与教学改革。② 改革对三年级学业成绩的影响表明了跃进学校计划在跃进学校的实施情况。前两年该计划对学生的学业成绩没有积极影响；因学校开始改革课程和教学，第三年略有下降；第四年和第五年逐渐提升，第五年三年级的阅读和数学的平均成绩超过了预测水平。③ 改革对这 8 所学校或学生产生的影响是不同的，观察发现，在那些之前不曾发动改革的学校和发动改革前考试分数最低的学校中，学生的学业成绩得分提高最多。[①]

除了外部对跃进学校计划的实施成效进行评价外，跃进学校计划本身一直都很重视评价跃进学校的实施成效。莱文在回顾跃进学校计划发展的前 10 年历程中指出，前 10 年主要采用观察性评价，主要评价如下三方面：① 跃进学校是否采纳跃进学校计划的过程、价值、实践和决策过程；② 发明了一种方法，用以观察决策结果是否真正得以实施；③ 莱文团队的成员与跃进学校、指导教师一起工作，以此判断上述决策对学生和学校发展结果的影响。这些结果包括学生作业的质量和多样性，学生成绩、出勤率和课堂参与的改善，父母亲的参与，在特殊教育安置和留级方面是否成降低趋势。[②]

除了从上述三方面观察跃进学校的实施成效外，跃进学校计划也观察学校文化、班级文化、学校民主进程的推进等，同时每年年底会总结跃进学校的改革成效。跃进学校计划还开发了"内部评估工具包"，用以评价进入改革第二年的跃进学校的改革成效。此外，跃进学校计划也通过比较跃进学校和类似的非跃进学校的改革进展，来确定跃进学校计划的改革成效。

（二）大学与中小学合力验证了帮助处境不利学生成长的新思路

基于研究，跃进学校计划提出了帮助处境不利学生成长的全新思路。在跃进学校计划之前，美国学校往往采用补救干预的思路促进处境不利学生的成

---

① BLOOM H S, HAM S, MELTON L, et al. Evaluating the Accelerated Schools approach: a look at early implement and impacts on student achievement in eight elementary schools [R]. New York: Manpower Demonstration Research Corp. , 2001: 4.

② LEVIN H M. Accelerated Schools: a decade of evolution [G]//FULLAN M. Fundamental change: international handbook of educational change. Netherlands: Springer, 2005: 154-155.

长，莱文等人研究发现，这种思路无法真正促进处境不利学生的成长；反之，基于每位学生自身的优势并联合所有力量，能帮助每位处境不利学生的成长。上述跃进学校计划帮助薄弱学校实现跃进式的发展，也充分证实了这种新思路帮助处境不利学生成长的价值。需要指出的是，跃进学校计划不仅提升了处境不利学生的学业成绩，而且也改善了这些学生的表现，包括学习自信心和课堂参与积极性的增强、辍学率降低等。

这种新思路不仅在美国被证明是有效的，国际上不少引入此计划的国家也证明，跃进学校计划能帮助处境不利学生成长。如以色列教育部面对学生学业成绩不良的困境，于20世纪90年代引入了跃进学校计划，有学者研究了跃进学校计划在以色列的改革成效，研究发现成效之一是，"更多的学生返回当地学校学习，学生辍学率大大降低，高考成绩显著提高，这为处境不利学生打开了通往高等教育的大门"[1]。

（三）为大学与中小学合作提供了富有示范意义的指导模式

通过多年的探究和实践，跃进学校计划形成了富有示范意义的指导模式。跃进学校计划探究形成的指导模式的示范性主要体现在：① 用探究的思路不断完善指导模式。跃进学校基于跃进学校发展的需要，不断探究适合跃进学校发展的指导模式；从早期的国家中心提供指导，国家中心与地方卫星中心有分工地合作指导，到后来各地方中心基于各地跃进学校发展的需要，开发适合地方的指导模式，无不体现了探究的思路。因探究是一个直面问题、不断解决问题的过程，能超越指导过程中可能形成的思维定势，因而能较好地满足不同跃进学校改革过程中的指导需要。② 特别重视为跃进学校的早期改革提供连续的指导，从跃进学校计划实施进展看，为跃进学校前五年的改革提供连续指导尤为重要。连续指导之所以重要，是因为在改革初期，连续指导有助于跃进学校整体建构并提升学校改革所需要的各方面能力，换言之，有助于跃进学校完成改革所需要的能力建构。

研究表明，跃进学校计划探究形成的指导模式是富有成效的。如以本章第四节论及的新奥尔良大学地方卫星中心为例，有学者研究了该中心开发形成的指导模式的成效，研究发现：指导模式非常成功，指导过程的实施有助于多数学校完成了解现状、发展愿景、探究等阶段；我们认为，这一指导模式的成功

---

① GAZIEL H. Accelerated Schools Programmes: assessing their effectiveness [J]. International Review of Education, 2001, 47(1): 27.

很大程度上取决于指导过程中的分权。①

最后，不论是跃进学校计划还是要素学校联盟的合作理念、思路、实施，都证明学校改革的相关者组建成合作共同体是富有价值的，这在佐藤学领导的学习共同体改革中进一步得以验证。

二、跃进学校计划的挑战

和前述要素学校联盟的处境类似，跃进学校计划的实施同样受到了教育政策变化而带来的挑战。除政策挑战外，跃进学校计划的进一步实施还面临着来自跃进学校共同体自身的挑战和来自学区层面的挑战，如下概述之。

（一）来自跃进学校共同体内部的挑战

任何一所加入跃进学校计划的跃进学校，从其人员的构成和改革过程的开展需要看，其本身就是一个共同体，该共同体由教师、学生、学校管理者、家长及其他利益相关者组成。从跃进学校计划实施多年的进展看，来自学校共同体内部的挑战主要有：① 缺乏用于深化改革所需要的规划和研讨的时间，任何一项与学校相关的改革，改革过程都会出现新问题、新情况，这需要教师、学校管理者有一定的时间投入其中，可由于学校本身事务繁杂，很难挤出深化改革所需要的时间。② 改革计划遭到一些教师、家长的抵制，尽管跃进学校计划强调，跃进学校实施的任何改革方案都需要征得共同体成员的同意，但有些教师和家长可能在改革之初同意学校实施的改革方案，但面对改革过程中出现的新问题，考虑到可能的利用，他们的态度会由同意改革转向抵制改革。③ 学校管理人员、教师的流失。相对而言，学校是一个带有一定体制惰性的机构，即便不改变，也能苟延。因此，与不改革相比，实施改革势必需要投入更多的人才、物力和财力，在这样的背景下，有些不赞同跃进学校计划的学校管理人员、教师，就会调动到其他不实施跃进学校计划的学校。④ 家长参与程度低。尽管实施跃进学校计划后，跃进学校的家长参与度有所提高，但总体而言，家长的参与度偏低。家长参与度相对偏低，既与家长对参与学校事务的认知、态度有关，也与家长参与学校事务的能力和时间有关。如有学者研究了佛罗里达农业机械大学地方卫星中心指导的跃进学校发展面临的障碍，研究表明："缺乏规划和开会的时间，部分利益相关者抵制改革，家长参与程度低以

---

① KIRBY P C, MEZA J JR. Changing roles: coaching models for restructuring schools [J]. Bulletin, 1997(9): 89.

及管理人员和教师的流失是该地区跃进学校改革面临的主要挑战。"①

（二）来自学区的挑战

跃进学校计划的实施离不开学区的支持，学区支持大致有三类：① 学区的政策支持，尤其是校长任命和调动方面的支持。如前第四节所述，校长对跃进学校计划的理解和支持是跃进学校实施改革的关键。但从跃进学校计划的实施进展看，一些学校在参与跃进学校计划过程中更换了校长，新上任的校长如果不理解或不支持跃进学校原有的改革，那么，新校长到任后，这些跃进学校的改革就会搁浅。诚如莱文所研究指出的："学区经常在不考虑学校发展需要与校长的能力和兴趣之间的关系下轮换校长，由此，跃进学校的校长经常被调动到其他学校，由此打破了跃进学校已建立的改革纽带。"② ② 学区对跃进学校改革提供的能力支持。跃进学校计划实施提出的指导模式中的力量之一就是学区的工作人员。和学校自身的能力建构相比，学区工作人员在指导学校改革方面的能力建构滞后；从跃进学校计划实施的进展看，多数学区无法提供学校改革所需的能力支持。因此，学区工作人员自身的能力建构是跃进学校发展的一大制约因素。③ 学区为跃进学校改革提供的支持性环境。跃进学校的改革离不开学区提供的支持性环境，包括时间、资源、氛围等方面的支持。与我国类似，美国一个学区的学校往往会参与不同项目的改革，不同改革项目的实施程度有赖于学区提供的支持性环境。从跃进学校计划实施的前 10 年看，学区亟待营造更加支持跃进学校改革的支持性环境。

---

① IGNATZ M, BAUMAN G, BYRD N. Longitudinal study of the Accelerated Schools Project in Northwest Florida, 1993-2001: a school-college partnership between schools in Gadsden and Leon school districts and Florida A & M University [R]. Tallahassee: Florida A & M University, 2003: 56.

② LEVIN H M. Accelerated Schools: a decade of evolution [G]//FULLAN M. Fundamental change: international handbook of educational change. Netherlands: Springer, 2005: 156.

第七章 学习共同体

学习共同体（learning community）是 20 世纪末以来世界各国的热点改革议题。在这些改革中，日本学者佐藤学（Manabu Sato）倡导的学习共同体改革影响深远。与前述跃进学校计划不同，在和日本中小学合作再造学校之初，佐藤学并未系统地提出学习共同体学校的改革构想，学习共同体的愿景、哲学、活动系统是在改革行动中逐渐清晰的，从某种程度上看，这是佐藤学和学习共同体探究的领航学校之间的合作创造。

第一节 学习共同体的愿景和哲学

学习共同体的学校设计，源自约翰·杜威在 1896 年创立的芝加哥大学附属实验学校。① 通过 30 多年的系统实践和研究，佐藤学将学习共同体发展为一种愿景和哲学，并在持续的学校改革实践中形成了深刻的意蕴。

一、学习共同体的愿景和哲学的起源

佐藤学认为，从教以来学校改革挑战的失败与部分成功的经验、国内外学校改革与课堂改革的案例、支撑改革的理论，是学习共同体愿景和哲学确立的三个起源。② 除此之外，佐藤学的成长经历也是重要的起源。

（一）挑战学校改革的经验

27 岁那年，佐藤学到日本三重大学任教。在他参加工作之初，他遇到了

---

① 佐藤学.学校再生的哲学——学习共同体与活动系统 [J].钟启泉，译.全球教育展望，2011，40(3): 3.
② 佐藤学.学校再生的哲学——学习共同体与活动系统 [J].钟启泉，译.全球教育展望，2011，40(3): 5—6.

日本的第一起校内暴力事件——"尾鹫中学事件"，因为该事件，佐藤学突然患上了"失语症"，即一段时间内不想言说关于教育的任何话语，尤其是不知道如何去言说教师的教、学生的学和他钟爱的教育学。于是，他继续潜心学习，并走进中小学深入观察学生如何学、教师如何教，他将观察过程的具体细节记录下来，并将自己的笔记命名为"潘多拉的盒子"。从那时起，佐藤学每周花 2—3 天参访日本的中小学。佐藤学对中小学的参访不是一般地接受中小学的讲座邀请，而是深入课堂观摩，与老师们一起研讨学生是如何学习的。

在走进中小学现场的早些年，面对老师们的各种求助，佐藤学时常感到力不从心。他曾在其著作中坦言这种力不从心：

> 坦白地说，在我刚从事这项工作的最初 5 年里，曾经常感到力不从心，心想："就这样算了吧，放弃吧。"因为，每次访问学校时，被各种烦恼缠身的教师们向我求助，我却无力向求助者提出行之有效的建议，即使发表一些见解，也因是局外人而给人隔靴搔痒之感，这些都令我难以忍受。那时，访问学校时虽能硬着头皮，但一旦研讨会结束，独自坐在回家的车上时，总会被自责的念头和自厌的情绪所困扰。[1]

佐藤学曾体验到的"力不从心"感，对于那些真正走进中小学并尝试合作开展改革的教育学者而言是非常熟悉的。在这种"力不从心"感的伴随下，佐藤学协助学校改革的前 10 年基本上是失败的。对此，佐藤学持续反思改革的失败，从对失败的反思中，佐藤学发现：① 学校只有从内部开始转变才能实现真正的变革；② 学校改革要稳步推进，不可以急于求成；③ 仅靠校长和教师的努力是不能改变学校的。为了实现学校的变革，必须与学生一起合作一同转变，必须与家长、市民一起合作。[2] 由此可见，佐藤学通过反思，在实践中学习和进行学术研究而找到了深化学校改革之路。

30 多年来，佐藤学的改革之路大致可以归纳为，将理论研究和实践研究融为一体，在此过程中，他陆续出版了一系列明晰改革之路的著作。20 世纪 90 年代出版的著作大致提出了关于课程、教师、学习等的理论构想，国内教育学者熟知的《课程与教师》《学习的快乐——走向对话》即为此阶段的主要

---

① 佐藤学.静悄悄的革命：创造活动、合作、反思的综合学习课程 [M].李季湄，译.长春：长春出版社，2003：58.

② 佐藤学，于莉莉.基于协同学习的教学改革——访日本教育学者佐藤学教授 [J].外国中小学教育，2015，(7)：1—2.

著作；21世纪出版了多部关于学校改革现场的著作，包括《静悄悄的革命》《教师的挑战》《学校的挑战》《学校见闻录》《教师花传书》等。后者记录了不少学校现场的成功改革经验，这些改革经验进一步明晰了学习共同体的愿景和哲学。

（二）国内外学校改革与课堂改革的案例

对于国内的学校改革案例，佐藤学主要研究了"日本大正自由主义教育与战后民主主义教育"[①]时期的案例。以日本大正时期（1912—1926）为例，该时期日本国内民主运动高涨，与国际交往日益频繁；在此背景下，国外的各种教育思潮传入日本，其中的重要之举是不少代表国外教育思潮方面的著作得以翻译传播。当时的日本学者不仅将杜威的《民主主义与教育》《学校与社会》等著作翻译成日文，而且还翻译了蒙台梭利的《蒙台梭利教育法》和《教育人类学》等，爱伦·凯的《儿童的世纪》。这些著作对当时的日本教育界产生了重要影响，一些学者创立了以儿童为中心的自由主义教育学校。在这些新创办的学校中，当时比较有影响力的学校有2所：其一是泽柳政太郎创办的成城小学校。该校倡导"学级王国"，儿童在班级里有行事的自由，任何人不得干涉。成城小学校当时的办学理念是：① 尊重个性，实行高效率教育；② 热爱自然，实施刚健不挠的教育；③ 心情教育，开展欣赏教育；④ 实行以科学研究为基础的教育。[②]其二是野口援太郎创办的儿童村小学校。该校是试行自由主义教育最彻底的学校，是当时自由主义教育的根据地。在该校，"允许每个儿童按照各自的适当时间上学和放学，学生授课方式是以自由选择的方法，通过与教师自由谈话获得知识，不受班级和时间的限制，学生想做什么就做什么，以他们的兴趣为主进行学习，学校与家庭没有多大区别，以学生生气勃勃的生活为中心进行教育"[③]。

对于国外的学校改革案例，佐藤学参观、学习了20多个国家的学校改革与课堂改革案例。在这些案例中，佐藤学认为，他尤其从美国黛博拉·梅耶尔（Deborah Meier）指导的纽约与波士顿的学校改革实践、意大利的洛里斯·马拉古奇（Loris Malaguzzi）引领的瑞吉欧·艾米里亚（Reggio Emilia）的幼儿

---

① 佐藤学.学校再生的哲学——学习共同体与活动系统[J].钟启泉，译.全球教育展望，2011，40(3): 5.

② 王桂.日本教育史[M].长春：吉林教育出版社，1987: 219.

③ 王桂.日本教育史[M].长春：吉林教育出版社，1987: 219.

教育实践中，学到了许多经验。① 近年来，国内译介瑞吉欧的著作较多，国人相对熟悉。尽管 2009 年中国青年出版社组织人员译介了梅耶尔的三部著作《为孩子更强大而教书》《如何在考试时代提升教育本质》《我是这样和家长沟通的》，但相比较瑞吉欧而言，国人对梅耶尔卓越的学校改革理念和行动相对陌生，故如下以梅耶尔的改革为例，简要阐明之。1931 年梅耶尔出生于纽约，早年在芝加哥、费城和纽约等地担任幼儿园和小学教师，后来创建了纽约和波士顿的小规模学校，和第五章所述的要素学校联盟创立者赛泽等人一起推进美国学校改革。佐藤学认为，梅耶尔创办的纽约中央公园东区学校是践行民主主义学校的愿景与哲学的模范；2012 年 10 月，在梅耶尔、纽约中央公园小学老校长的帮助下，我有幸访问了梅耶尔在纽约和波士顿创办的学校，诚如佐藤学所言，两所学校随处可见民主、协商的理念。以波士顿的米申·希尔学校为例（Mission Hill School），校长没有单独的办公室，在学校二楼门口进入的大厅里，校长的办公桌靠近二楼门口入口一侧，除了校长办公区域外，大厅里还有图书区域和教师办公区域。当时我好奇地询问了此事，学校老师说，校长就是学校中的普通一员，这样的安排便于学校所有人交流想法。校长办公区域的改革貌似细微，但足见该校践行的民主理念之深入。

（三）支撑改革的理论

支持改革的理论不仅仅只是教育学理论，佐藤学认为："虽然教育学与教育学术对于教育的改进做出了莫大的贡献是一个事实，但学校改革与课堂改革是社会改革、文化革命的一部分，需要人文社会科学的一切领域的理论知识。"② 从佐藤学形成学习共同体的愿景和哲学看，其所推进的学校改革至少基于如下不同学科的学者的观点：杜威、詹姆士（William James）、福柯（Michel Foucault）、舍恩（Donald Schon）等的哲学，维果茨基（Lev Vygotsky）、布鲁纳（Jerome S. Bruner）的心理学，施瓦布（Joseph J. Schwab）、弗莱雷（Paulo Freire）、马拉古奇、舒尔曼（Lee S.Shulman）等的教育学，罗蒂（Richard Rorty）、哈格里夫斯（David H . Hargreaves）等的教育社会学，莫斯（Marcel Mause）的文化人类学、诺丁斯（Nel Noddings）的伦理学等。如他关于学习共同体概念中"学习"的理解，就包括了哲学、心理学、教育学、伦理学和戏剧论等方面的理论基础。

---

① 佐藤学 . 学校再生的哲学——学习共同体与活动系统 [J]. 钟启泉，译 . 全球教育展望，2011，40(3): 5.

② 佐藤学 . 学校再生的哲学——学习共同体与活动系统 [J]. 钟启泉，译 . 全球教育展望，2011，40(3): 5—6.

（四）独特的成长与教育经历

童年时期不愉快的学校学习经历，让佐藤学坚信儿童发展具有无限可能性。1951 年 5 月 30 日，佐藤学在日本广岛县出生。童年时期的佐藤学身体较弱，还曾出现学习困难的迹象，到小学四年级为止，基本上不能在教室里集中注意力学习 10 分钟。由于在教室里表现不佳，童年的佐藤学经常被老师呵斥。幸运的是，佐藤学的父母亲并没有因为佐藤学的学习不佳而配合老师一起训斥佐藤学，而是一直把佐藤学视作普通和正常的孩子，让佐藤学非常自由地学习他感兴趣的内容，此外，当年的佐藤学从不上补习班。有意思的是，四年级后佐藤学的身体忽然变好了。自身曾经有缺陷的成长经历，让佐藤学更加相信孩子的发展具有无限可能性，并极力推动学校实施教育。

大学和研究生时期大量的原著阅读和人物研究，为佐藤学奠定了学习共同体学校改革的学术基础。在大学期间，佐藤学就能阅读多国不同领域的名著，他指出："这一时期我学习了多门外语。我读了德语的《资本论》，列宁的很多著作基本上是用俄语读完的，维果斯基的著作也是这样，杜威的著作我读的是英文原版，卢梭的著作我读的是法语原版。"[①] 此后，研究生阶段，佐藤学对日本教育学非常感兴趣，选择了日本教育学界的两位开山鼻祖——城户蟠太郎和山下德治作为研究对象，其中山下德治是日本第一位到德国留学的学者。通过上述阅读和研究，佐藤学发现，美国和德国的教育理念有本质不同，前者重视的是实证研究，后者则是精神研究，佐藤学对美国的教育理念更感兴趣。同时，从日本的教育国情看，其与美国重视实证研究的实践教育学更为接近，这为佐藤学开展学习共同体学校改革奠定了宽广的学术基础。

二、学习共同体的愿景和哲学的具体内容

愿景意在阐明 21 世纪学校的样貌，哲学意在阐明构建愿景的依据。基于上述四大源头，佐藤学提出了学校共同体愿景和哲学的具体内容。

（一）学习共同体的愿景

21 世纪的学校究竟应该是一个怎样的场所？佐藤学认为，作为学习共同体的学校应成为儿童合作学习的场所、教师作为专家相互学习的场所、家长

---

① 朱旭东，胡艳，袁丽.我的教育研究生涯——佐藤学教授访谈录 [J].比较教育研究，2014(10)：1—6.

与市民参与学校教育并相互学习的场所。①学习共同体愿景重建了学生、教师、家长、市民在学校改革中的角色，学生不是充满竞争和整齐划一的学习过程中的孤独学习者，而是相互学习的伙伴，在认知性实践和社会性实践中彰显自身的存在意义；教师不再只是知识传授者，而是作为学校改革的专家，在学校改革中相互学习、共同成长；家长与市民不是学校任务的执行者，而是学校改革的平等参与者和学习者。

践行学习共同体愿景，作为学习共同体的学校改革至少面对如下四个课题的挑战：

1. 儿童的学习如何实现从个人主义学习向共同体学习转变

佐藤学认为，日本学校教育中的"学习"过度强调个人主义的学习，他是基于对日本学校教育中的"学习"概念的考察而提出此观点的。在概念考察中，佐藤学发现，日本学校教育中的"学习"受日本的"勉强"文化所影响。日语中的"勉强"和汉语中的"勉强"含义不甚相同，在日本，被谓之以"勉强"的学习是一种封闭式的学习，其主要特征有三：① 是一种无媒介的活动，使学习活动捆绑于"座学"；② 学习活动中过于凸显个人主义，过分强调学习中所谓的自立性；③ 一味谋求知识和技能的"获得"或"储蓄"。②从学习的思想渊源看，学习有两种传统，即"修炼"的传统和"对话"的传统；两种学习传统的共性是都将学习视作对话性实践，不同点在于，前者重视与自我内心世界的对话，后者强调的是与世界、他人的对话。从学习的两种思想渊源看，学习本质上是一种发生在共同体内的公共性的学习活动。与此相应，共同体学习是一种具备主动性、协作性、反思性的学习（active, collaborative and reflective learning）。据此，对于儿童的学习如何实现从个人主义学习向共同体学习转变，至少需要挑战的课题是，个人主义学习如何转变为具有主动性、协作性、反思性的学习。

2. 如何实现学校从私人空间向教师共同成长的场所转变

从日本学校改革进程看，"国家主义""产业主义""市场原理"是贯穿20世纪学校改革的主要原理。③"国家主义"实现了"国民教育"，培养基于"基础学力"与"道德教育"的日本人的国民性；"产业主义"实现了"产业教育"，形成适应产业要求、掌握科学技术知识的合格劳动力；基于"市场原理"的学校改革，以教育的"自由"与"私人性（privatization）"为特征，促

---

① 佐藤学.学校再生的哲学——学习共同体与活动系统 [J].钟启泉，译.全球教育展望，2011，40(3): 4.

② 佐藤学.学习的快乐：走向对话 [M].钟启泉，译.北京：教育科学出版社，2004: 18—19.

③ 佐藤学.学习的快乐：走向对话 [M].钟启泉，译.北京：教育科学出版社，2004: 101—102.

进公立学校向民营化、自由化方向的改革。在这三种原理的相继作用下，日本学校一直受国家权力的控制，学校日益沦落为凸显"教育私人性"特征的场所，其主要表现是，教师把学生视作私有财产，进而把教师职业私有化；其结果是教师感到国家控制下的教师职业无比孤单。据此，佐藤学认为，将学校构筑成教师共同成长的场所是超越日本学校改革困境的重要课题，协作性同事构建是探究该课题的关键。

3.如何实现学校作为家长、市民与教师之间共同协作的场所

超越学校的教育私人性的另一课题是，将学校作为家长、市民与教师之间共同协作的场所。从教育私人性的角度看，学校只是提供教育服务的机构，家长、市民只是付费为孩子购买教育服务的消费者，学校教育的主角是教师，家长和市民无从过问，由此形成了家长、市民与教师之间的对立关系。若将学校视作家长、市民与教师共同协作的场所，那么，家长、市民不是购买学校服务的消费者，而是学校教育的平等参与者。家长、市民应通过平等参与力所能及的学校事务，与教师携手，为学校改革贡献智慧。

4.学校内部的组织结构和行政关系如何相应地转变

上述三个课题能否有机会践行，关键在于学校内部的组织结构和行政关系能否相应地发生转变。如前所述，20世纪的日本学校总体而言是一个集官僚组织、政治组织、企业组织三者为一体的复杂组织结构。以官僚组织为核心运作的日本学校的弊端是整齐划一、封闭保守、行事僵化；以政治组织为核心运作的日本学校的弊端是，教师之间日益对立和分化，导致学校发展陷入新困境；以企业组织为核心运作的日本学校的弊端是，因过度追求业绩和效率而导致学校改革的形式主义。显然，作为兼具上述三种组织性质而架构的学校组织结构和行政关系，无法推动作为学习共同体的学校改革。作为学习共同体的学校改革期待学校成长为自律的"专家组织"[①]，与此相应，学校亟待从官僚组织、政治组织、企业组织转变为专家组织。佐藤学认为教师作为专家组织中的专家，不是成长为熟悉教育理论和教学技巧的技术熟练工，而是成长为反思性实践者。作为反思性实践者的教师，能通过对复杂问题情境的省察和自身经验的反思，形成并运用实践性智慧解决问题。据此，学校亟待探究作为专家组织的组织结构和行政关系。

（二）学习共同体的哲学

作为"学习共同体"的学校是受三个哲学原理——公共性（public

---

① 佐藤学.学习的快乐：走向对话[M].钟启泉，译.北京：教育科学出版社，2004：105.

philosophy）、民主主义（democracy）、卓越性（excellence）——引导的。[①] 在三条原理中，"民主主义"原理支撑着"公共性"原理，"公共性"和"民主主义"原理是"卓越性"原理的保障。

1. 公共性

公共性是一种空间概念，意指学校和课堂的空间既是一种借助对话性的沟通得以交流的场所，又是一种对内对外开放、包容多样的生活方式与思考方式的场所。公共性体现了人与人的相依性，作为学习共同体的学校的公共性包括两层具体的含义：其一，学校是一种所有人共同学习的公共空间，而非私人空间，两者的本质区别在于进入空间的所有人员能否广泛参与、交流、互动。其二，学校是肩负着"公共使命（public mission）"与公共责任的场所，教师是承担这种公共使命与责任的专家。肩负公共使命与责任的学校与教师的职责不是上所谓的好课，而是实现每位儿童的学习权，给儿童挑战性学习的机会，促进民主社会的建设。公共性原理意味着学会倾听他人的声音，信任他人并向他人敞开心扉。

2. 民主主义

以民主主义作为构建学习共同体的哲学基础，佐藤学主要受到杜威的启发。杜威认为："民主主义不仅是一种政府的形式，它首先是一种联合生活的方式，是一种共同交流经验的方式。"[②] 据此，民主主义既不是一种政治哲学，也不是多数决定论，而是一种与人共存的方略。这种方略的重点是，学生、教师、校长、家长都是学校的主角；每个人的学习权和尊严都受到尊重，每一种思考方式和生活方式同样受到尊重；每个人需要承担各自的职责。

3. 卓越性

卓越性"不是指谁比谁优越，而是指无论何等困难的条件下都能各尽所能追求最高境界"[③]。卓越性追求的不是人与人之间的比较价值，而是每位个体的独特价值及其发展的最大可能性。卓越性意味着学校是学校共同体全体成员共同追求卓越的场所，据此，不论是教师的教还是学生的学都是一种创造性实践；尤其对于学生而言，追求卓越性的学习不是掌握知识和技能的学习，而是实现冲刺与挑战性的学习。需要指出的是，卓越性与梅耶尔在《为孩子更强大而教书》一书中所倡导的"让孩子更强大"的观点有千丝万缕的联系。

从佐藤学关于学习共同体愿景和哲学内涵的厘析看，学习共同体愿景确立

---

① 佐藤学.学校再生的哲学——学习共同体与活动系统[J].钟启泉，译.全球教育展望，2011，40(3)：4.

② 约翰·杜威.民主主义与教育[M].王承绪，译.北京：人民教育出版社，2001：97.

③ 佐藤学.学校的挑战：创建学习共同体[M].钟启泉，译.北京：教育科学出版社，2010：3.

的最终价值在于保障每位儿童的学习权利，学校共同体本质上是一个自下而上的草根性的学校改革网络。

第二节 学习共同体的活动系统

活动系统也称为方略。佐藤学认为，学习共同体的愿景和哲学有赖于活动系统得以实现。佐藤学提出的活动系统有其特定的思想渊源，其构成要素在多年的探究中得以深化。

一、活动系统的思想渊源

前述的西奥多·赛泽、黛博拉·梅耶尔等学者，在学校改革中先行一步的探究，为佐藤学创建实现学校共同体愿景和哲学的活动系统提供了思想源泉。

（一）赛泽

赛泽提出的"少即多"是前述第五章赛泽创办的要素学校联盟的 10 项共同原则之一，该原则意在阐明学校目标应当简明扼要，即每位学生掌握数量有限的核心重要技能和知识领域即可。当时加入要素学校联盟的不少美国学校探究了基于该条原则的学校具体实践，实践证明，基于该原则的实践更有利于学生达成高品质的学习。佐藤学认为，赛泽倡导的"少即多"是试验小型学校共同体建设的学校改革案例，并指出"精选教育内容、简化学校组织、再生学生的主体性学习与人际关系的'小型学习共同体'的效果是巨大的"[①]。由此可见，佐藤学在学习共同体的活动系统中提出的学习理解、学校组织的简化、学习过程中的人际关系等，其思想源头可以追溯到赛泽提出的"少即多"原则。

（二）梅耶尔

佐藤学认为，梅耶尔作为学习共同体的创建者，提出了三个建议作为学校改革的方略："'少学即多学'、'课程与学校组织越简洁越好'（simple is better）、'小即细腻'（small is sensible）。"[②] 从上述赛泽的观点不难看出，梅耶尔的三条建议中的前两条与赛泽的"少即多"之间有一定的渊源。赛泽曾

---

① 佐藤学 . 学习的快乐：走向对话 [M]. 钟启泉，译 . 北京：教育科学出版社，2004：100.
② 佐藤学 . 学校见闻录：学习共同体的实践 [M]. 钟启泉，译 . 上海：华东师范大学出版社，2014：68.

在赛泽夫妇和梅耶尔合著的《我是这样和家长沟通的》一书的序言中指出："二十年前，正是教学、学习和对孩子的爱让我们三个人走到了一起。"[①] 梅耶尔是在赛泽的鼓励和诸多朋友的支持下，创办了纽约中央公园东区中学，此后，创办了前述的米申·希尔学校，这两所学校都践行了上述三条学校改革的建议。

除了这几条外，梅耶尔提出的学校的思维习惯、创建高效学习环境的五大原则、教师的素质等，同样可以看出与佐藤学提出的活动系统之间有千丝万缕的联系。梅耶尔认为，学生"思维习惯"的培养是教育过程的核心，具有"思维习惯"的未来公民能对复杂问题做出判断。梅耶尔提出的"思维习惯"包括：① 证据。我们怎么知道我们所知的，有何证据？② 观点。还可能有其他观点吗？③ 联系或因与果。有哪些联系方式？以前发生过吗？可能的结果是什么？④ 推断。可能会出现其他情况吗？如果其中的一件事有变，可能会发生什么变化？⑤ 相关性。重要吗？谁会在乎它？[②]

梅耶尔还认为，不论是儿童还是成人，只有在足够有利的环境中才会改变自己的思维习惯；能促进思维习惯发生变化的高效学习环境需要具备如下五条原则：① 安全对学习至关重要，同样重要的还有观察高手的机会；② 大小和规模很重要；③ 如果你是法官和行刑者，就不能同时成为好的教练或专家；④ 当人们天生的探究愿望得以发挥时，学校效率最高；⑤ 人类天生是社会性的学习者，需要互动交流。[③]

学校改革需要高素质的教师，然而，在梅耶尔创建学校的时期，很难请到学校改革所需的素质的教师，对此，梅耶尔认为一所可以培养教师的学校需具备如下素质：① 反思自己什么时候学到了东西，以及（也许更重要）什么时候没有学到东西；② 对他人包容，欣赏不同的观点，能够想象自己的"另一面"；③ 愿意（最好是喜欢）与别人合作；④ 渴望与别人分享自己的兴趣；⑤ 有做事情的毅力、精力和执著！[④] 换言之，梅耶尔认为学校就是教师专业成长的最佳场所，建立同事间的协作关系是促进教师专业成长的主要途径。

梅耶尔提出的思维习惯、高效学习环境的原则、教师素质的观点，在一定程度上为佐藤学思考学生的挑战性学习、营造安全和受人尊重的学习环境、教

① 德博拉·梅耶尔，西奥多·R.赛泽尔，南茜·福斯特·塞泽尔.我是这样和家长沟通的 [M].李竹荣，译.北京：中国青年出版社，2009：13.

② MEIER D. Democracy at risk [J]. Educational Leadership. 2009, 66(8): 47.

③ 德博拉·梅耶尔.为孩子更强大而教书 [M].蔡金栋，译.北京：中国青年出版社，2008：33—36.

④ 德博拉·梅耶尔.为孩子更强大而教书 [M].蔡金栋，译.北京：中国青年出版社，2008：20.

与学中的相互倾听、协作学习、专家型教师的成长、课例研究等提供了思想源泉。

二、活动系统的内容

在探究学校共同体愿景和哲学指引学校改革的过程中，佐藤学提出的活动系统的内容在探究过程中逐渐完善和发展。

（一）早期活动系统的内容

在《静悄悄的革命》一书中，佐藤学基于学校改革的早期经验，提出了三年改变学校的活动系统，其具体内容如下：

> 第一年，在学校里建立起教师间公开授课的校内教研体制；第二年，提高研讨会的质量，以授课方式和教研活动为中心，重新建构学校的内部组织、机构；第三年，以学生和教师有目共睹的转变为依据，把新的授课方式和课程设置正式固定下来。[①]

在上述三年的活动系统中，重点有三：其一是打开每间教室的大门，每位教师上的都是公开课，教师之间构筑作为教育专家的合作性同事（collegiality）关系。打开每间教室的大门是教师职业走向公共性的关键，而每位教师上公开课是落实打开教师大门的举措，只有这样，才可能打破教室间、学科间的隔阂，建立真正的合作性同事关系。其二是重建校内的教研制度、简化学校内部的组织结构。其三是学校召开公开研讨会，并向家长和市民开放。

三年改变学校的活动系统如能扎实推进，学校作为学习共同体改革的愿景就有可能实现。当然，也有一些学校按上述活动系统实施了三年，仍不能取得阶段性的改革进展，对此，佐藤学认为："其中最大的难关是校长。如果校长对学校改革持消极态度，那么就算用了三年，最终也是徒劳，而只能把希望寄托在下一任校长身上了。"[②] 由此可见，实现学习共同体愿景的活动系统离不开校长的专业支持。

---

① 佐藤学.静悄悄的革命：创造活动、合作、反思的综合学习课程 [M].李季湄，译.长春：长春出版社，2003：60.
② 佐藤学.静悄悄的革命：创造活动、合作、反思的综合学习课程 [M].李季湄，译.长春：长春出版社，2003：61.

（二）完善后的活动系统的内容

在《学校的挑战》一书中，佐藤学呈现了完善后的活动系统，该活动系统是佐藤学基于多年的教师观摩，向教师学习，协助学校改革和进行学术研究形成的，上述赛泽和梅耶尔的不少观点都融合在如下的活动系统中。活动系统的内容如下：

① 在课堂里追求"活动式、合作式、反思式学习"。所谓"学习"是同客观世界对话（文化性实践）、同他人对话（社会性实践）、同自我对话（反思性实践）三位一体的活动。其基础就是基于柔和的声音与身体的交往；基于"倾听关系"的对话性沟通。具体的做法是，所有的教学（小学三年级以上）由男女生四人组成的小组展开合作学习。

② 以"学习"作为学校生活的中心，废除一切学习不需要的东西。

③ 小学克服教室之间的隔阂，初中克服学科之间的隔阂，年级的教师集体努力实现每一个学生的学习权。

④ 把课例研究设定为学校的核心工作。所有教师至少要给同僚上一次公开课。课例研究包括如下环节：观摩一堂课（运用课堂录像）；组织两小时的讨论；以学年而非学科为单位的研修（每周或隔周）；全员参与的校本研修。为确保课例研究的充分时间，校务分工、委员会会议和其他杂务尽可能缩减。

⑤ 在课例研究中，研讨日常的教学，重视课后的研究甚于课前的研究。课后的教学研讨会讨论的中心问题，与其说是上课的忧虑、提问的技巧和教材的钻研，不如说是基于课堂的事实，议论学生在何处是顺利的，何处有障碍。观摩者不是对执教者提出建议，而是围绕一个中心课题——从教学的实践中学到了什么——展开讨论。

⑥ 废除"观摩教学"的方式，改为家长协助教师参与课堂实践的"参与学习"的方式。[1]

和早期活动系统的内容相比，完善后的活动系统的内容既更能契合学习共同体的愿景和哲学，又蕴含着更深刻的价值追求和具体做法，看起来轻描淡写

[1] 佐藤学.学校的挑战：创建学习共同体[M].钟启泉，译.上海：华东师范大学出版社，2010：4.

的关于合作学习的开展、课例研究的环节和重点等的具体做法，学校若真正实施，在开始阶段将是举步维艰！尤其对于那些封闭已久、迫不得已才改革的学校而言，其实施活动系统之艰难非常人所能想象。

三、实施活动系统的学校内部机制

佐藤学认为："如何推进教育改革呢？一切的答案在学校的现场。"[1] 在学校现场能否顺利推动学校改革，其关键在于能否有效实施上述活动系统。对此，我曾研究了国际上推进学校改革的一些案例，研究发现，对于中小学而言，上述活动系统的有效实施，需要学校内部机制的有力支撑。此外，国内有一些教育学者、中小学教师认为，佐藤学提出的活动系统很好，但很难操作；难操作的原因尽管很复杂，但其中之一在于中小学没有构建促进活动系统实施的学校内部机制。

（一）与活动系统相应的学校内部机制的要素

机制指组成有机体的各要素、各要素的功能及其相互关系。学校内部机制是有活力或生命力的系统，故称之为有机体；该有机体由若干要素构成，任何一个要素都起着独特的作用，且相互作用能发挥单个要素无法实现的特定功能。任何机制的构建都以特定愿景为指引，佐藤学的学校改革以学习共同体作为机制构建的愿景，为上述活动系统的实施运作提供指引。从佐藤学的学校改革实践看，学校内部机制是由佐藤学和学校共同构建的，课例研究、合作（即协作）、信任、支持是机制的构成要素（图7-1）。[2]

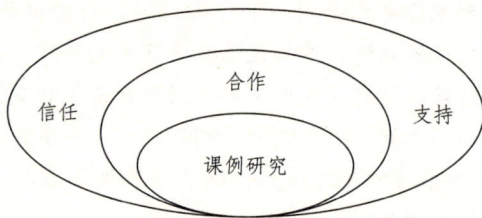

图 7-1　佐藤学帮助学校构建的四要素机制

---

① 佐藤学.学校见闻录：学习共同体的实践[M].钟启泉，译.上海：华东师范大学出版社，2014:
中文版序1.
② 王丽华，褚伟明.促进教师研究的学校内部机制构建：国际进展与前瞻[J].教育发展研究，
2015(6): 69.

（二）学校内部机制各要素的内容及关系 [①]

在图 7-1 中，课例研究是机制的核心，合作和信任是机制运作的原动力，支持是机制运作的组织保障。课例研究、合作、信任、支持四要素的具体内容及相互关系如下：

1. 课例研究

将课例研究而非听评课作为机制的核心，这与佐藤学多年追求的学习共同体愿景是一致的。课例研究和听评课活动的本质区别在于参与者之间的权力关系。在听评课活动中，开课教师和听评课教师之间是观摩者和执教者之间的不平等权力关系，这种权力关系通过观摩者对课的优劣评判得以实现，评判本身存在的价值判断导致教师之间缺少必要的互信，很难真正敞开心扉真诚研讨；而在课例研究中，执教者和观摩者是平等合作的研究关系，以观摩到的儿童学习事实为据，将研讨重点放在儿童学习的顺畅和不顺之处以及能向开课者学到什么，由此反观课堂并努力实现每位儿童的学习权，并形成全新的研究关系。

2. 合作

合作主要指合作性同事关系，建立合作性同事关系是开展课例研究的关键。"合作性同事"这一概念源自美国学者里特尔（Judith Warren Little）的研究发现。20 世纪 80 年代里特尔研究了一些相对成功和相对不成功的学校，她发现在那些相对成功的学校里，合作性同事关系能得到较好的建立。[②] 如前所述，佐藤学认为，合作性同事关系建立的关键在于，"校内建立所有教师一年一次的、在同事面前上公开课的体制"。[③] 当时，日本学校的常态是年轻教师经常被要求上公开课，年长的老师则专门对年轻教师的课堂提出建议，这与我国学校的现状很相像。这种只有特定群体上公开课的制度极易导致教师之间不能平等、开诚布公地开展课例研究。扎实开展合作性同事关系的校本研修的关键是学校要重建研讨规则，佐藤学认为，如下四条研讨规则至关重要：

    ① 研讨的对象不是放在"应当如何教"上，不在于教材的解释与教师的技术，而是基于课堂的事实"儿童学习的成功之处何在，失

① 王丽华，褚伟明. 促进教师研究的学校内部机制构建：国际进展与前瞻 [J]. 教育发展研究，2015(6): 69. 注：有改动和增加。

② LITTLE J W. Norms of collegiality and experimentation: workplace conditions of school success [J]. American Educational Research Journal. 1982, 19(3): 325.

③ 佐藤学. 静悄悄的革命——创造活动的、合作的、反思的综合学习课程 [M]. 李季湄，译. 长春：长春出版社，2003: 61.

败之处何在"。教学研讨的目的不是"教师露一手"，而在于"学习关系的创造"与"优质学习的实现"，在于保障每一个人的学习得以实现。

②观摩者不是"对执教者建言"，而是阐述自己在观摩了这节课之后"学到了什么"。通过交流心得来相互学习。

③在研讨中，观摩者不应当缄默不语，应当实现不受高谈阔论者与评头品足者支配的民主型研讨。

④倘若要在一所中小学里举办上百次的课例研究，那么……必须以儿童与教师的学习为中心，大胆地精简学校的组织与运营。[①]

3. 信任

将信任作为机制的原动力之一，与佐藤学对学校改革中各种难题的察觉有关。佐藤学认为："学校中存在各种各样的难题，这些难题都是因为儿童之间、儿童与教师之间、教师与教师之间、教师与家长之间缺乏信任造成的。'信任'可以说是一切学校改革的核心概念。"[②] 当然，在我国还有校长在内的学校行政与教师之间的信任关系。信任是一个人际互动中的概念，指发生在人与人之间的依赖关系。在推进学校活动系统中，信任既是形成合作性同事关系的基础和原动力，又是保障每位儿童学习权利的关键。对于每位儿童的学习而言，只有教师摘下关于儿童"能"与"不能"的有色眼镜或放弃贴在某些儿童身上的标签时，儿童的学习能力才会显现，这也是打破教师和家长之间信任缺少壁垒的利器。

此外，佐藤学的信任观在某种程度上受到了梅耶尔办学的启发。在20世纪70—90年代创办和推进学校改革的过程中，梅耶尔深刻地指出：

> 从我接触公共教育的那天开始，我就认识到，对于我来说必须有一种使学校"获得足够信任"的方法，才能挽留住公立学校孩子的父母和老师。我也知道，信任并不是意味着要放弃我所怀疑的思维方法。如果我信任我自己，这是最重要的起点，它可能需要建立在多次不信任的基础之上。[③]

---

① 佐藤学. 学校的挑战：创建学习共同体 [M]. 钟启泉，译. 上海：华东师范大学出版社，2010：168—169.

② 佐藤学. 教师的挑战：宁静的课堂革命 [M]. 钟启泉，陈静静，译. 上海：华东师范大学出版社，2012：85.

③ 德博拉·梅耶尔. 如何在考试时代提升教育本质 [M]. 曾珊，译. 北京：中国青年出版社，2009：9.

梅耶尔不仅指出了信任对于学校改革的价值，还阐明了信任关系形成的起点和过程。梅耶尔的信任观与她对当时美国学校办学困境的理解分不开。20世纪70年代，美国当时的教育制度整体偏向官僚化，官僚化直接导致公立学校被不信任文化所包围。针对当时的现状，梅耶尔提出："改变孩子和教师，营建一个信任和值得信任的共同体，这样可以帮助孩子们以更有效和更自然的方式学习。"① 信任包括教师之间、师生之间、家校之间等，作为一所试验办学新理念的新学校，多方互信能让所有人员齐心协力共同面对和研究解决面临的各种问题。

4.支持

支持包括校内支持和校外支持。佐藤学特别重视校内支持，校长领导力是校内支持的关键，佐藤学建议校长的领导力主要体现在前述梅耶尔提出的三条建议上，即"少、简、小"。"少"即学生所学的课程内容要少而精，为此，佐藤学先生提出，学校课程应该是"主题—探究—表现"为单位的项目型课程②，由此开展以单元为核心的教学设计；"简"即课程和学校的机构尽可能简化，减少教师处理杂务的时间，以便教师专注于教学研究；"小"即规模越小就越精致，为此，要缩小班额与学校规模、改革学校管理体制。这三条建议若能真正有效实施，合作性同事关系和信任关系才有可能真正形成。对于校外支持，从早期的学者支持慢慢发展为晚近的由学者、官员和改革学校之间形成的改革网络支持。

第三节 学习共同体的领航学校

到2012年出版《学校见闻录》的日文版为止，加入佐藤学发起的学习共同体网络的日本学校数目如下：小学约1500所、初中约2000所、高中约300所。③ 所谓领航学校即成功试验学习共同体的早期实验学校，且对学校整体做出结构性改革的学校；显然，那些只在学校发展的某个方面做出局部性改革的学校不可能是领航学校。下面以滨之乡小学和岳阳初中这两所领航学校为例，

---

① 德博拉·梅耶尔.如何在考试时代提升教育本质[M].曾珊，译.北京：中国青年出版社，2009：33.

② 佐藤学.教师的挑战：宁静的课堂革命[M].钟启泉，陈静静，译.上海：华东师范大学出版社，2012：中文版序1.

③ 佐藤学.学校见闻录：学习共同体的实践[M].钟启泉，译.上海：华东师范大学出版社，2014：中文版序1.

阐述学习共同体愿景、哲学、活动系统、机制践行过程中的复杂性。

一、滨之乡小学

滨之乡小学是日本神奈川县茅崎市的一所小学，1997 年茅崎市教育委员会决定将该校作为"学习共同体"的实验学校来创设，委托佐藤学协助该校进行改革。[①] 这是一所经济、社会处境不利的儿童高出市内其他学校的平均数数倍的学校，是一所全校儿童达 720 名的超大型学校。[②] 如果用我国中小学熟悉的话语表述，这差不多是一所薄弱学校；茅崎市选择这样一所薄弱学校作为学习共同体改革的实验学校。是富有深意的。因为如果学习共同体愿景和哲学能在薄弱学校实现，那么，能为后续其他学校的改革起到引导性作用。

（一）大濑校长提出滨之乡小学改革的基本构想

滨之乡小学作为学习共同体实验的创建学校，其第一任校长是大濑敏昭。大濑校长原是茅崎市教育委员会的指导课长，很欣赏佐藤学关于学习共同体学校改革的构想。1998 年 4 月 1 日，作为学校共同体改革实验学校的滨之乡小学开学了，开学后的 4 月 8 日，大濑校长就向全校教师提出了"滨之乡小学经营的基本构想"。该构想由五部分组成：① 教室成为以学习为中心的课堂教学创造的地方，试验"活动的、合作的、反思的"学习。② 为了激励教师的创造性实践，保障儿童的优质学习经验，实施弹性化的课时表。③ 把课堂教学的公开及其案例研究置于学校管理的中心。④ 彻底精简学校组织，以便有足够的时间从事教学的研修与课程的开发。⑤ 在所有的课堂里，实现家长、市民与教师、儿童一起，直接参与教学的"学习参与"的实践。[③]

大濑校长是在研读佐藤学的著作、调研佐藤学协助推动改革的学校的基础上，提出上述"滨之乡小学经营的基本构想"的。在担任茅崎市教育委员会指导科课长时，大濑课长就研读了佐藤学撰写的《课程的批评——重新构建公共性》。在该内容中，佐藤学提出了学习共同体的构想："学校是人们共同学习成长的场所。"[④] 同时，大濑校长也调研了佐藤学协助推动改革的学校，如上述第五条"家长、市民与教师、儿童一起，直接参与教学的'学习参与'的实践"，就是在调查小千谷小学的基础上提出的。佐藤学曾协助该校开展了 4 年的校内

① 钟启泉．"学习共同体"的范例——日本佐藤学教授访谈 [J]．全球教育展望，2006(4): 3.
② 佐藤学．学校的挑战：创建学习共同体 [M]．钟启泉，译．北京：教育科学出版社，2010: 115.
③ 钟启泉．"学习共同体"的范例——日本佐藤学教授访谈 [J]．全球教育展望，2006(4): 4—5.
④ 佐藤学．课程与教师 [M]．钟启泉，译．北京：教育科学出版社，2003: 82.

教研活动，第一年就把当时在日本各学盛行的家长"参观教学"改为了"参与学习"，①且小千谷小学所挑战的"参与学习"方式是家长作为教师的助手来参加教学的方式，与日本当时盛行的家长"参与学习"方式不同。当时在佐藤学的推动下，日本学校盛行的家长"参与学习"的方式有两种：一种是设定两课时的观摩教学时间，让家长到自己孩子所在的教室去观摩教学，然后再到其他自己想看的教室去参观，最后家长与教师一起交流教育的状况；另一种是请家长做嘉宾到教室来上课。②相比较上述两种方式，小千谷小学挑战的"参与学习"难度更大。难能可贵的是，该校以平泽宪一校长为首，领导全校接受了这一新的挑战。该校之所以能试验难度更大的"参与学习"，是因为佐藤学在访问该校时受到该校残障学生班教学的启发。该校残障学生上课的教室和一般教室不同，在该类教室中学生要制作手工作品，学做饭菜，家长们在参观教学时很自然地就加入到这些活动中了。平泽宪一校长看到这一场景，便结合佐藤学的提议，开始着手把其他教室的教学参观改成了家长们"参与学习"的形式，克服重重困难，开始了改革。

（二）滨之乡小学推进学习共同体改革的关键

学校改革最大的挑战在于改革不能持续或重复实施局部的所谓改革，其不能持续或重复改革的原因很复杂，诸如政策调整、更换校长等都是影响持续深化改革的因素。难能可贵的是，从滨之乡小学确定为学习共同体改革的实验校至今，刚好走过了20个年头，其间经历了各种挑战，但学校从未停止过学习共同体的改革。回顾该校的改革历程，如下因素是关键的。

1. 为该校"经营的基本构想"的实现提供了全方位的支持

该校提供的全方位的支持包括：

(1) 将合作性同事关系和校内研讨制度的改革作为学校工作的中心

当时日本学校一般每年进行三次左右的教学研究和讨论，仅靠三次左右的校内研讨显然不可能真正推进学校改革。为此，滨之乡小学鼓励全校教师打开教室的大门，将教室从私人领地改变为公共区域，以此促进合作性同事关系的建设。同时，该校改革与教室大门打开相关的研讨制度及校内研讨改革的重点在于，简化课前的教学设计（由开课教师自己完成，而非把公开课当作时装秀，课前集教研组的力量多次磨课），教师尽量上原生态的课，以课后的研讨

---

① 佐藤学.静悄悄的革命——创造活动的、合作的、反思的综合学习课程[M].李季湄，译.长春：长春出版社.2003：91—92.

② 佐藤学.静悄悄的革命——创造活动的、合作的、反思的综合学习课程[M].李季湄，译.长春：长春出版社.2003：150.

为重点；具体内容包括：每位教师要参加每月一次的校内研讨和每周一次的各年级组召开的教学研讨会，此外还有以年级为单位组织的公开课和独自召开的小型研讨会。这些研讨活动算在一起，该校一年内组织了近百次的研讨活动。在这些内容中，特别重要的有两点：其一，每月一次的校内研讨会，每次都有两位教师按自己完成的教学设计公开教学，佐藤学将两位老师的课录像，课后大家一起观看录像并进行历时2小时左右的研讨，这样安排的价值在于，可以确保每位教师在完成本职工作的同时都能参与研讨；其二，校内研讨的重点不是教材教法，而是学生如何学以及可以从同事的课中学到什么。

(2) 简化学校组织和行政，确保教师能有时间开展创造性的实践

如前所述，日本学校本身是一个官僚组织，行政人员数量多、行事繁杂；为此，滨之乡小学提出了简化学校组织和行政的方案并落实到位，具体如下：

> 在一般的学校里，有30名—40名的校务分工和委员会组织，每二个教师要承担五六种角色。教师在学校里的时间将近半数耗费在这些会议和杂务之中。复杂分工的组织与机构，导致了教师工作的琐细化和专家工作的空洞化。根据大懒校长的提案所实施的组织是"一人一职"的制度。每一个人担任一种职务，所以没有开会的必要。由一人负责编制方案提交教职员会议讨论决定。由于采用这种方式，会议只剩下每月1次的教职员会议和临时召开的学年会。通过组织与机构的精简，教师8成的工作时间可以用于备课、上课、研修和课程编制。①

作为一种新思路，最具挑战的是在实施之初，面对教师们一系列的不知所措，校长、副校长和教导主任都给予了全方位的帮助。这样，几个月后，教师们对于一人一职的制度就得心应手了。

(3) 支持教师对家长、市民的"学习参与"进行多样化的探究

在滨之乡小学，家长、市民的"学习参与"的方式丰富多彩：

> 既有在通常语文的汉字学习和数学的计算学习的场合，家长和市民作为分组的导师常言道课堂；也有在社会科的社区学习的田野作业中，仰仗家长和市民的合作而进行的分组指导，一连数周持续地展开"学习参与"的年级。另外，既有家长与儿童在课堂里一起欣赏诗词、

---

① 钟启泉. "学习共同体"的范例——日本佐藤学教授访谈 [J]. 全球教育展望，2006(4): 4—5.

创作诗词，实现游戏活动的教师，也有一起深究家政科的烹调活动的课堂，还有同家长和市民一起展开社区的环境学习的年级。[①]

"学习参与"新方式的探究，既密切了亲子关系，又形成了家长、市民和教师之间相互理解、相互信任的关系。

从上述支持看，佐藤学完善后的活动系统至少有些思想源头是来源于滨之乡小学现场的实践。

2.坚持螺旋式上升的改革

改革一所学校不容易，坚守并深化学校改革成果更不易。幸运的是，滨之乡小学在发起学习共同体改革的过程中，这两项都做到了，引用佐藤学先生所言，这是在"坚持螺旋式上升的改革"[②]。滨之乡小学之所以能坚持螺旋式上升的改革，关键有二：

(1)几任校长的前赴后继

换校长是学校必然会面对的，所幸滨之乡小学的两任校长都致力于将学校作为学习共同体进行改革。大濑校长因病于2005年1月长眠于地下，与大濑校长一起创办滨之乡小学的同事谷井茂久传承大濑校长的遗志，赴任该校校长。[③]和大濑校长刚上任之初不同的是，经过8年的改革，滨之乡小学的儿童和教师之间构筑起了基于"相互倾听"的"合作学习关系"；相同的是，都面临着艰巨的改革挑战。谷井校长面临的挑战是，学校教师的人事调动频繁，他上任之初，当初参与学习共同体创建的滨之乡小学教师只剩下四分之一左右。面对教师队伍的频繁变动，谷井校长和创校教师们一起，鼓励新来的年轻教师发展并发挥改革的首创精神，和新调入的资深教师携手，帮助他们超越已有的教学经验并形成自己的教学风格。在两任校长的前赴后继中，滨之乡小学既形成了一直致力于的持续改革课题，如"学习"与"关爱"的关系，又形成了新的改革课题，谷井校长上任后，该校"在艺术教育中取得了进展，同时在'探究教育''艺术教育''市民教育'三个领域实践了内容结构化的挑战"[④]。后来上任的加藤清校长，同样也在传承和创造中沿着学习共同体之路，和全校师生一起在挑战中前行。

(2)支持每位教师开展自由创造教学的探究

置身日本同样的教育政策环境和背景中，有些学校一直停滞不前，然而滨

① 钟启泉."学习共同体"的范例——日本佐藤学教授访谈[J].全球教育展望，2006(4): 5.
② 佐藤学.学校的挑战：创建学习共同体[M].钟启泉，译.北京：教育科学出版社，2010: 114.
③ 佐藤学.学校的挑战：创建学习共同体[M].钟启泉，译.北京：教育科学出版社，2010: 115.
④ 佐藤学.学校的挑战：创建学习共同体[M].钟启泉，译.北京：教育科学出版社，2010: 118.

之乡小学却能进行持续深入的改革，其关键在于，在学校全面的支持下，每位老师不论处境如何，都获得了开展自由创造教学的信心和勇气。不论你是一位新教师，还是一位被断言为懒散保守的教师，都能在探究中找到自由创造和突破困境之路。既教体育又教文学的森田老师，因其糟糕的体育课而曾在该课的研讨中，被佐藤学批评为懒于学习、热衷于自己的私事却不倾听儿童的心声，当时佐藤学甚至断言："倘若自身不去打破如此傲慢的屏障，就不可能成长。"①那之后，森田老师参加了东京都练马区立丰玉南小学的公开研讨会，当时他观摩了许多教室里的文学课，受到了极大冲击。回校后就开始向自己的课堂教学发起挑战，挑战的重点是"相互倾听的教学，相互交响的教学、进取与挑战的教学、人人承担与分享的教学及全员参与、共同进步的教学"。挑战半年后，森田老师班里儿童的学习状况及森田老师钻研教学的投入程度都发生了翻天覆地的变化。

3. 佐藤学一直为该校发展指引方向

滨之乡小学一直能勇敢前行，除了上述因素外，佐藤学一直为该校发展指引方向起着重要作用。不论是早期出版的《静悄悄的革命》还是晚近出版的《学校的挑战》《教师的挑战》等著作中，滨之乡小学的改革进展一直是佐藤学描述的案例之一。在持续访问滨之乡小学的过程中，佐藤学发现，滨之乡小学和所有的小学的改革类似，一直处于改革的推进和回归传统教学的钟摆中，面对每次出现的钟摆，佐藤学一直强调学校要回归改革的基点，基点的具体内容即为前述学习共同体愿景、哲学、活动系统的具体化：① 在教室里，教师的站姿要关照到每一个儿童，以便进行沟通。② 认真地构筑"合作学习"的基础——相互倾听的关系。③ 学习困难的学生要形成随时向邻座询问"喂，这是怎么回事"的习惯。④ 教师的工作可以归结为三件事：倾听、串联、反刍。⑤ 在教学设计中要设定挑战性的学习为中心，布置相关的冲刺与步骤的活动。⑥ 三年级以上以四名男女生混合编组为准，引进基于小组学习的"合作学习"。特别是在挑战性学习中要活用"合作学习"的方式。⑦ 在校本研修会上，要根据课堂事实，细致地探讨教学的成败得失。⑧ 在校本研修会上，观摩者不是对执教者提出建议，而是交流观摩教学之后的心得体会。⑨ 在校本研修会上，不宜以特定问题儿童为中心展开讨论，而是应当平等地对待每一个儿童。②

对于任何一所置身改革的学校而言，能时时回归改革的基点，是在轰轰烈

---

① 佐藤学. 学校的挑战：创建学习共同体 [M]. 钟启泉，译. 北京：教育科学出版社，2010: 123.
② 佐藤学. 学校的挑战：创建学习共同体 [M]. 钟启泉，译. 北京：教育科学出版社，2010: 117.

烈的改革中不迷失改革方向的关键。基点的回归与"当局者迷、旁观者清"的情形极为相似，由此，佐藤学先生多年如一日为该校在迷糊之际引导其回归基点是至关重要的。

（三）滨之乡小学学习共同体改革的当下

历经把学校创建为学习共同体的 20 年挑战，任何一位走进该校的访问者都会被当下的状态所吸引：① 最难得的是每位儿童出众的日常姿态，即每位儿童都素朴无邪、轻松愉快地学习着和生活着。任何一所学校，做到一些儿童能有意义的学习和生活着或许不难，难的是每位儿童都能如此。② 教师队伍尽管年轻（三分之二的教师教龄在 5 年以下），且学校规模也大，但每位老师都能找到自己成长的突破口，形成自己的教学风格。③ 通过多年学习共同体的探究，学校形成了由四个领域构成的课程结构：语言教育、探究教育、艺术教育、公民教育；[①] 并一直在探寻均衡和谐教育的路上孜孜以求。④ 学校一直致力的课题"学习"与"关爱"的关系取得了突破性的进展，学校完全呈现出学习共同体与关爱共同体融合的样貌。我国薄弱学校的研究也表明，对于薄弱学校的改革而言，"学校不仅仅要形成学习共同体，更为重要的是要先形成关爱共同体"[②]。因为这样的学校往往有较多来自离异家庭、单亲家庭或收入低下的家庭的学生，这些学生在家庭中往往缺少关爱，极其需要在学校中体验到关爱对其成长的力量；与此相应，"关爱也能唤醒家长沉睡的心灵，引导家长更好地反思自己的行为，进而帮助家长从'弱势群体'的阴影中走出"[③]。

综上所述，通过多年学习共同体和关爱共同体融合的探寻下，在滨之乡小学，每位教师作为专家的成长不是理想，而是现实！

二、岳阳初中

和我国类似，日本初中的改革极为艰难，不同的是，日本初中除了教师工作时间长之外，学生问题频出，对此，佐藤学指出："初中教师的工作时间超过了小学教师和高中教师……不良行为和校内暴力年年攀升，辍学之类的学校教育的阴暗面现象八成是以初中为舞台发生的。最深刻的危机是大量初中生的

---

① 佐藤学.学校见闻录：学习共同体的实践[M].钟启泉，译.上海：华东师范大学出版社，2014：172.
② 王丽华.薄弱学校改进的个案研究[J].教育发展研究，2007(20)：34.
③ 王丽华.薄弱学校改进的个案研究[J].教育发展研究，2007(20)：34.

逃学现象。"[①]足见初中改革之艰难。在如此艰难的背景下，曾经是薄弱学校的静冈县富士市立岳阳初中于2001年4月开始，经过3年多的改革，发生了巨大的改变：学生、课堂、学校的面貌均焕然一新。岳阳初中之所以能在短期内发生如此巨大的改变，除了该校校长佐藤雅彰的专业支持外（佐藤学谦虚地认为，佐藤雅彰校长比他更透彻地理解他所提出的学习共同体学校改革的愿景与方略），如下要素是关键的。

（一）当时的改革举措无法推动曾经作为薄弱初中的岳阳中学的改革

20世纪80年代以来，为了应对上述提到的日本初中的突出问题，日本当时推出了三种教育改革举措：① 以"三种指导"为中心的教育，所谓"三种指导"就是"生活指导、活动指导、出路指导"。[②]生活指导应对学生的教养问题，活动指导应对学生的不良行为，出路指导的重点是应试对策。② 心的教育，即心理咨询师开展的心理咨询工作。③ 分层教育，为了提升学生的学业成绩提出的举措。然而，三种举措并未能改变当时日本初中日益恶化的学生逃学、辍学问题，教师工作繁重，岳阳初中也不例外。当时的岳阳初中的基本状况是："课堂的墙壁坚硬封闭，结果是不良行为、问题行为多发，辍学的学生多达三十八名，占全校总数的4%……学力处于全市垫底的为止，社会舆论怨声载道。"[③]

（二）整体的学校改革是岳阳初中改革取得突破的关键

上述教育改革举措的共性是这些举措实施的是应对性、修补式的改革。对于当时的日本初中而言，应对性、修补式的改革只是头痛医头、脚痛医脚的局部改革。整体的学校改革是谋求学习、教学、研修、课程、管理等一系列问题解决的活动。不同学校面临的具体问题和挑战是不同的，相应地，整体的学校改革策略的具体内容也不同。

面对岳阳初中当时突出的学生逃学、辍学问题，改革之初，岳阳初中的整体改革策略（或活动系统）有二：① 改革课堂教学，引入佐藤学提出的合作学习，即实施"活动的、合作的、反思的"学习。② 建立如前所述的"合作性同事"关系。学校要求全体教师每年至少有一次公开教学，开展同事之间相互切磋的课例研究。尤其需要指出的是，佐藤雅彰校长非常有预见地提

---

① 佐藤学.学校的挑战：创建学习共同体[M].钟启泉，译.北京：教育科学出版社，2010：60—61.

② 钟启泉.苏醒吧，薄弱初中——日本佐藤学教授访谈[J].全球教育展望，2005(4)：3.

③ 佐藤学.学校的挑战：创建学习共同体[M].钟启泉，译.北京：教育科学出版社，2010：61.

出并敦促老师们开展超越学科界限的课例研究，据此逐渐提高教师作为教育专家的能力。上述两项整体改革举措实施一段时间后，教师"一言堂"的现象几乎没有了，每位学生投入学习的状态出现了，尤其是上课时溜出教室的学生没有了，趴在课桌上的学生也急剧减少。更神奇的是，因上述课堂改革实现了教师间相互学习，并真正尊重每位学生的尊严，一年后岳阳初中一跃成为优秀学校。

（三）佐藤学和佐藤雅彰校长合力推动了岳阳初中的改革

与上述整体改革策略相应，岳阳初中确立了把学校建设成学习共同体的愿景和哲学。改革之初，教师们不论对学习共同体的愿景和哲学还是整体改革策略，都抱着怀疑和观望的态度，是佐藤学和佐藤雅彰校长共同的决心和坚持，为岳阳初中早期课堂教学改革的试验起了关键的推动作用。在改革实施之初，不论是小组学习还是分享表达等，难免流于形式，对此，佐藤学和佐藤校长以他们的智慧和支持，帮助老师们逐渐找到超越改革的形式主义的困境。其中之一就是，佐藤学持续性地访问学校，在访问学校过程中，不断去发现老师们在改革之初取得的点滴进步；与此同时，"佐藤校长煞费苦心确保教学研讨会的时间。所有教师彼此切磋课堂教学，每年必须组织至少四十次的教学研讨会，其关键在于全校的校本研修与分年级的教学研讨会时间的确保"[①]。

从上述两所领航学校的改革看，学习共同体的探寻在每所学校都是不同的，其根本原因在于每所学校本身是独特的，有其特定的发展历史、学校规模、师生员工等。

第四节　学习共同体的评价

当前活跃在大学与中小学合作舞台上的学习共同体，为深化日本、中国等国内大学与中小学合作做出了较突出的贡献。与此同时，学习共同体改革的深化需要直面来自政策的挑战和来自自身发展产生的挑战。

一、学习共同体的贡献

学习共同体的思想源头源自美国，佐藤学作为熟悉东西方学习共同体理论

---

① 佐藤学.学校的挑战：创建学习共同体[M].钟启泉，译.北京：教育科学出版社，2010：65.

源流和实践进展的融合者，其所倡导的学习共同体为大学与中小学合作做出了卓越的贡献。

（一）为大学与中小学合作提供了草根性改革的范例

学习共同体、第五章的要素学校联盟、第六章的跃进学校计划，皆是草根性改革的先行者。学习共同体和后两者的区别在于，加入学习共同体的学校数量更多，至今仍活跃在亚洲的日本和中国等国学校改革的舞台上；尽管后两者的改革仍在延续，但相比较而言，后两者在中小学的改革相对沉寂些。

学习共同体的示范性主要体现在：① 学习共同体是佐藤学和中小学在改革过程中的合作创造，换言之，这是一种草根性的创造。佐藤学基于当时已有的理论积淀，直面学校改革现场，通过行动、研究、合作、反思等四位一体的活动，和中小学教师一起发现深化学校改革的愿景、哲学和活动系统等。② 学习共同体指向实现每位儿童的学习权利。与多数改革所谋求的功利价值不同，学习共同体更关切每位儿童在学校中的存在价值和学习意义的彰显。在佐藤学的多部著作中，他以自己敏锐的眼光，捕捉课堂中那些致力于实现每位儿童学习权的教师的草根创造，并将这样的草根创造用细节鲜活地记录之。③ 学习共同体倡导的活动系统不是现成的处方，而是活动指南。这些指南能为学校的改革指引行动思路，一旦学校共同体投入到这样的行动思路中，教师们的草根创造能得以显现。在佐藤学看来，每位师生都是学校、课堂改革的创造者，而非大学研究者创造的处方的模仿者。由此，学习共同体对于那些仍停留于模仿阶段的中小学教师而言，似乎显得缺乏可操作性。

（二）草根性改革网络是大学与中小学合作持续深入的保障

从日本学习共同体改革的进展看，持续深化学习共同体改革的草根网络有大致两类：① 领航学校带动下形成的草根性改革网络，这类改革网络主要由小学、初中构成，如本章第三节论及的滨之乡小学、岳阳初中都是草根性改革网络中的领航学校。学习共同体中的领航学校因其先行一步的创造及其持之以恒地推进学习共同体的改革，既为日本小学、初中的学习共同体改革提供了观摩和研讨的现场，又为学习共同体愿景、哲学、活动系统的提炼、践行和深化提供了鲜活的思想源泉。需要指出的是，"领航学校"的称谓源自当初旨在抗衡"特许学校"（Charter School）的普及，应教师工会与教育委员会的要求，以黛博拉·梅尔为中心在波士顿市设立公立学校改革的试点学校——"领航学校"。① ② 基地学校带动下的草根性改革网络，这类改革网络主要由高中构成。相比较小学、初中而言，高中的改革更加举步维艰。高中学习共同体的改革之所以艰难，是因为高中阶段教育本身所具有的复杂性和多样性，每所高中因其师生、管理者、地方政策等的不同，其所面临的改革课题都是不同的。佐藤学在其著作中指出："当下高中'学习共同体'基地学校大约是 10 所，同这种基地学校携手挑战改革的高中大约是 100 所。赞同这种改革、着手课堂实践改革的教师有数千人。"② 由此可见，学习共同体通过发挥基地校的先锋作用，已开始撼动日本高中改革这一难题。

（三）佐藤学在与中小学合作中彰显的专业素养

在与中小学合作中，作为大学研究者的佐藤学所彰显的专业素养主要表现为：① 在自身的合作行动中彰显学习共同体的哲学——公共性、民主性和卓越性，前述公共性、民主性和卓越性的意蕴显现在与每一所学校的合作中、与每一位教师的交往中，在佐藤学的多本著作中都记录有这样的案例。如以卓越性为例，佐藤学记录的案例中始终凸显每所学校、每位教师、每位学生、每个家长的具体努力和草根创造，而非凸显自身的指导。也正因为如此，佐藤学与践行共同体改革的很多学校校长、老师成为挚友。② 真诚地投入到倾听关系的培育中。佐藤学倡导在学习共同体学校培育学生之间、师生之间、共同体成员之间的相互倾听关系，并引用杜威关于倾听的论述指出："倾听关系在共同体的建构之中具有决定性的意义。这是因为，相互倾听的关系可以生成对话性语言，并通过对话性沟通为构筑共同体做准备。"③ 为了培育这样的倾听关系，佐藤学自身率先示范倾听，在学校现场悉心倾听来自现场的改革需要、改革过程、改革进展。③ 持续描述学习事实。关于学校现场的改革，佐藤学运用源于现象学的描述，重在描述儿童的学习事实，以此发现每位儿童的学习潜能、实现每位儿童的学习权。这样的描述不是一种技巧，而是一种发现每位儿童的存在价值和成长意义的方法论和价值论。

---

① 佐藤学.学校再生的哲学——学习共同体与活动系统 [J].钟启泉，译.全球教育展望，2011，40(3): 7.

② 佐藤学.学校见闻录：学习共同体的实践 [M].钟启泉，译.上海：华东师范大学出版社，2014: 40.

③ 佐藤学.学校再生的哲学——学习共同体与活动系统 [J].钟启泉，译.全球教育展望，2011，40(3): 5.

二、学习共同体面临的挑战

任何一项改革，都是特定时代背景的产物，因此，改革的推进自然会受到特定时代背景下形成的教育政策的制约。除了受政策制约外，学习共同体改革的深化需要直面来自自身发展产生的挑战。

（一）来自教育政策的挑战

日本学校推进学习共同体改革遭遇来自政策的最大挑战有二：① 国家政策的偏向，导致教师职业的定位发生了偏差。佐藤学认为：在新自由主义的意识形态与政策中最深刻的问题之一是，把教师的工作从"责任"转型为"服务"。[①]这样，教师和学生、家长之间被沦为服务与被服务的关系，而非教师和家长共同为学生的学习和成长承担责任，由此引发了家长对教师工作的极度不信任、不满甚至批判。② 学校内部的改革难以求得外部政策的支持。学习共同体改革的实践表明，学校只有从内部真正发动并发生改革，学习共同体改革的愿景、哲学才有可能实现。然而，学校并非在真空中办学，学校内部的改革只有求得外部教育政策的支持，才可能有持久的改革生命力。遗憾的是，日本教育政策的实际状态却是："一方面是政策决定者们打着'教师的意识改革'的旗号，力图从外部强行变革学校；相反，另一方面即便显示出从学校内部发生变革的动向，却得不到来自外部的支援。"[②]

需要指出的是，日本学校推进学习共同体改革的政策挑战不是日本特有的个例，这样的政策挑战存在于世界上不少国家的学校改革中。正因为此，新西兰、英国等国从政策层面探寻多方力量整合和联动的可能性。[③]尽管新西兰和英国与日本学习共同体改革遭遇困境的内容不同，针对的是学校教师研究的深入推进缺乏来自政策的支持，而从政策层面展开探究多方力量整合和联动的可能性，但这样的探寻思路对于学习共同体改革过程中的政策挑战富有启发意义。

---

① 佐藤学.学校再生的哲学——学习共同体与活动系统 [J].钟启泉，译.全球教育展望，2011，40(3): 7.

② 佐藤学.学校再生的哲学——学习共同体与活动系统 [J].钟启泉，译.全球教育展望，2011，40(3): 8.

③ 王丽华，褚伟明.促进教师研究的学校内部机制构建：国际进展与前瞻 [J].教育发展研究，2015(6): 69—71.

（二）来自学习共同体自身发展产生的挑战

来自学习共同体自身产生的挑战有二：① 学习共同体改革过程中如何避免同质化。从学习共同体改革过程看，不论是日本还是中国，都是志同道合者加入到学习共同体改革的行列中，这有可能会导致学习共同体创建过程中的同质化。这种同质化主要体现在共同体成员合作开展共同体改革的进程中，比如更善于接纳相似的信念、观点和行为，而非差异化、多样化的信念、观点和行为。诚如加州大学圣克鲁斯分校学者阿钦斯坦（Betty Achinstein）的研究所指出的："将共同体中的合作当成是缺乏异议或不同声音的'全体一致'是不可取的，因为这意味着共同体的边界不具渗透性、不可改变性。"[①] ② 大学与中小学合作中如何超越因无意识而形成的"绝对权威"和"中心化"。在学校进行学习共同体改革的过程中，佐藤学作为改革的引领者和推进者，本身无意成为改革的"绝对权威"和"中心"，然而，改革的参与者可能因集体的无意识，而将其视作改革的"绝对权威"和"中心"，由此导致学习共同体的改革很难超越当下的改革进程，无法寻求未来发展的多种可能性。同时，改革参与者也会因无意识而将"领航学校"的领导或学校全体视作"权威"和"中心"，在实施过程中可能会囿于模仿这些学校创建学习共同体的做法，由此阻碍更多学校投入到基于自身的创造实践中。

---

① ACHINSTEIN B. Conflict amid community: the micropolitics of teacher collaboration [J]. Teachers College Record, 2002, 104(3): 444.

参考文献

一、中文部分

（一）译著

[01] W.F.康纳尔．二十世纪世界教育史 [M]．孟湘砥，胡若愚，译．长沙：湖南教育出版社，1991．

[02] 斐迪南·滕尼斯．共同体与社会：纯粹社会学的基本概念 [M]．林荣远，译．北京：北京大学出版社，1999．

[03] 丹尼尔·坦纳，劳雷尔·坦纳．学校课程史 [M]．崔允漷，等译．北京：教育科学出版社，2006．

[04] 德博拉·梅耶尔，西奥多·R.赛泽尔，南茜·福斯特·塞泽尔．我是这样和家长沟通的 [M]．李竹荣，译．北京：中国青年出版社，2009．

[05] 德博拉·梅耶尔．如何在考试时代提升教育本质 [M]．曾珊，译．北京：中国青年出版社，2009．

[06] 德博拉·梅耶尔．为孩子更强大而教书 [M]．蔡金栋，译．北京：中国青年出版社，2008．

[07] 杜威．杜威教育名篇 [M]．赵祥麟，王承绪，编译．上海：华东师范大学出版社，2006．

[08] 简·杜威．杜威传 [M]．单中惠，编译．合肥：安徽教育出版社，1987．

[09] 凯瑟琳·坎普·梅休，安娜·坎普·爱德华兹．杜威学校 [M]．王承绪，赵祥麟、赵瑞瑛，等译．北京：教育科学出版社，2007．

[10] 拉尔夫·泰勒．课程与教学的基本原理 [M]．施良方，译．北京：人民教育出版社，1994．

[11] 劳伦斯·阿瑟·克雷明．学校的变革 [M]．单中惠，马晓斌，译．济南：山东教育出版社，2009．

[12] 琳达·达林－哈蒙德. 美国教师专业发展学校 [M]. 王晓华, 向于峰, 钱丽欣, 译. 北京: 中国轻工业出版社, 2006.

[13] 欧内斯特·L.博耶. 关于美国教育改革的演讲 [M]. 涂艳国, 译. 北京: 教育科学出版社, 2002.

[14] 彼得·圣吉. 第五项修炼: 学习型组织的艺术与实务 [M]. 郭进隆, 译. 上海: 上海三联书店, 1998.

[15] 入江昭. 全球共同体: 国际组织在当代世界形成中的角色 [M]. 刘青, 颜子龙, 李静阁, 译. 北京: 社会科学文献出版社, 2009.

[16] S.亚历山大·里帕. 自由社会中的教育: 美国历程 [M]. 於荣, 译. 合肥: 安徽教育出版社, 2010.

[17] 约翰·杜威. 杜威全集·早期著作 (1882—1898): 第五卷 [M]. 杨小微, 罗德红, 等译. 上海: 华东师范大学出版社, 2010.

[18] 约翰·杜威. 民主主义与教育 [M]. 王承绪, 译. 北京: 人民教育出版社, 2001.

[19] 约翰·杜威. 学校与社会·明日之学校 [M]. 赵祥麟, 任钟印, 吴志宏, 译. 北京: 人民教育出版社, 2008.

[20] 米迦勒·富兰. 教育变革的新意义 [M]. 武云斐, 译. 上海: 华东师范大学出版社, 2010.

[21] 佐藤学. 课程与教师 [M]. 钟启泉, 译. 北京: 教育科学出版社, 2003.

[22] 佐藤学. 教师的挑战: 宁静的课堂革命 [M]. 钟启泉, 陈静静, 译. 上海: 华东师范大学出版社, 2012.

[23] 佐藤学. 静悄悄的革命: 创造活动、合作、反思的综合学习课程 [M]. 李季湄, 译. 长春: 长春出版社, 2003.

[24] 佐藤学. 学校的挑战: 创建学习共同体 [M]. 钟启泉, 译. 北京: 教育科学出版社, 2010.

[25] 佐藤学. 学校见闻录: 学习共同体的实践 [M]. 钟启泉, 译. 上海: 华东师范大学出版社, 2014.

[26] 佐藤学. 学习的快乐: 走向对话 [M]. 钟启泉, 译. 北京: 教育科学出版社, 2004.

（二）著作

[01] 瞿葆奎. 教育学文集·美国教育改革 [G]. 北京: 人民教育出版社, 1990.

[02] 瞿葆奎. 教育学文集·英国教育改革 [G]. 北京: 人民教育出版社, 1993.

[03] 全国比较教育研究会 . 国际教育纵横——中国比较教育文选 [G]. 北京：
人民教育出版社，1994.

[04] 王桂 . 日本教育史 [M]. 长春：吉林教育出版社，1987.

[05] 王丽华 . 教师的儿童研究引论 [M]. 杭州：浙江大学出版社，2017.

[06] 夏芝莲 . 外国教育发展史料选粹：上册 [M]. 2 版 . 北京：北京师范大学出
版社，1999.

[07] 张斌贤 . 社会转型与教育变革 [M]. 长沙：湖南教育出版社，1998.

[08] 赵祥麟 . 外国教育家评传：第二卷 [M]. 上海：上海教育出版社，1992.

（三）论文

[01] 威廉·派纳 . 将课程曲解为制度性文本：学校实验与八年研究 [J]. 高振
宇，译 . 全球教育展望，2012（1）.

[02] 佐藤学 . 学校再生的哲学——学习共同体与活动系统 [J]. 钟启泉，译 . 全
球教育展望，2011，40（3）.

[03] 佐藤学，于莉莉 . 基于协同学习的教学改革——访日本教育学者佐藤学教
授 [J]. 外国中小学教育，2015（7）.

[04] M.B. 萨瑟兰，任长松 . 教师的培养与教育理论的学习 [J]. 华东师范大学
学报（教育科学版），1994（3）.

[05] 丁笑炯 . 对英国以学校为基地的教师职前培养模式的反思 [J]. 教师教育
研究，1998（2）.

[06] 范宁 . 霍姆斯协会报告：明天的教师（1986）（上）[J]. 外国教育资料，
1988（5）.

[07] 范宁 . 霍姆斯协会报告：明天的教师（下）[J]. 外国教育资料，1998（6）.

[08] 马庆堂 . 大学与学校伙伴协作的方式与机制：香港的经验及发展趋势 [J].
上海教育科研，2007（8）.

[09] Ellis V，刘蕴秋 . 以新型研究整合教师教育与学校改革——基于英国的
教育实践 [J]. 全球教育展望，2016（3）.

[10] 王丽华，褚伟明 . 促进教师研究的学校内部机制构建：国际进展与前瞻
[J]. 教育发展研究，2015（6）.

[11] 王丽华 . 薄弱学校改进的个案研究 [J]. 教育发展研究，2007（20）.

[12] 谌启标 . 英国教师伙伴学校及其质量保证 [J]. 外国教育研究，2005，32
（8）.

[13] 钟启泉."学习共同体"的范例——日本佐藤学教授访谈 [J]. 全球教育展望, 2006 (4).

[14] 钟启泉. 苏醒吧, 薄弱初中——日本佐藤学教授访谈 [J]. 全球教育展望, 2005 (4).

[15] 朱旭东, 胡艳, 袁丽. 我的教育研究生涯——佐藤学教授访谈录 [J]. 比较教育研究, 2014 (10).

二、英文部分

(一) 著作

[01] EVANS A, HOLLAND M, WOLSTENHOLME C, et al. The role of the initial teacher training coordinator in the school based element of partnership: to what extent does the coordinator undertake supervision of aspects of quality assurance [C]//SHEFFIELD HALLAM UNIVERSITY. Cooperative Partnerships in Teacher Education: proceedings of the 31st Annual ATEE Conference. Ljubljana: National School for Leadership in Education, 2006.

[02] DURST A. Women educators in the progressive era——the women behind Dewey's Laboratory School [M]. New York: St. Martin's Press, 2010.

[03] DAVIDSON B M, ST. JOHN E P. School restructuring: a study of the role of the principal in selected accelerated schools [A]. Paper presented at the annual meeting of the southwest educational research association. Austin, TX, 1993.

[04] DEPARTMENT FOR EDUCATION. Initial teacher training (Secondary phase) [R]. London: DfE, 1992.

[05] DES. Initial teacher training: approval of courses [R]. London: Department of Education and Science, 1989.

[06] DfE. Education Act 1994[Z]. London, UK: HMSO. 1994.

[07] SMITH E R, TYLER R W, THE EVALUATION STAFF. Adventure in American education: appraising and recording student progress [M]. New York: Harper & Brother, 1942:18.

[08] GILES H, MCCUTCHEN S, ZECHIEL A. Adventure in American education (volume II): Exploring the curriculum [M].New York: Harper & Brother, 1942.

[09] LEVIN H M.New schools for the disadvantaged [R].Aurora,CO: Mid-Continent Regional Educational Lab, 1987.

[10] HILLGATE GROUP. Learning to teach [M]. London: The Claridge Press, 1989.

[11] BLOOM H S,HAM S, MELTON L, et al. Evaluating the Accelerated Schools approach: a look at early implement and impacts on student achievement in eight elementary schools [R].New York: Manpower Demonstration Research Corp, 2001.

[12] DEPENCIER I B. The history of the Laboratory School: the University Of Chicago, 1896-1965[M]. New York: Oxford University Press, 1967.

[13] BRUNNER I, DAVIDSON B M. The dissemination of educational innovations: new insights into the coaching model [A]. Paper presented at the Annual Meeting of the American Educational Research Association. San Diego, CA, 1998.

[14] BRUNNER I, HOPFENBERG W. Growth and learning in Accelerated Schools: big wheels and little wheels interacting [A]. Paper presented at the Annual Meeting of American Educational Research Association, San Francisco, California, 1991.

[15] BRUNNER I. The Accelerated Schools movement: expansion and support through accelerated schools centers [A]. Paper presented at the Annual Meeting of American Educational Research Association. San Francisco, California, 1995.

[16] ABDAL-HAQQ I. Professional Development Schools: weighing the evidence [M]. California: Corwin Press, 1998.

[17] FURLONG J,BARTON L, MILES S, et al. Teacher education in transition: re-forming professionalism [M]. Buckingham: Open University Press, 2000.

[18] GOODLAD J I. Educational renewal: better teachers,better schools [M]. San Francisco: Jossey-Bass Publishers, 1994.

[19] SIROTNIK K A, GOODLAD J I. School-university partnerships in action: concepts, cases, and concerns [M]. New York: Teachers College Press, 1988.

[20] TEITEL L, ABDAL-HAQQ I. Assessing the impacts of Professional Development Schools [M]. New York AACTE Publications, 2000.

[21] DARLING-HAMMOND L. Professional Development Schools: schools for developing a profession [M]. New York: Teachers' College Press, 1994.

[22] FULLAN M. Fundamental change: international handbook of educational change [G]. Netherlands: Springer, 2005.

[23] IGNATZ M, BAUMAN G, BYRD N. Longitudinal study of the accelerated schools project in northwest florida, 1993-2001: a school-college partnership between schools in Gadsden and Leon school districts and Florida A & M University [R]. Tallahassee: Florida A & M University, 2003.

[24] KIRBY P C, MEZA J JR. Coaching versus direct service models for university training to Accelerated Schools [A].Paper presented at the Annual Meeting of the American Educational Research Association.San Francisco, CA, 1995.

[25] CLARK R W. National network of educational renewal: partner school directory [R]. Seattle, WA: University of Washington, Center for Educational Renewal, 1993.

[26] THE HOLMES GROUP. Tomorrow's teachers [M]. Easting Lansing, The Holmes Group, 1986.

[27] THE PROGRESSIVE EDUCATION ASSOCIATION. Adventure in American education: thirty schools tell their story [M]. New York: Harper & Brother, 1942.

[28] SIZER T R. Horace's compromise: the dilemma of the American high school [M]. New York: Houghton Mifflin Company, 2004.

[29] POETTER T S.Mapping school change in an Accelerated School: the case study of Miami East North Elementary School [R].Columbus: Ohio State Department of Education, 1999.

[30] HOPFENBERG W S,LEVIN H M, MEISTER G,et al. Accelerated Schools [R]. Palo Alto: Stanford University, 1990.

[31] AIKIN W M. Adventure in American education: the story of eight-year study [M]. New York: Harper & Brother, 1942.

[32] SU Z X. School-university partnerships: ideas and experiments (1986-1990)[M]. Seattle, WA: University of Washington, Center for Educational Renewal, 1990.

（二）论文

[01] ACHINSTEIN B. Conflict amid community: the micropolitics of teacher collaboration [J]. Teachers College Record, 2002, 104(3).

[02] FIELD B E, BLAKENEY R, BURTON M, et al. The University of South Carolina Professional Development School Network: twenty years of effective collaboration [J]. School-University Partnerships, 2010, 4(2).

[03] RINGWALL C F, ROGERS L. Learning by teaching: the new teachers collaborative [J]. Horace. 2008, 24(1).

[04] HARTLEY D. Repeat prescription: the National Curriculum for initial teacher training [J]. British Journal of Educational Studies, 1998, 46(1).

[05] MEIER D. Democracy at risk [J]. Educational Leadership. 2009, 66(8).

[06] SIEGLE D. The last word: an interview with Gene Chasin, CEO of Accelerated Schools Plus [J]. Journal of Advanced Academics, 2006, 18(1).

[07] RICE E H. The collaboration process in Professional Development Schools: results of a meta-ethnograhy: 1990-1998[J]. Journal of Teacher Education, 2012, 53(1).

[08] LADSON-BILLINGS G. Libratory Consequences of literacy: a case study of culturally relevant instruction for African American students [J]. The Journal of Negro Education, 1992, 61(3).

[09] GAZIEL H. Accelerated Schools Programmes: assessing their effectiveness [J]. International Review of Education, 2001, 47(1).

[10] LEVIN H M.Pedagogical challenges for educational futures in industrializing countries [J]. Comparative Education Review, 2001, 45(4).

[11] LEVIN H M.Accelerated Schools for disadvantaged students [J]. Educational Leadership, 1987, 44(6).

[12] LEVIN H M.Accelerated Schools: a new strategy for at-risk students [J]. Policy Bulletin, 1989(6).

[13] CANTOR J, SCHAAR S. A dynamic relationship: the impact of formal and informal assessment on a Professional Development School for in-service non-credentialed teachers [J]. Teacher Education Quarterly, 2005, 32(4).

[14] O'NEIL J. On lasting school reform: a conversation with Ted Sizer [J]. Educational leadership, 1995, 52(5).

[15] FURLONG J, CAMPBELL A, HOWSON J, et al. Partnership in English teacher education: changing times, changing definitions——evidence from the teacher training agency National Partnership Project [J]. Scottish Education Review, 2006, 37(1).

[16] FURLONG J,MCNAMARA O, CAMPBELL A, et al. Partnership, policy and politics: initial teacher education in England under New Labour [J]. Teachers and Teaching: theory and practice, 2008, 14(4): 310.

[17] FURLONG J. Re-defining partnership: revolution or reform in initial teacher education [J]. Journal of Education for Teaching, 1996, 22(1).

[18] FURLONG J. School mentors and university tutors: lessons from the English experiment [J]. Theory Into Practice, 2000, 39(1).

[19] LOUIS K S, KRUSE S, RAYWID M A. Putting teachers at the center of reform: learning schools and professional communities [J]. NASSP Bulletin (National Association of Secondary School Principals, 1996(5).

[20] CUSHMAN K. What works, what doesn't: lessons from Essential School reform [J]. Horace. 1992, 9(2).

[21] ZEICHNER K.Rethinking the practicum in the Professional Development School partnership [J].Journal of Teacher Education, 1992, (43):4.

[22] LITTLE J W. Norms of collegiality and experimentation: workplace conditions of school success [J]. American Educational Research Journal, 1982, 19(3).

[23] GREENE P K, TICHENOR M S. Partnerships on a collaborative continuum [J]. Contemporary Education, 1999, 70(4).

[24] KIRBY P C, MEZA J JR. Changing roles: coaching models for restructuring schools [J]. Bulletin, 1997(9).

[25] SCHLECHTY P C, WHITFORD B L. Types and characteristics of school-university collaboration [J]. Kappa Delta Pi Record, 1988, 24(3).

[26] METCALF-TURNER P, FISCHETTI J. Professional Development Schools: persisting questions and lessons learned [J]. Journal of Teacher Education, September 1996, (47):4.

[27] KITCHEN S A P. School districts that have established membership with the Coalition of Essential Schools [D]. Kalamazoo: Western Michigan University, 1999.

[28] TRUBOWITZ S. Stages in the development of school-college collaboration [J]. Educational Leadership, 1985, 43(5).

[29] ROSS J A. Professional Development Schools: prospects for institutionalization [J].Teaching and teacher education, 1995(2).

（三）网络资源

[01] CES. Affiliate type: CES Center/Organization [EB/OL]. [2016-12-15]. http://essentialschools.org/category/ces-affiliates/ces-center-filter/.

[02] CES. Benchmarks [EB/OL]. [2016-12-20]. http://archive.essentialschools.org/items/5.html.

[03] CES. Benchmarks by Common Principle [EB/OL]. [2017-01-30]. http://archive.essentialschools.org/items/11.html.

[04] CES. Coalition of Essential Schools benchmarks [EB/OL]. [2016-12-20]. http://www.essentialschools.org/pub/ces_docs/schools/benchmarks/benchmarks.html.

[05] CES. Common principles [EB/OL]. [2016-12-16]. http://essentialschools.org/common-principles/.

[06] CES. Equity Drives Essential Schools' push for adolescent literacy [EB/OL].(2001-08-11)[2016-12-24]. http://archive.essentialschools.org/resources/164.html#1.

[07] CES. Join the Coalition of Essential Schools [EB/OL]. [2016-12-16]. http://archive.essentialschools.org/join.html.

[08] CES. New small schools [EB/OL]. [2017-01-31]. http://archive.essentialschools.org/items/19.html.

[09] CES. What we do [EB/OL]. [2016-12-15]. http://essentialschools.org/what-we-do/.

[10] DEPARTMENT FOR EDUCATION. Initial teacher training (Secondary Phase) (Circular 9/92) [EB/OL]. [2016-10-08]. http://www.dfes.gov.uk.

[11] DEPARTMENT FOR EDUCATION. The Initial Training of primary school teachers (Circular14/93) [EB/OL]. [2016-10-08]. http://www.dfes.gov.uk.

[12] DEPARTMENT OF EDUCATION. University of Oxford. Subjects [EB/OL]. (2016-10-13)[2016-10-15]. http://www.education.ox.ac.uk/courses/pgce/subjects/.

[13] DEPARTMENT OF EDUCATION. University of Oxford. English [EB/OL]. (2016-04-20)[2016-10-15]. http://www.education.ox.ac.uk/courses/pgce/subjects/english/.

[14] HEYDER G. A caring adult in a different setting [EB/OL]. (2003-12-10) [2016-12-27]. http://archive.essentialschools.org/resources/527.html.

[15] MOORMAN H. Adventures in Web 2.0: introducing social networking into my teaching [EB/OL]. (2009-07-21)[2017-01-30]. http://archive.essentialschools.org/resources/414.html.

[16] CUSHMAN K. A checklist for school people: how can Essential Schools approach state and district policies [EB/OL]. (1990-06-12)[2017-02-05]. http://essentialschools.org/horace-issues/figure-1a-checklist-for-school-people/.

[17] CUSHMAN K. Asking the essential questions: curriculum development [EB/OL]. (1989-12-12)[2016-12-22]. http://archive.essentialschools.org/resources/122.html#figure1.

[18] CUSHMAN K. College admissions and the Essential School [EB/OL]. (1994-12-11)[2016-12-26]. http://archive.essentialschools.org/resources/121.html#sidebar1.

[19] CUSHMAN K. Essential School structure and design: boldest moves get the best results [EB/OL]. (1999-12-11)[2016-12-20]. http://archive.essentialschools.org/resources/157.html.

[20] CUSHMAN K. How Friends can be critical as schools make essential changes [EB/OL]. (1998-12-11)[2017-01-28]. http://archive.essentialschools.org/resources/45.html#1.

[21] CUSHMAN K. Looking collaboratively at student work: an essential toolkit [EB/OL]. (1997-04-11)[2017-01-28]. http://archive.essentialschools.org/resources/60.html#1.

[22] CUSHMAN K. Performance and exhibitions: the demonstration of mastery [EB/OL]. (1990-10-12)[2016-12-26]. http://archive.essentialschools.org/resources/123.html#figure1.

[23] CUSHMAN K. Starting a new Essential School: what it shows about change [EB/OL]. (1994-10-11)[2016-12-18]. http://archive.essentialschools.org/resources/79.html#sidebar1.

[24] CUSHMAN K. Ten by ten: Essential Schools that exemplify the ten common principles [EB/OL]. (2000-02-11)[2016-12-18]. http://archive.essentialschools.org/resources/89.html.

[25] CUSHMAN K. The Essential School principal: a changing role in a changing school [EB/OL]. (1993-02-12)[2017-01-29]. http://archive.essentialschools.org/resources/92.html#sidebar1.

[26] CUSHMAN K. What makes an elementary school "essential" [EB/OL]. (1997-11-11)[2016-12-19]. http://archive.essentialschools.org/resources/25.html.

[27] CUSHMAN K. What makes for powerful learning? Students tell their own experiences [EB/OL]. (2000-06-11)[2016-12-25]. http://archive.essentialschools.org/resources/205.html.

[28] CUSHMAN K. What's essential? Integrating the curriculum in Essential Schools [EB/OL]. (1993-10-12)[2016-12-23]. http://archive.essentialschools.org/resources/151.html#sidebar4.

[29] OFFICE FOR STANDARDS IN EDUCATION. An evaluation of the Training Schools Programme [EB/OL]. (2003-11-01)[2016-10-16]. http://www.ofsted.gov.uk.

[30] TDA. Training and Development Agency for schools annual report and accounts for 2011-12 [EB/OL]. (2012-06-28)[2016-10-15]. https://www.gov.uk/government/uploads/system/uploads/attachment_data/file/229152/0193.pdf.

[31] TEACHER TRAINING AGENCY. Qualifying to teach: professional standards for qualified teacher status and requirements for initial teacher training [EB/OL]. [2016-10-09]. http://homepages.shu.ac.uk/~edsjlc/ict/information_sources/tta/4-98%20Revised/standards.pdf.

[32] THE COALITION OF ESSENTIAL SCHOOLS. Founder: Ted Sizer [EB/OL]. [2016-11-05]. http://essentialschools.org/founder-ted-sizer/.

[33] SIZER T R. No two good schools are ever quite alike [EB/OL]. [2016-12-16]. http://essentialschools.org/no-two-good-schools-are-ever-quite-alike/.

[34] TRAINING AND DEVELOPMENT AGENCY FOR SCHOOLS. Partnership development schools: how to get started [EB/OL]. [2016-10-16]. http://webarchive.nationalarchives.gov.uk/20080610214007/ http://www.tda.gov.uk/upload/resources/pdf/p/partnership_development_school_handbook.pdf.

后 记

　　终于完稿！此小书于 2016 年 1 月 15 日动笔，于 2017 年 3 月 10 日初步完成书的主体内容，后因专业建设事务繁杂，导致小书最后的修改一直被拖延。

　　这本小书既是我对此领域关注多年并投入行动的一个小结，又是全国教育科学规划办教育部青年专项课题"学校促进教师研究的机制和策略"的部分研究成果，该项目于 2016 年顺利结项。我于 2000 年初涉大学与中小学合作领域，当时跟随我的硕导蔡铁权先生走访中小学；2006 年起，与我的博导张华教授在上海市浦东新区的实验学校开展合作研究；2010 年起，基于共同兴趣，和一线的幼儿园、小学、初中开展了或长期或短期的合作研究；2008 年、2011 年，我的校外硕导梁一鸣先生（先后任职于香港大学、香港中文大学）先后为我联系了两次赴港访问的机会，我在 2008 年的访问中较深入地观察了香港中文大学开展的大学与中小学合作，并走访了多所和香港中文大学开展合作研究的小学和初中，第二次还访问了一所从幼儿园到高中一条龙办学的国际学校。2012 年 9 月至 2013 年 3 月赴加州州立大学圣贝纳迪诺分校访学，访学期间查找了部分此领域的英文文献并关注了美国的大学与中小学合作。2014—2015 年，因学院合作办学事业的需要，我曾先后出任两所合作办学小学的外派校长。这些走进中小学、幼儿园的不同经历，为我整体构思本书的框架和选择国际案例开展研究提供了鲜活的实践源泉。同时，因与中小学合作实践的需要，我一直关注该领域的国际研究进展，持续积累了不少英文文献，这些文献为我的写作提供了重要的思想源泉。

　　回顾整个研究过程，我发现尽管大学与中小学合作是国内近 10 年的热点议题之一，但鲜有关于国际案例的系统研究；加上国际案例研究需要查找、阅读、梳理、分析和综合英文文献，研究过程中遭遇的专业挑战和文化差异引发的理解困难是不言而喻的。是来自多方的鼎力相助和支持，才使小书在遭遇重重困境之下顺利面世。特别感谢我的硕导蔡铁权先生和梁一鸣先生以及博导张华教授，是你们引领我走进了此领域，并为我创造深入研究此领域的机会。我的同门韩少斐利用在美国路易斯安那州立大学攻读博士学位的便利条件，为我查找了国内难以购到的文献；我曾经的本科生吕珂漪（现于华东师范大学读研），为我查找了部分英文文献；我的同事李鸣华教授一直关注小书的写作进展，很感谢你们！感谢我的同门们，和你们一起走进实验学校、共同求学和研讨的三年，让我对大学与中小学合作有了更深刻的理解。

特别感谢浙江师范大学教师教育学院营造的良好的研究环境、工作氛围和交流平台！

书中的部分成果曾刊载于《教育发展研究》等刊物，特表谢忱。

感谢浙江工商大学出版社的郑建主任、唐慧慧编辑，他们为小书的出版提供了很多支持，他们的专业和敬业使小书增色不少。

将小书献给我的先生褚伟明和我们的儿子褚玘铖，是父子俩给予的多方支持和包容，才使此小书在繁重的工作、家务之余得以面世！

最后，诚祈广大读者不吝批评指正！

王丽华
2017 年 7 月 22 日于浙江师范大学丽泽花园